从唐诗走进历史

宁欣 著

新星出版社 NEW STAR PRESS

序

唐朝是诗歌的黄金时代，流传至今的唐诗有数万首。清朝学者彭定求是康熙十五年的状元，会试、廷对皆拔头筹，在康熙四十四年（1705），与沈三曾、杨中讷、汪士鋐等十人奉敕，在前人的基础上，又旁采残碑、断碣、稗史、杂书，把能收集到的唐诗进行了汇集，编成《全唐诗》。这部《全唐诗》共计900卷，收唐、五代的诗歌49403首，残句1555条，作者2873人。这部庞大的诗歌集，实际上就是当时编纂者所能见到的、流传下来的唐诗。这当然并非是唐诗的全部，后人陆续做过补遗等，在敦煌文献中也发现了失传的唐诗，可以想见，没流传下来的诗人和诗歌也会相当可观。

援诗入史，诗史互见、互鉴，是国学大师陈寅恪先生开辟的研究途径，成为我们研究历史、利用史料的重要方法。

一首诗往往打动我们的只有一句，权称之为"诗眼"，也就是这首诗最出彩、最打动人心，而且流传最广的句子。但唐诗背后的历史具有更深的底蕴，我们需要寻找的是历史眼，历史眼和诗眼可能是重合的，也可能是独具一格的。

在本书所选采的"诗眼"中，最令人深思的是杜甫的"忆昔开元全盛日，小邑犹藏万家室"，诗人的追忆，不禁使人联想到历史的魅力和吊诡，也恰恰在于它的翻云覆雨、盛衰相依、不可预测的未来；被引用最多的是刘禹锡的"旧时王谢堂前燕，飞入寻常百姓家"，短短十四个字，翻腾着豪门寒门、士族庶族的几世恩怨、快意情仇，也揭示着中古时期的阶层重组与社会变迁；最可延伸的是"但使龙城飞将在，不教胡马度阴山"，不仅寓意着中原王朝与北方草原游牧民族的此进彼退，也描画出农业民族和游牧民族的经济、地理分界线；最引人思绪起伏的是唐宣宗的"文章已满行人耳，一度思卿一怆然"，每读此句，都不禁掩卷思量，白居易所写均在诉说百姓疾苦，揭露朝堂与内廷之弊政，为什么却能引起君王如此的惆怅和悲伤呢？最能发生反转效应的是白居易的"五十匹缣易一匹，缣去马来无了日"，跳出诗人的历史局限性，我们或可借此触摸到历史具有多面性的真实镜像，探赜索隐，良心拷问唐与回鹘之间的绢马交易实况到底如何；最令人动情的是李白的"我寄愁心与明月，随君直到夜郎西"，愁心、明月、清风，似乎是抒情诗常用的词语，但我们的视角无关情缘，而是追随着诗人游历的脚步，伸展到写入胸怀的万里江山。我们可以从"一骑红尘妃子笑，无人知是荔枝来"联想到支撑这种奢靡日常的是唐朝完备而快捷的交通网络；还可以从韦庄的"内库烧为锦绣灰，天街踏尽公卿骨"诗句中，感受到以黄巢为代表的下层民众的腾腾杀气、冲天豪气，当然亦充斥着浓厚怨气，而正是积蓄已久的怨气转变成怒气，才使千百万民众加入起义的大军。虽然诗歌不能穷尽历史，却可以让读者感受历史的生动。

所谓文以载道，诗亦载道。

目 录

序 / 1

壹

第一讲　乌衣巷的夕阳：中古时期社会阶层之大变动 / 4

第二讲　看不尽的长安花：科举制的前世今生 / 18

第三讲　画眉如何识深浅：公平竞争背后的博弈 / 27

第四讲　江州司马何以湿"青衫"：官员服色·流品·待遇 / 37

第五讲　"夕贬潮州路八千"：贬官·考课·监察 / 47

贰

第六讲　从规整的围棋局到"任民营造"：变换的都城格局 / 62

第七讲　一色楼台，孤山何在：越出城墙的都城 / 71

第八讲　春风十里与西湖歌舞：唐宋城市风貌变迁 / 81

第九讲　一骑红尘：唐朝的交通运输管理 / 90

第十讲　蜀道之难：秦蜀古道的南下与北上 / 102

叁

第十一讲 "闲坐说玄宗":"三郎天子"逸事摭拾 / 114
第十二讲 "忆昔开元全盛日":唐朝的黄金时期 / 122
第十三讲 "一度思卿一怆然":宽松包容的政治和社会氛围 / 132
第十四讲 "庙谟颠倒四海摇":盛世之下的危机 / 141
第十五讲 "渔阳鼙鼓动地来":东北亚格局的变迁 / 151

肆

第十六讲 "落花踏尽游何处":胡人、胡风与胡化 / 164
第十七讲 为何"不教胡马度阴山":北方游牧民族的南下 / 179
第十八讲 春风是否不度玉门关:关之内外 / 189
第十九讲 西出阳关:丝绸之路如何从陆路到海路 / 198
第二十讲 "缣去马来无了日":备受诟病的唐回绢马贸易 / 207

伍

第二十一讲　烟雨中的楼台：走向人间的佛教（上）/ 218

第二十二讲　"慈恩塔下题名处"：走向人间的佛教（下）/ 230

第二十三讲　"经营天下遍，却到长安城"：唐朝的商人 / 241

第二十四讲　"金鞍白马谁家宿"：京都少年的沉浮 / 252

第二十五讲　"莫愁前路无知己"：走在路上的诗人 / 260

陆

第二十六讲　"尽道隋亡为此河"：运河抚昔 / 272

第二十七讲　"黄衣使者白衫儿"：内廷走向市场的背后 / 280

第二十八讲　"车辚辚，马萧萧"：百姓的赋役负担 / 288

第二十九讲　"天街踏尽公卿骨"：由黄巢起义说起 / 298

后　记 / 309

壹

乌衣巷

刘禹锡

朱雀桥边野草花,乌衣巷口夕阳斜。
旧时王谢堂前燕,飞入寻常百姓家。

  这是诗人刘禹锡(772—842)于唐敬宗宝历二年(826),从和州(今安徽和县)刺史任上返回洛阳,途经金陵(今江苏南京)时所写下的一组诗篇的第二首。

  刘禹锡少年得志,才名甚高,二十一岁(793)便进士及第,辗转于幕府与京职。九年后升任监察御史。因反对宦官专权,成为顺宗朝"永贞革新"集团的核心人物,事败后被贬边远州任司马。几起几落,前后被贬达二十三年,但始终不肯与权贵妥协。其著名诗句往往不用曲笔抒怀,而是直白地表露出对世事沧桑、人事沉浮的叹息。这首诗也是诗人借凭吊盛极一时的南北朝大族代表王、谢家族金陵旧居时所发的感慨。

第一讲 乌衣巷的夕阳：中古时期社会阶层之大变动

《乌衣巷》这首诗的历史眼在"旧时王谢堂前燕，飞入寻常百姓家"一句。魏晋南北朝时期是门阀士族形成、发展到顶峰并逐渐走向衰亡的时期。诗中的王家和谢家正是这一时期具有代表性的两大士族，他们的崛起和衰败，不仅揭示了某一家族的兴衰荣辱，而且反映了中国中古时期社会阶层的大变动。而这一变动可谓影响深远。

一、昔日门阀士族的辉煌

中国古代很长时间内，社会结构都相对稳定，因此被某些学者称为"超稳定结构"[1]。但处于相对稳定的中国古代社会结构，也经常发生局部或阶段性的变化。如魏晋南北朝到隋唐时期，社会阶层就发生了重大变化，这一变化，昭示了历史发展的大趋势。

门阀士族，指有深厚的家族背景、较高的社会地位、雄厚的经济实力、掌控政治仕途的世家大族集团，是由东汉末年的豪族、豪强地主集团发展而来的。这些集团又通过婚姻等社会关系和文化传

---

[1] 金观涛、刘青峰：《兴盛与危机：论中国社会超稳定结构》，法律出版社，2011年。

承与壁垒构筑成相对封闭、凝固的社会等级和结构。魏晋南北朝时期居于主导地位的正是这些逐渐形成并达到鼎盛的门阀士族。这种结构于隋唐时期被打破，新老门阀士族逐渐淡出历史舞台。

刘禹锡的这首诗其实蕴含了中国古代社会阶层重组、变迁更新的重大历史信息。与此相关，有两条历史线索值得注意：一是门阀士族的衰落及新的官僚士族的兴起，二是士族位次的重新排定。

这首诗的前两句——"朱雀桥边野草花，乌衣巷口夕阳斜"，为我们交代了场景。朱雀门是宫城的南门，也是主要的宫门。朱雀道或朱雀街是与朱雀门相通的御道。乌衣巷是六朝[1]古都南京秦淮河畔的一个地名，曾经居住着很多世家大族。诗人眼见曾经车水马龙的朱雀桥边已经野草丛生，而曾经喧嚣繁盛的乌衣巷，这时也只看到一抹斜阳，凄凉而落寞。

诗的后两句——"旧时王谢堂前燕，飞入寻常百姓家"，则反映出社会发生了巨大变化。王家和谢家是魏晋南北朝时期著名世家大族的代表，尤其是在西晋末年的"永嘉之乱"以后更是走向巅峰。永嘉是西晋怀帝的年号，时间是307—313年。永嘉末年发生了社会大动乱，北方的五个民族——匈奴、鲜卑、羯、氐、羌（五胡）相继南下进入中原，和西晋皇室贵族及各地军阀互相勾结，互相兼并，引起北方大乱，致使北方士族、皇族以及中原百姓南迁，即所谓"衣冠南渡""百姓播迁"。而西晋王朝在动乱中也维持不下去了，因此在以王导为首的大士族的支持下，在江东建国，史称东晋。谢氏也

---

1 六朝：指先后在建康（今江苏南京）建都的东吴（229—280）、东晋（317—420）和南朝（420—589）的宋、齐、梁、陈。

谢安画像（清·上官周《晚笑堂竹庄画传》）

是中原南渡的大士族，在北方前秦大军南下、企图一统天下的"淝水之战"中，谢氏家族的杰出人物谢安、谢石、谢玄等人统筹谋划，率领以北方流民为主组建的"北府兵"，以少胜多，大败南下进犯的前秦大军，保证了东晋政权的稳固与发展。

二、"士庶之际，实自天隔"

门阀士族的形成和发展，一是靠经济上的雄厚实力。门阀士族往往也是大地主，他们通过大土地所有制占有大量的土地，甚至形成大庄园，所以也有人认为这时出现了庄园经济。他们还拥有大量的依附人口，如部曲、佃客等，甚至还有私人武装。这些依附人口是不编入国家户籍的，皆注家籍；也不承担国家的赋税和徭役，只是为主人所役使。所谓"百室合户，千丁共籍"正是指豪门隐匿甚至得到国家承认的大量私属人户存在的现象。

二是靠政治上的垄断地位。自秦始皇建立统一的中央集权国家，官僚队伍的素质和能力就成为保证国家机器有效运转、维持社会秩序稳定的重要乃至关键因素。而选拔官吏的原则和形式实为统治者掌控国家机器的重要环节。刘禹锡所在的唐朝，主导的选官形式是科举制，他感叹的"旧时王谢"两大家族所在的西晋、东晋，也可以延伸到隋唐以前的南北朝时期，主导的选官形式是九品中正制。世家大族在政治上垄断仕途，主要的工具就是九品中正制，也称九品官人法。

九品中正制，是曹魏政权鉴于士人流散四方而又急需人才所设置的选拔制度。初衷是唯才是举，所以并没有对出身做限制。主要做法是：在中央设立由各州郡推选出来的任职中央的大中正，之下又设立了州中正、郡中正等。州和郡的中正负责查访、考察与自己籍贯相同而流散各地的人才。例如，州中正的籍贯是今湖南地区，就负责搜罗湖南地区的士人——由于战乱和割据，湖南地区的士人不一定居住在湖南了，可能在京师或者别处。州、郡中正搜罗到同籍贯的士人后，如果认为他们有才干，就会汇报给中央的大中正，然后根据他们的品行和才能，评出等级并附有评语。评出的士人分为九等，即九品，从上至下，分别为上上、上中、上下、中上、中中、中下、下上、下中、下下；又因为是由中正来主持选评，故称九品中正制。

随着门阀士族的发展和膨胀，九品中正制逐渐成为他们垄断仕途和政治高位的工具，变成主要依据出身来评定入仕为官资格的选官制度。如果出身大族大姓就一定会被评为上品；如果只是寒门庶族，永远只能被评为下品，于是出现"上品无寒门，下品无势族"（晋·刘毅《请罢中正除九品疏》）的局面。高门大族子弟，往往可以凭借家世背景"平流进取，坐至公卿"（《南齐书·褚渊王俭传》），甚至还有"上车不落则著作，体中何如则秘书"的说法。"著作郎"和"秘书郎"都是魏晋南北朝时列入"清散"的职位。当时门第和官职都有清浊之分，当然士族就是清，庶族就是浊；官职上，秘书郎、著作郎属于清官，自然都是由士族子弟出任。而且这类职位不用从事具体繁杂的事务，待遇好、地位高，是人所仰慕而士族子弟竞相争取的职位。不管腹中是否有真才实学，只要是大士族子弟，就有可能得到著作郎和秘书郎这样清散的职位。而如果是寒门庶族，再有才华、才能，也只能屈居所谓"浊职"，沉沦于下品。

三是文化上的优势乃至垄断。两汉以来，重经学，世家大族多以经学传家，门生弟子遍布海内。两汉时期，中央专门设置五经博士，各有传授。此五经为《易》《尚书》《诗》《礼》《春秋》。通经入仕是当时主要的入仕途径。文化的优势乃至垄断，也是门阀士族形成的重要因素。

四是社会地位的相对封闭和凝固化。门阀士族在婚姻上讲究门当户对，由此衍生为重视谱牒的修撰，通过谱牒来确定族系及家世，通过婚姻关系稳定和固化社会等级和士族秩序。在社会交往上也严格遵循等级身份，士族与庶族之间基本不来往，如有人破例，则为士人所不齿，受到鄙视和排斥。

士族的排定都是得到社会认可的，由此逐渐形成一些公认的士族门阀，而且往往配以地域来命名族姓。如刘禹锡诗中提到的王与谢，王是指琅琊王氏[1]，谢是指陈郡谢氏。大门阀士族并不仅仅是王、谢，据史载，魏晋南北朝时期最著名的世家大族有崔、卢、李、郑、王、谢、袁、萧、顾、陆、朱、张，共计十二家。隋唐时期最受推崇的五姓为崔、卢、李、郑、王，即清河崔氏、博陵崔氏、范阳卢氏、陇西李氏、荥阳郑氏和太原王氏。白居易的弟弟白行简写有长篇传奇《李娃传》，讲的是荥阳公子进京赶考的故事，而荥阳郑氏是著名的大士族，见到"荥阳公子"四字，就可知道此人为郑家子弟。顾、陆、朱、张为江南地区的四大世家。如果看过《三国演义》，就会知道"小霸王"孙策就是在江南士族的支持下，建立了孙吴政权，并得以巩固发展。书中可以看到顾、张等大姓在江东政治舞台中频频出镜。如诸葛亮亲赴江东，劝说孙权联蜀抗曹，江东大臣、谋士有众多反对者，诸葛亮"舌战群儒"，陈说厉害，最终使孙权下决心一战。其中反对者中就有张氏家族的张昭。

---

[1] 居住在琅琊（今属山东）最具代表性的望族，长期在政治、经济、文化上占有优势地位，子孙繁衍，并产生了众多代表性人物，因此以地望著称。其他大士族亦以此类推，恕不一一注明郡望所出。

三、从"王与马共天下"到"黄袍加身"

旧时的王、谢等大士族,不仅如上文所述拥有政治、经济、社会和文化的优势地位,鼎盛时期,甚至可以与皇族共享天下。曹魏政权就是被另一个大士族——司马氏所取代,众所熟知的"司马昭之心,路人皆知",说的就是大将军司马昭专权,图谋夺取帝位,大士族司马氏掌控朝政,一家独大,野心彰显,皇帝已经沦为傀儡,众人都清楚,政权最终会落到司马氏手中。从西晋到东晋,随着门阀士族的进一步发展,皇族难以一家独大,充其量也就相当于一个大士族。无论是在中央还是地方,大士族的势力盘根错节,足以掌控局面,因此东晋民间流传有"王与马,共天下"之说。所谓"王",就是支持东晋政权建立的王氏家族,代表人物有王导、王敦,权倾朝内外;"马"就是司马氏,因为是借助大族的力量才在江东重建王朝,形势所迫,不得不与世家大族分享政权,形成世家大族联合执政的局面。

东晋之后,宋、齐、梁、陈四个王朝相继更迭,最高统治集团的社会阶级成分已经发生了重大改变。东晋既是门阀士族的鼎盛时期,也是门阀士族开始走向衰落的时期。南朝的高门士族子弟已经腐朽,涂脂抹粉,手无缚鸡之力,不肯干也不能干过于繁杂的具体事务,不愿意也不能领兵打仗。高门士族独揽军政大权的局面已经成为过眼烟云,出现了所谓"寒门掌机要",很多重要的部门,包括中枢的机要部门、军队系统,都逐渐被下等士族,甚至是武人出身的军将所掌控。南朝的最后一个王朝——陈,就是由出身贫寒、早年投入军伍的陈霸先建立的。往昔如日中天的门阀士族,已如西边天际的一抹斜阳,辉煌不再。

相较于南朝，北朝的情况又有所不同。北朝是众多少数民族入主中原建立的政权，尤其是鲜卑族进入中原以后，建立北魏王朝，统一了北方。北魏孝文帝为更好地统治中原地区和汉人，实行了一系列改革，其重要的措施有将首都从平城（今山西大同）迁往洛阳，规定要在上朝时说汉语、穿汉服等，并通过改汉姓，确定了鲜卑贵族与汉族门阀相应的士族等级。皇族拓跋氏把自己的先祖追溯到黄帝，改为元氏，列为最高等级。这看似是为了稳定魏晋南北朝以来的士族秩序，其实是通过政治权力的干预，通过顶层设计，重新排定了士族等级和座次，以稳定社会秩序。北魏虽然分裂成东魏、西魏，东西两魏后又分别被北齐、北周所取代，但历史发展的趋势并没有由此中断。

隋唐两朝的君主，也是通过政治权力的干预，粉饰自己的家族，使本家族跻身于东汉魏晋南北朝以来约定俗成的大士族行列，以此提高自己家族的社会地位。建立隋朝的杨氏和建立唐朝的李氏都属于关陇军事贵族集团的核心家族，都具有北方少数民族血统。按照他们自己的记述，或经过他们认可的记载，杨氏家族追溯到弘农（今陕西华阴）杨氏一支，祖先溯源到西汉丞相杨敞，属于其玄孙杨震的直系后裔十四世孙。杨震官至东汉太尉，"明经博览"，有"关西孔子"之美誉。唐朝的建立者李氏，宣称出身于陇西大族李氏和赵郡李氏二望（郡望），是为十六国时期西凉开国君主李暠（西汉名将李广之后）的七世孙，族绪延绵，更有风华人物，显赫于自秦汉到南北朝的政治历史舞台。其中真伪，学界早有判断，但攀附之风炽盛，正是士族"百足之虫，死而不僵"的反映。

隋唐时期旧士族残存余晖脉脉，新士族强势崛起，但唐亡后则局势大变的趋势得以彰显，刘禹锡诗中的"寻常百姓"成为历史的主角。在北方黄河流域，后梁、后唐、后晋、后汉、后周，五个政权相继更迭，史称五代。南方地区，则有九国先后建立，有并存，有接续，即吴、前蜀、吴越、楚、闽、南汉、荆南（南平）、后蜀、南唐，再加上北方的北汉，称十国。从朱温开始，统治集团的构成已经发生了重要的变化。

五代十国以各政权开国君主为首的统治阶级，与魏晋南北朝以来的旧士族乃至隋唐兴起的新士族都没有族系渊源，也不再热衷于攀附与挂靠新老士族之谱牒。后梁的开国君主朱温出身贫寒，高祖、曾祖、祖父到父亲都无一官半职。父亲早早去世，他幼年随母亲以佣工的身份给地主刘崇家放猪。后投奔黄巢起义军，一路升迁。降唐后，被任命为宣武节度使、汴州刺史，终取唐而代之。后唐、后晋和后汉的建国者都是沙陀人，除后唐李氏属于沙陀贵族外，建立后晋的石敬瑭和建立后汉的刘知远都出身寒微。后周的开国君主郭威则幼年失怙，从"牙兵"起家。放眼望去，五代十国的君主没有一个是世家大族或公卿之后。属于赤贫阶层的朱温，逢风云际会的唐末，乘势而崛起为一代枭雄，翻云覆雨，登上皇帝的宝座，正是从魏晋南北朝到隋唐五代统治阶级此伏彼起的缩影。

北宋王朝的开国皇帝赵匡胤，其高祖赵朓曾在唐朝官至县令，祖父、父亲投军为将。赵匡胤投奔郭威，从低级武职做起，一路升迁至后周掌管禁军的主帅，借口北汉联合契丹南下，率兵出征，发动陈桥兵变，夺取了后周的政权。可以说，从赵匡胤的"黄袍加身"，我们可以清楚地感受到当时整个社会阶层大变动之下统治阶级更新的过程。从五代到北宋，统治集团的代表人物已经和魏晋以来的旧士族乃至隋唐时期形成的新士族都没有任何关系了。历史进入了新的阶段。

四、《氏族志》和《姓氏录》的背后

王谢大族与寻常百姓的历史转换，并非仅仅是凭借武力，毕竟，士族门阀的形成和存在有着深厚的社会基础。在转换的过程中，最高统治者的顶层设计，起了关键性的推动作用。

《氏族志》又称《贞观氏族志》，是唐太宗李世民下令修撰的氏族之官修谱牒。贞观，是唐太宗在位时的年号，故有是称。《姓氏录》是唐高宗李治和武则天时期重新修订的氏族谱牒。立国甫始，两修氏族谱牒，其中有颇多耐人思量的历史背景。

贞观六年（632），唐太宗认为原来的士族位次排定不合理，"既轻重失宜，理须改革"（唐·吴兢《贞观政要》卷七），于是就令当时的几位重臣编写《氏族志》，这些人包括吏部尚书高士廉、御史大夫韦挺、中书侍郎岑文本、吏部侍郎令狐德棻等。

贞观十二年（638），《氏族志》修成了。但是唐太宗一看，崔氏仍然位列第一，李氏排到第二，于是很不满意。在他看来，山东士族崔姓虽然是大姓，但已经处于衰微的状态。崔氏在唐朝的建立、发展过程中没有子弟建功立业，当朝权贵中也没有崔姓人。旧日的门阀大族，在经济上、政治上都走向衰落，很多家族不得不倚仗门第，靠婚姻敛财，社会地位也日薄西山，民间为何仍重之？据说唐太宗曾经准备把一个公主下嫁给崔氏家族子弟，此人不过九品县尉，崔家居然自恃门第，百般推托，使得唐太宗大为不满：区区九品县尉，居然倚仗高门背景，不肯与皇室联姻，李家打下的江山，为什么还要重视旧时代那些已经走向衰微的高门？唐太宗决心改变这种社会地位与政治结构不匹配的状况。于是下令，由高士廉等重新刊定士族位次，并且强调"不须论数世以前，止取今日官爵高下作等级"（《旧唐书·高士廉传》），即完全按照当朝的政治地位、社会地位来排序。新修订的《氏族志》，"凡二百及十三姓，千六百五十一家"，基本贯彻了唐太宗的指示精神：皇族为首，外戚次之，而崔氏则被降级到了第三等的位置。这是一个很重要的历史事件，表明皇权政治干预了此前社会上约定俗成的士族等级排次，同样也反映了整个社会阶层正在重组的过程当中。

再看与士族重新排序有关的第二件事。高宗、武则天时期，两人共治天下，后武则天独掌朝政，并最终建立了武周政权。武则天执政以后觉得士族位次不符合武氏的统治需要。据史书记载，武则天的父亲武士彟是一个木材商人，隋末追随李渊，在唐建国的过程中发挥了作用，政治地位得到提升。武则天入主中宫和执掌朝政，武士彟的身份地位更为显赫。但武姓家族在士族中的等级不高，充其量就是一个普通的士族，这成了武则天决定废止《氏族志》，重新修订《姓氏录》的主要原因。

显庆四年（659），高宗诏令改《氏族志》为《姓氏录》，并为之作序。在坚持和贯彻以"当朝官爵定高下"这一原则上，武则天更为坚决和彻底。她以现任官职的高低作为划分等级的标准：原来没有士族背景，只要现在是五品以上的官，都可以被列入《姓氏录》；即便是兵卒军将，通过军功获得了五品以上的勋官，也可以被列入；而旧士族如果在当朝没有五品以上官阶就不能被列入。因此很多还抱有传统观念的旧士族对《姓氏录》极为不齿，称其为"勋格"，即

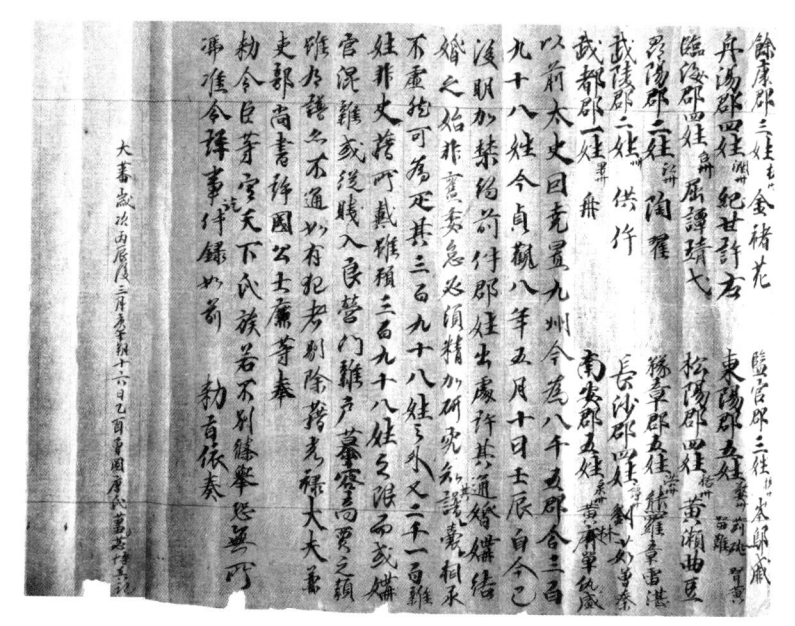

中国国家图书馆藏《姓氏录》抄本残件（转引自《鸣沙遗墨：国家图书馆馆藏精品大展敦煌遗书图录》，国家图书馆出版社2014年版，第106—107页）

讽刺《姓氏录》根据功勋来定品级，失去了排定士族位次的本意和原则，乃至有的士族甚至以被列入《姓氏录》为耻。在新修成的《姓氏录》中，武氏自然被列为一等，李氏都排在其后。

为了能使《姓氏录》真正取代《氏族志》，当时的宰相李义府又奏请把原保存于各官府之中的《氏族志》全部收回并焚毁，此后士族的排序只能以《姓氏录》为准。

《氏族志》和《姓氏录》是顶层政治权力干预约定俗成的士族排序、干预社会等级的体现，反映了社会阶层发生的巨大变化。实际上，此后再也没有士族排座次了。现在我们看到的百家姓是北宋确定的，

"赵、钱、孙、李、周、吴、郑、王",据说赵姓排在第一,也是因为是皇家姓氏。但是这样的百家姓既没有成为士族排序的依据,也已经不能代表士族的等级了。

唐朝有一个宰相叫薛元超,据说临死时曾说他平生有三大恨:第一,没有娶"五姓女",也就是没有和高门士族(太原王氏、清河崔氏、博陵崔氏、范阳卢氏、陇西李氏、赵郡李氏、荥阳郑氏等)结亲;第二,没有修国史——宰相领衔修国史也是很高的荣耀;第三,没有从科举进身。可见,五姓女、科举、修国史这三者是当时社会地位和荣誉的象征,也说明科举出身虽然已经成为最受推崇、最重要的入仕途径,但五姓作为门阀士族的余绪,在社会上很长时间仍然受到认可和推崇。这种绵延的余绪,对普通士人和民众会有更浓烈的压抑感。

从王谢家族的昔日繁华,到诗人刘禹锡凭吊乌衣巷,已经过去了四百余年,由此可知,即便有顶层设计的推动,社会阶层的大变动的最终完成,仍然需要一个较长的历史过程。

登科后

孟郊

昔日龌龊不足夸,今朝放荡思无涯。
春风得意马蹄疾,一日看尽长安花。

这首诗是孟郊(751—814)在奉母命于德宗贞元十二年(796)第三次赴京参加科举考试终于进士及第后所作。

孟郊少负才名,与著名诗人贾岛并有"郊寒岛瘦"之誉,并受到大文豪韩愈的推重,但在四十一岁、四十二岁两次应试落第。此次及第,孟郊已四十六岁,正所谓"五十少进士",应持重的年龄与轻狂的心态似乎并不对称,充分表明了进士科应试举子与录取数量比例之悬殊,进士及第之艰难。

第二讲 看不尽的长安花：科举制的前世今生

孟郊的《登科后》历史眼落在"春风得意马蹄疾，一日看尽长安花"一句。"春风得意"后来常常用来形容人们有了喜事后的心情愉快、奔放洋溢，在这里表现的是孟郊在进士科考试及第以后的狂喜心情。每读此诗，及第举子得意的姿态都呼之欲出，似乎万人仰慕的科举盛况就在眼前。那么，科举制如何在唐朝演变发展为占主导地位的选官形式？它到底给中国社会带来了什么变化？参加科举考试的士子昔日经历了何种"龌龊"才会在今日有如此放浪的心情？如此令人憧憬的无涯之路会有何种美好的前景呢？

一、"一命之官，悉归吏部"——人才选拔制度的演变

科举制是一种选拔人才的制度。路径是中央设立科目，举人参加考试，依据成绩录取。它和此前同为人才选拔制度的先秦世卿世禄制、两汉察举制和魏晋南北朝九品中正制有什么区别呢？

先秦的世卿世禄制，主要是依靠与长辈——祖父和父亲的血缘关系，基于嫡长子继承制获得爵禄。天子的嫡长子继承天子之位，天子的余子则被封为诸侯；诸侯的嫡长子继承诸侯的爵位，诸侯的

余子受封为卿大夫。如此逐级降封，政治地位及相应的爵禄按亲疏、辈分递减。

察举制是西汉武帝创设的一种选拔人才及官吏的制度，东汉沿用。中央设置有不同的科目，计有直言极谏、孝悌力田、贤良方正、贤良文学等，选人的主要标准是人的品行。察举制的关键环节是"举"，必须有地方长官或中央部门长官的推荐，才能获得到中央做官的资格。中央会进行一些适当的考试，主要是面试，以考察个人的品行、才能、特长等方面的情况，因人而异授以不同的官职，且并无淘汰，而是全部录用。

九品中正制，我们在第一讲讲到社会阶层大变动时已经做了介绍。概括之，九品中正制是依靠血缘与地缘结合的门第决定做官的途径和上限的制度。魏晋南北朝时期，与门阀士族形成与发展的状况相适应的九品中正制成为主导的选官形式。凭借九品中正制，门阀士族子弟可以"平流进取，坐至公卿"。东晋时门阀政治达到高峰，门阀士族也达到鼎盛，但同时也开始衰落、腐朽。南朝"寒门掌机要"已成为历史发展的大趋势，九品中正制也就逐渐走向没落。

隋文帝杨坚（541—604）统一全国以后，选无清浊，废止了九品中正制，"一命之官，悉归吏部"（《通典·选举二》），将此前被地方门阀大族控制的选拔人才的权力收归中央。隋文帝沿用了前朝的秀才科、明经科。隋炀帝时，创立了进士科。此后，进士科成为科举制中最重要的科目，最受世人追捧。新科进士及第后，可谓飞黄腾达、前途无量。孟郊的父亲曾任昆山县尉，不过是名九品小官，但儿子却可以通过科举考试，获得平步青云的可能性。虽然孟郊因种种原因始终官位不显，但还是有众多其他中下阶层的人士通过参加科举进入仕途，升至高位，甚至贵为宰相。士子们为了参加进士科的考试，历尽千辛万苦，有人多年备考，皓首穷经。《登科后》所透露的孟郊及第后的无限喜悦就能充分说明这一点。而普通百姓也对新及第进士无限仰慕，所以孟郊才有"春风得意马蹄疾"这样愉悦、奔放的心情。

唐继承隋制，科举制逐渐走向完善：由国家制订统一的选拔人才标准和考试的科目及内容，规定有资格参加考试的人选，举办全国性的统一考试。凡报考之人，先要获得地方州郡的推荐，除去受过刑罚之人和从事工商业者及其子弟之外，其他人原则上都可以自由报考。

科目方面，前朝的秀才科、明经科、进士科，唐朝均加以继承。但秀才科后来被废——因为考试内容难度大而录取人数少，贯彻的是宁缺毋滥精神。明经科和进士科继续保留，而两者中又以进士科为重。两科考试的内容不同，明经科重点是考查考生对经典文献的熟悉程度，主要考查内容有三：一为帖经，即把一段经的两边盖上，只留一行，默写空出的部分，相对比较容易应付；二是经义，阐释儒家经典的义理；三是策论，即对策，或称时务策，考查对有关国计民生的重大问题的看法。进士科考试内容前后有些变化，主要考查内容亦有三：一是帖经；二是对策，可彰文笔，以显见识，并能体现出处理政务的能力；三是杂文。最早的杂文并没有诗赋，只是铭、论、表等形式，唐玄宗天宝年间才加进了诗赋。进士科的考试最能体现人的综合才能。除了进士、明经以外，还有明算、明书、明法等科目。明法科主要培养法律人才，明书科是培养书法人才，明算科培养的主要是数学、计算等领域的技术官僚。这些都属于专业和技能型人才的选拔，但终究不是主流。

二、唐朝科举制下有哪些考试

唐朝的科举实际分为两大类别。一为常科，就是上文提及的进士、明经、明法、明书、明算等，是每年都要举行的考试。一为制科，是根据朝廷需要设立的一些特殊科目。制科主要是考对策，以选拔有特殊才能的人，故其科目包罗万象，如博学宏词、贤良方正、直言极谏、才堪经邦、武足安边等；还有才膺管乐科、志烈秋霜科、文辞雅丽科，不胜枚举；懂阴阳、术数的人也在制科招揽的人才范围内。据有人统计，科目多达百余种，随需要而设。但招考人数不定，也没有固定时间。

常科考试，无功名、无身份的人都可以参加，大部分考生是布衣白身。而制科考试，除了无功名、无身份的普通人外，有官在身的人也可以经过推荐来参加，一旦及第，就可以升迁或得到更好的职位。

科举考试科目繁多，但为何唯有进士科独步士林，受到士人的追捧，百姓的仰慕，人们甚至把进士及第称为"跃龙门"呢？

首先，明经科以记诵为主，所以难度不高，但进士科不管是考诗赋还是考策论，体现的都是才华见识，士人的才能可以更多地展现出来。其次，进士科录取名额很少，每年基本不超过二十人，而明经科录取名额是一百人，相比明经科，进士科更为难考，竞争激烈。民间流传的"三十老明经，五十少进士"谚语，说的就是如果三十岁考中明经，已经堪称"老明经"了；五十岁进士及第，还仍然是"少进士"，可见进士科考难度之大。

武则天时增加了殿试这一程序。所谓殿试，就是皇帝最后面试考生，以示重视，并由皇帝决定录取的名次，则录取者均为天子门生。这也说明科举制越来越受到重视。出身科举者入仕，被视为清资官。唐中后期，中高级官员和清要官（如尚书省六部郎官、御史台御史等）基本都被进士出身的人占据了，绝大多数宰相也由进士出身者出任。

以上所谈的考试主要是文举，属于文科。武则天时期还创立了武举，除了考兵法以外，还考武艺、技能，有马射、步射、平射、举重等。武举虽然是常举，但并未为人所重，因为武将的选拔主要是依据军功。真正武举出身而晋升到高位者不多，比较著名的有唐中期平定安禄山、史思明叛乱的中兴名将郭子仪。因此，科举制的重点仍然是在选拔文职官吏。

除了科举制外，在选拔人才上，唐朝还有一个重要的制度，即铨选制。科举主要是面向没有取得做官资格的人，而铨选是面向已有做官资格的人和已经做官的人。官员任期有一定期限，年满后就要卸任，停替待选，再到中央参加调选，根据任职期间的政绩和参加铨选时的考试成绩，决定是升迁、平调还是待选。可见，科举考试是解决做官的资格问题，铨选考试是解决做什么官或者下一任能注拟什么官职的问题。

科举考试最初是由吏部考功郎中主持，后又改由考功员外郎主持。但因科举考试日益受到重视，考生纷纷责难主考官的官职不高，声望和职位都不匹配，于是玄宗开元时就将主持考试的部门改为礼部，由礼部侍郎主持科举考试，吏部则主持铨选考试。如果可以勉强类比的话，科举相当于现在国家教育部主持的高考，铨选相当于国家人事部主持的公务员考试。

三、人才选拔上科举制到底改变了什么

通过以上介绍，我们可以知道科举制和此前的选官制度，在原则、途径、方式、考试内容和面向的群体上，都不一样。曾有人提出，科举制的渊源来自察举制。二者确实有相通之处，察举也是分科举人，也有考试环节。但科举考试在几个关键点上与察举制以及世卿世禄制、九品中正制都有不同，主要表现在以下三方面。

第一，科举制度的原则是考生可以自由报考。察举制则不然，考生是不能自由报考的，必须有长官的推荐。长官推荐是最关键的一环，被推荐者就可以做官。而科举制度下，地方上的推荐只是程序，人们可以怀揣自己的履历表到州县报名，即"怀牒自列于州县"（《新唐书·选举志》），以此获得推荐。

第二，察举制中，考试只是一个环节，并不决定取舍，但科举考试的成绩能够决定取舍。当然，真正的一切以程文（试卷）为去留，一纸考卷定终身，是在宋以后。唐朝还是科举制的初期阶段，社会舆论、主考官的主观意志、其他人为因素也夹杂其间，影响到最终取舍。

第三，科举考试体现了一种公平竞争的原则，而且这一原则渗透到各个层面和不同类别的人才选拔过程中。如某人的父亲或祖父是大官，想通过门荫入仕（因上辈有功而给予下辈入学任官的优待），可以充当斋郎、挽郎和三卫之卫官等。斋郎、挽郎和卫官都属于国家重要祭祀活动中的仪仗类职务，属于虚职，获得这种职务必须有家庭背景，是权贵子弟进入仕途的捷径。但是，充任斋郎、挽郎和

卫官也是需要考试才能获得录用的。再如，一个负责具体事务或是技术性工作的小吏，想要成为国家正式的官员，进入九品流官序列，即"入流"，也要经过考试。当然考试的难度大大低于科举，粗通文墨、略懂技术就可以，但也是在相对公平环境下的竞争。

四、"五尺童子耻不言文墨"——科举制效应

进士科注重才华的录取标准，恰恰与前朝重家世、重品行、重血缘关系、重长官荐举的选拔方式都不同。注重才华，带动了整个官僚队伍文化素养的提高，还带动了整个社会对文化的追求。史书上说天宝年间"五尺童子耻不言文墨"（《通典·选举三》），正是这种社会效应的体现。

策论考试中有一些非常好的文章作为经典流传了下来，但策论文章毕竟不如诗赋尤其是诗歌那么朗朗上口、清新隽永，在普通百姓中难以传开，影响有限。《全唐诗》二千多名诗人、近五万首诗歌流传下来，就足以说明问题。像白居易的诗，妇孺皆能吟诵，皇帝读了白居易的诗还感慨万分，因其去世而悲伤之情溢于言表。这些最为大家敬慕、流传最广的诗赋，当然皆非庙堂之逢迎、应试之辞，而是诗人真实情感的流露，有忧国忧民的肺腑之言，有坎坷经历的由衷感叹。

自隋唐时期起，科举制就逐渐成为主导的选官形式，并不断完善发展，沿用一千多年，可见其影响久远。但与此同时，科举制，尤其是一枝独秀的进士科，考试内容逐渐形式化，过于重视考生的文才，而忽略处理政务的实际能力；强调"代圣人立言"更是束缚

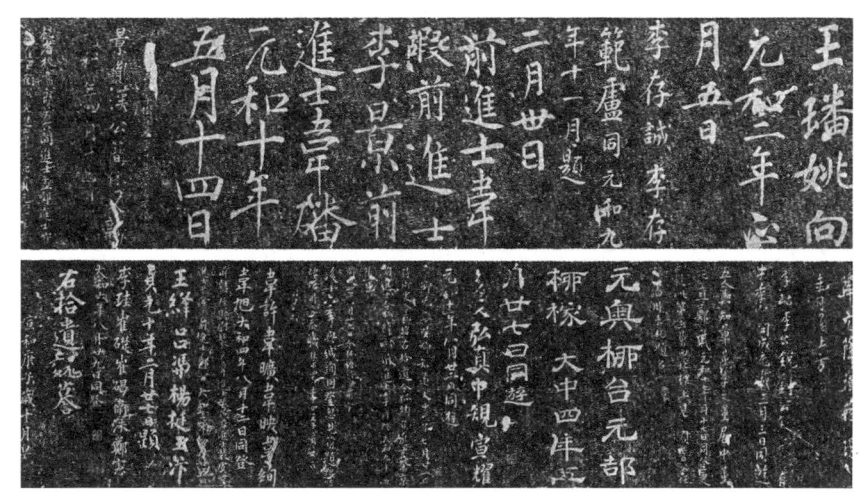

《慈恩寺雁塔唐贤题名帖》（中国科学院考古研究所藏宋拓残卷，转引自罗福颐《雁塔题名帖介绍》，载《文物》1961年第8期）

了士人的思想。大批士子为此"皓首穷经"，也造成众多英才辗转沉寂，历朝都受到抨击和诟病，尤其是不能适应新形势的要求，阻碍了科技人才和创新人才的脱颖而出。直至1906年清廷废止科举，兴办新学，中国的教育体制和人才选拔制度才进入了新的阶段。距离孟郊及第后欣喜若狂的年代已经过去了一千多年，其中历经的起伏、曲折，已不仅仅是一句"春风得意马蹄疾"或"一日看尽长安花"所能涵盖的了。

近试上张籍水部

朱庆馀

洞房昨夜停红烛,待晓堂前拜舅姑。
妆罢低声问夫婿,画眉深浅入时无。

这首诗是朱庆馀(生卒年不详)于唐敬宗宝历年间(825—827)参加科举考试前,向著名文人张籍询问自己呈献的诗作是否得到他和主考官的赏识,是否有机会被录取的探问诗。诗中,朱庆馀将自己比作初入洞房的新娘,将张籍喻为审视新娘的新郎,以羞涩的神态和忐忑的心情探询自己仕途的第一步是否能顺利迈出。朱庆馀因此诗得到张籍的赏识,得其引荐而扬名,在宝历二年(826)中第。

第三讲 画眉如何识深浅：公平竞争背后的博弈

既然科举制是一种公平的考试制度，考生朱庆馀为何要在考前奉诗张籍，低眉顺眼地用隐晦的诗句探询自己的仕途前景呢？科举考试又是否能真正体现公平竞争的原则呢？

一、"长安米贵，居大不易"

由于科举考试录取不易，为了能够引起舆论和主考官的重视，很多考生在考试之前，会把自己的诗、赋、文章等，或投献给与主考官关系密切的权贵，或奉于在社会上有影响、有地位、有声望的人，希望得到他们的赏识，从而能予以推荐，这就叫"行卷"或"温卷"。而且那些有名望、有地位的人确实也有推荐的资格，叫"通榜"。这就是朱庆馀《近试上张籍水部》这首诗的创作背景。

诗中提到的"水部"，指的是尚书省六部之工部下辖的水部司，主管水运水利等大小事宜。张籍曾任水部员外郎，而唐人往往以官衔称呼某人，因此张籍曾被称为"张水部"。张籍职品不高，但却是当时的著名诗人，他收到这首诗后即作诗回复，表示朱庆馀的诗"万金不换"。朱庆馀由此得到张籍的引荐而扬名，在唐敬宗宝历二年

(826）中第。

　　类似的例子不少。据唐朝张固撰写的《幽闲鼓吹》记载，白居易初来长安准备参加考试时并没有名气，就把诗作投献给当时的名士顾况。顾况虽然官位不高，但在文人群体里很有影响，他看到白居易的名字就说"长安米贵，居大不易"，意思是说没有名气想在长安城通过参加科举考试而获得晋升之路非常不容易。但读到白居易的"离离原上草，一岁一枯荣。野火烧不尽，春风吹又生"后，感叹万分，说"有句如此，居易何难，老夫前言戏之"，表示前面说的"居大不易"只是玩笑话。随后就积极为白居易扩大声誉，白居易也最终登上进士第。

　　"行卷"是一种普遍现象。行卷的时候，一般要把自己最得意的作品放在前面。后来行卷的内容也有变化，从诗、赋、杂文变成以传奇为主。传奇实际就是长篇故事。魏晋南北朝时期，志怪小说盛行，篇幅短，有神仙、鬼怪、前世、姻缘等内容。传奇则是讲一个长故事，像白居易弟弟白行简唯一传世的长篇名作《李娃传》讲的就是荥阳公子进京赶考与名妓李娃的一段历经波折终成眷属的佳话，情节曲折，人物形象生动。

　　传奇可以见史才，可以见诗笔，可以见议论，兼备三长，于是成为士子热衷的体裁，往往作为行卷的主打作品。可见，唐朝文人留下了很多长篇传奇，也是与科举制有密切关系的。

　　但大多数人并没有如白居易遇到顾况这样的慧眼伯乐的幸运。大文豪韩愈，文章、诗名誉满天下，但史书记载，他在年轻时参加科举考试的过程却异常艰辛。"四试于礼部乃一得"，一共参加了四次科举考试，才被录取；"三试于吏部卒无成"（唐·韩愈《上宰相书》），及第后参加吏部的铨选，三次都没有得到官职，只好转而到地方，入幕藩镇做官，辗转多次才进京，最终官至吏部侍郎。

再如刘虚白和裴坦，两人于文宗大和八年（834）曾一道复习准备参加科举考试，裴坦被录取后一路做官升迁。二十年后，刘虚白仍是一介布衣，又赴考场参加考试，主考官却是裴坦，此时他已升至中央高官，权知礼部贡举。对比悬殊，刘虚白不禁感慨万千，即兴赋诗一首："二十年前此夜中，一般灯烛一般风。不知岁月能多少，犹著麻衣待至公。"（《献主文》）意思是，二十年前我们同时一起备考，也是同一场景，但二十年后你已经成了高官而主持考试，我却仍然是身着麻衣的普通老百姓。据说此情此景同样引起裴坦的万千感慨。幸运的是，刘虚白当年就被录取了，可能与此诗不无关系。

再如陈子昂，才气横溢，其名作《登幽州台歌》，"前不见古人，后不见来者，念天地之悠悠，独怆然而涕下"是千古传诵之佳句。据传，他从家乡四川千里迢迢来到都城长安，希望一展宏图，但事与愿违，虽四处登门献诗，却因没有名气不为人所知而不被接受，还受到冷语和讽刺，一筹莫展，忧愤焦急。一日，有人捧着一张名贵的瑶琴出售，要价很高，京城里的达官贵人、文人墨客都争相传看，却没有一个人出价购买。陈子昂看了琴之后就倾其所有把琴买下，围观者都感到惊奇。陈子昂表示自己很擅长奏琴，只是没有机会，今天看到好琴，"千金又何足惜"。众人就问，能否听他弹奏一曲。陈子昂同意了，邀请大家第二日到他家去。第二日果然宾客满堂，他就手捧买来的新琴说，自己虽然没有历史上谢灵运、陶渊明这样的文采，却有屈原和贾谊之志；自己从四川来到京城，携带着诗文百轴奔走长安，到处呈献，却没有人赏识；弹琴虽然也是自己擅长的，但是恐怕会污染了各位的尊耳。说罢就把琴"咣当"一声砸了，然后拿出诗文遍赠在座的宾客。众人都感到很惊奇，于是对他的诗文产生了兴趣。尤其是"感时思报国，拔剑起蒿莱"（《感遇》）一句，被人传诵不绝。陈子昂之所以要采取这种惊世骇俗之举，也是为了博取声望，引起主考官、有权势或有影响力的人的注意。

二、什么影响了科举考试的公平

行卷中虽有不少被视为赏拔人才的佳话，但也反映了在当时的科举考试中，存在人为干预的弊端，其公平性受主观因素影响很大。为什么会出现这样的情况呢？

在唐朝，科举制其实还属于初期阶段，并不成熟，有很多主观因素可以影响其公平性。首先，每年的主考官是公开的；其次，试卷是不糊名的，哪张试卷属于哪个考生一目了然。这样一来，一些主观因素——如社会舆论的影响——就容易干预最终结果。因为社会上下都很重视科举考试，所以每年录取榜单公布之前，就会有各种各样的社会舆论出现。进士科是重才华的科目，社会风向也主要以文采为重。谁是有名的文士，谁的文章和诗写得好，舆论就会倾向于谁，这很可能会左右主考官的判断。

也有反面的例子。史书记载，唐太宗贞观时期，有两位文人名气很大，一是张昌龄，一是王公治，文章也写得好，参加科举考试时，舆论都认为这两人一定会被录取，可是没想到最终都落选了。连唐太宗都感到很奇怪，就去问主考官考功员外郎王师旦，为什么这两个考生会落榜。王师旦认为他们华而少实，文章浮靡，并非朝廷可用人才。如若录取，恐为后生所仰慕而效仿。显然是主考官的个人价值判断决定了考生的录取与否，而并不完全根据考试成绩，对此唐太宗也无可奈何。

进士科及第者，虽然起家的官品不高，一般是九品，职位也很卑微，但是仕途确实会比其他出身者更为顺利，经济上还可以有很多优待措施，比如可以免征徭。唐武宗时又把进士科出身的人列为衣冠户，仍然享有免除各种差科、色役等的经济特权。很多人看到这一点，又知道主考官的好恶能决定取舍，所以开始走后门、托关系，尤其是找权贵如公主、亲王、大宦官等，主考官也不敢得罪他们。据史书记载，某人担任主考官后"私书盈几"（《旧唐书·孔纬传》），即桌子上堆满了各种私下递的条子，甚至发展到某个大人物打个招呼就得录取。如果是当朝权贵子弟参加公开考试，主考官也会有所忌惮，或产生攀附之心而行违心之事。为了避免这种情况出现，朝廷采取的措施之一就是，为避嫌，宰相等高官和担任考官官员的子弟要单独考试，不和其他考生一起，叫"别头试"。

这种现象同时带来的另一个弊端就是，一些才华横溢的人会被挡在录取大门之外。如晚唐才子温庭筠，和李商隐并列花间派鼻祖，文采斐然，有"温八叉"之称，一叉一韵，下笔如神。但因为品行受到士人的非难、非议，温庭筠虽然参加了多次科举考试，但都名落孙山。

可见，主考官主观的判定、政治势力、社会舆论、权贵的干预，都在干扰科举考试真正公平地选拔人才。这也使得举子沽名钓誉、攀附权贵、互相串联，甚至不惜弄虚作假。在很大程度上，这些正是早期科举制不完善所引发的弊端。

三、"一切以程文为去留"

北宋继续实行科举制，但和唐朝相比，还是有了很大变化，"一切以程文为去留"（宋·陆游《老学庵笔记》）成为基本原则。这里的"程文"可以解释为试卷，也就是录取与否主要以考卷的成绩来决定，并且在各个环节都有相应的制度和措施，为的是使考试最大限度地排除主观因素。可以说，真正以考试成绩定取舍，是在宋朝以后。

北宋有几个很重要的措施，实际上是科举制逐渐纯粹和完善的体现。

第一，对考生的身份限制基本放开。唐朝时，"怀牒自列于州县"，可以自由报考，但规定有两种人不能够参加科考：一是曾受到过法律惩处，有劣迹有污点的人；二是工商业者和工商子弟，也就是从事了工商业就不能走仕途。而且唐朝的制度还规定，堂兄弟这一层血缘关系中如果有经商的，本人也不能做官，除非经商的堂兄弟放弃经商。当然，这是制度规定，实际情况未必如此，但至少有这样的制度规定。北宋在工商业者和工商子弟这一环节上放开了，工商子弟中的才俊者照样可以报考。怎样能体现才俊呢？其实没有客观标准，实际上等于放开了报名的限制。

第二，临时指派主考官和锁院。唐朝主考官是相对固定的，大家都知道主考官是谁，开考前请托的条子就已经递了一大堆，有时主考官也无可奈何。北宋时，主考官是谁大家都不知道，因为很多官员都有资格当主考官，而最终由皇帝临时任命。皇帝指定了以后，便派宫中的宦官直接拿着诏书去找到这个官员，不管他正在做什么，当场宣布，马上带走。主考官直接被送到指定的房间里隔离起来，

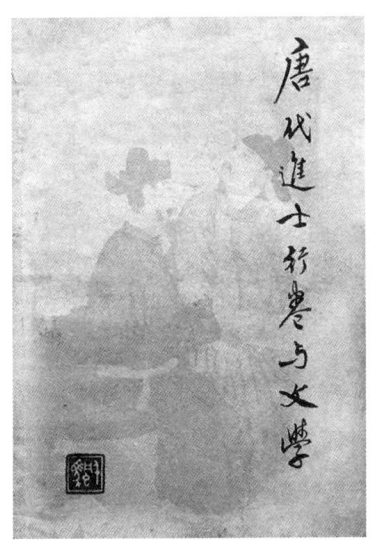

程千帆《唐代进士行卷与文学》书影（上海古籍出版社 1980 年版）

由内帘官、外帘官监守，不能和外界交流。家属接到通知后，把日用品隔帘送进去，根本接触不到官员本人。即便有人想打通关节，所有的条子也都递不到主考官手里。这叫"锁院"。

第三，糊名、誊录。糊名就是考生的姓名密封，背对背考试，考卷也密封。誊录就是考生答完试卷以后，中央主持考试的机构有誊录人员，负责把卷子重新工工整整地抄一遍，避免考生在试卷上留下痕迹记号。呈现在主考官面前的都是整整齐齐、干干净净的卷子，找不到任何记号。

基于以上几点，"一切以程文为去留"得以实现。另外，从唐朝起，由于考试成绩重要性提高，考场的制度也严格起来。历朝考生作弊的方式五花八门，如夹带小抄，场外场内私下串通，传递字条，请人代做试卷，等等。北宋以后，监考制度也更加严格。温庭筠作为有名的枪手，据说经常在考试时替人做卷子，这种情况在北宋就不可能了。

到了明清，考场搜检更严格，连考三天都不能出考舍，所以考生要事先准备三天的用具和食物。因为是在冬天考，所以规定穿着的大皮袄要毛冲外，即必须反穿皮袄，以免毛冲里而使得夹带的好多东西无法被发现。另外，考生要带考篮，考篮里可以放馒头、笔、墨之类，从考篮到笔都按规定是镂空的，防止夹带。还有诸如头发要散开、馒头要掰开等规定，都是为了避免考生在考场作弊。即便这样，科场作弊的科场案也是层出不穷，而且与时俱进，乃至发生多次震惊全国的大案。从而，对科场的监控就愈发严格。

严格的考试程序和规范，可以最大限度地避免人为因素的干扰，也就避免了唐后期出现的很多弊端，尤其是权贵子弟互相串联交通，使得寒门子弟、普通文人晋升无门，甚至出现"寒门俊造，十弃六七"（《旧唐书·王起传》）的局面。而"妆罢低声问夫婿，画眉深浅入时无"这种心理也就无缘也无须表白了。

琵琶行（节选）

白居易

我闻琵琶已叹息，又闻此语重唧唧。
同是天涯沦落人，相逢何必曾相识。
我从去年辞帝京，谪居卧病浔阳城。
浔阳地僻无音乐，终岁不闻丝竹声。
住近湓江地低湿，黄芦苦竹绕宅生。
其间旦暮闻何物，杜鹃啼血猿哀鸣。
春江花朝秋月夜，往往取酒还独倾。
岂无山歌与村笛，呕哑嘲哳难为听。
今夜闻君琵琶语，如听仙乐耳暂明。
莫辞更坐弹一曲，为君翻作琵琶行。
感我此言良久立，却坐促弦弦转急。
凄凄不似向前声，满座重闻皆掩泣。
座中泣下谁最多？江州司马青衫湿。

这首诗作于唐宪宗元和十一年（816），白居易（772—846）在被贬为江州（今江西九江）司马的第二年秋季，于瑟瑟秋风中送友人至江边，闻听江上传来凄凄切切的琵琶声，看到红颜已逝的歌女，联想自己的坎坷与不幸，不禁悲从中来，泪濡青衫。白居易虽然是因上表得罪权贵而遭贬江州，但官职是州司马，依照品阶官服颜色似乎不应着青衫。这个问题的背后其实映射出唐朝官员的多种身份制度，体现了唐朝官僚制度的完善和细密化。

唐彩绘三彩陶文吏俑（美国大都会艺术博物馆藏）

第四讲 江州司马何以湿"青衫"：
官员服色·流品·待遇

《琵琶行》这首诗很长，可作为历史眼的诗句不少，这一讲我们选择将它落在最后一句："座中泣下谁最多？江州司马青衫湿。"无论是"江州""司马"还是"青衫"，都与唐朝的官僚制度密切相关，最惹争议的问题就是，"江州司马"到底是多大的官，为何白居易会着青衫？这一讲将借这个问题来探讨唐朝官员的服色、流品以及相关待遇。

一、职、散、勋、爵

白居易在《琵琶行》一诗中自称"江州司马"，这是个什么品级的官呢？

唐朝的州县各分等级，州有上、中、下之分。官员也分品级，流内官分为九品，一品到三品有正、从之分，而四品以下，正、从又各有上、下之分，共九品三十阶，这是正式官员。流外官也分品级，但属于吏的系列了。按照唐朝的制度，州的长官是刺史，刺史的下属有州别驾、州长史，州长史之下是司马，司马属于州刺史的佐官。上州司马品级为从五品下，中州司马品级为正六品下，下州司马品级为从六品上。据唐宪宗朝宰相李吉甫所编撰的《元和郡县图志》，江州在唐朝属于上州，距都城长安两千多里。以此为依据，白居易的官品应为从五品下。

按唐朝官服制度，三品以上服紫色，四品服深绯，五品服浅绯，六品服深绿，七品服浅绿，八品服深青，九品服浅青；不同品级在品服上还有相应的花饰、纹饰等；庶人只能衣白布。按品级与服色的对应，上州司马从五品下，应该服浅绯，那么为什么白居易着青衫呢？青衫，其实就是黑衣，对应的应该是八品和九品。要解答这个问题，我们需要对唐朝的职官制度做更深入的了解。

唐朝的官员，尤其是高官，一般具有四种身份，或称四种头衔，即职、散、勋、爵。

职，是指实际担任的官职，即职事官，也就是前文提到的分成流内和流外两大系统。后来正一品基本不授官，所以流内实际上是二十九阶，如中书侍郎、大理寺卿、监察御史、刺史、县令等，是有具体职务的，各职务都有相应的职事品。例如，尚书省吏、户、礼、兵、刑、工六部长官为尚书，均为正三品，监察御史为正八品上等。随着唐后期使职差遣的发展，职事官逐渐阶官化，成为俸禄和待遇的依据，而不一定在具体职能部门任职了。

散，即散官，是一种身份，也有品级，分文散、武散。文散官最高为从一品开府仪同三司，最低为将仕郎从九品下，共二十九阶。武散官最高为从一品骠骑大将军，最低为陪戎副尉从九品下。职事官都有散品。散品的获得与出身有关，以门荫出身者，可根据祖、父辈的职、散、勋、爵品级获得相应的散品。三品以上可荫至曾孙，五品以上可荫至孙，但会依次降等，如一品子可获得正七品上，从五品子则降至从八品下。参加科举考试及第者，也会获得相应散品。散品会随着职事官的升降而变化，但职事品未必与散品一致。散品低而职事官品高，称守某官；散品高而职事官品低则称行某官。唐朝官员待遇最初是按散官品级，后散品逐渐虚化，俸禄等待遇逐渐由职事品决定。

具体到这一讲的主角白居易，他的官职是江州司马，职事品为从五品下，但他的散品是最低的从九品下的将仕郎；俸禄则按职事品发放，因此不仅衣食无忧，还可对家庭和家族有所关照。但朝参的时候，往往还是根据散品来决定官员站班的次序。玄宗开元以前，文散官的高品，即使无职事，也有俸禄。

勋，主要用来酬劳立了军功的将士和对国家有功的大臣。勋官的等级计有十二转。十二转上柱国，视正二品，为最高品级；一转武骑尉，视从七品，为最低一级。获颁勋者在授田上会享有优惠，可按勋级占有面积不等的土地。在19世纪末20世纪初敦煌莫高窟发现的土地文书、户口簿和差科簿上，可以看到许多户主拥有高低不等的勋官身份，从而在授田的法定数量上体现出来。但敦煌地区属于狭乡，即人多地少地区，授田往往不足，于是法定的授田额度有一部分只是停留在纸面上。

爵，分王、公、侯、伯、子、男六等。皇帝的兄弟、儿子一般会得到王的爵位，但王爵也分为不同等级，皇帝根据血缘亲疏关系和政治需要，授予其不同等级的王爵。其他皇亲国戚也都会得到相应的爵位。爵位也用来酬劳有功之臣，王爵以下分五等九级，如开国公、开国侯、开国伯等就是此类爵位。唐中期以后，异姓获得王爵的人也开始增加了。如在平定安史之乱中立有大功的"中兴名将"郭子仪，进封汾阳郡王。封爵者在政治上享有特权，在经济上享有优厚的待遇，但并没有相应的职位、封地和实权。

高官往往集职、散、勋、爵四种身份于一身。如奉唐玄宗之敕撰修《唐六典》的宰相李吉甫的头衔有：集贤院学士（差遣）、兵部尚书兼中书令（职事）、修国史（差遣）、上柱国（勋）、开国公（爵）。这些头衔中没有列举散官，原因不明，也可能是因为散品低于职事官。在宪宗颁布的《授李吉甫中书侍郎同平章事制》中，有"可守中书侍郎同中书门下平章事，散官勋如故"一句。用"守"字，说明散品低而职事品高；"散官勋如故"说明散品和勋级都没有因职事官变动而升迁。这份制书应该是宪宗元和二年（807）颁布的，李吉甫这年因功封赞皇县侯。元和六年，李吉甫再次拜相（中书侍郎同中书门下平章事），加授金紫光禄大夫、集贤殿大学士、监修国史、上柱国，进爵赵国公。其中，加授的散官金紫光禄大夫为散官第四级，正三品，这说明未加授前散品更低。

再如大书法家颜真卿曾受邀为开元名相宋璟撰写碑文，落款的头衔为：金紫光禄大夫、行抚州刺史、上柱国、鲁郡开国公。可以析分开来：金紫光禄大夫，散官第四级，正三品；抚州刺史是职事官，抚州为上州，刺史为从三品，散品高于职事品，因此为"行"抚州刺史；上柱国为勋官最高等级十二转；开国郡公为爵的第四等。散品代表了颜真卿的资历，职事官是其需要承担的工作，勋级与爵既是因贡献而获得的荣誉，也标志着身份地位，享受相应的待遇和特权。

职、散、勋、爵，职位和品级高的官员常兼有四项，而职位和品级都比较低的有可能只兼一两项。唐后期,随着使职差遣的发展演变和固定化,使职逐渐成为正式的职事,而原有的职事官逐渐官阶化,仅成为寄禄的依据了。有学者考证,唐朝官员的服色是根据散品的品级来规定的。白居易贬在江州,虽然职事官是州司马,为从五品下,但他的散官是文职散官中最低的从九品下将仕郎,自然穿的就是青衫。因此,如果某人的职事品高于散品,或差遣使职很重要,皇帝就会赐绯(五品以上服绯)、赐紫(三品以上服紫),以提高他们的身份象征。

职、散、勋、爵虽然各有等级序列,但也都有与职事品参照的品级。如从三品包括职事官中的御史大夫、秘书监、光禄卿、卫尉卿、宗正卿、太仆卿、大理卿、鸿胪卿、司农卿、太府卿、左右散骑常侍、国子祭酒、殿中监、少府监、将作大匠、诸卫羽林千牛将军、下都督、上州刺史、大都督府长史、大都护府副都护等,文散官中的银青光禄大夫(文散官中的第五品级),武散官中的云麾将军(武散官中的第五级)、归德将军(授予国外首脑),爵位中的开国侯(第六等),勋级中的护军(四转)。决定官员地位的核心因素还是其实际职任。

二、俸禄和待遇

前面已经提到,虽然白居易散品低微,只是从九品下的将仕郎,只能着青衫,但其待遇并不低,因为俸禄是由职事官的品级决定的。白居易在《江州司马厅记》里写道,司马一职自武德(唐高祖李渊年号)以来,成为安置闲散人员的职位,正所谓"司马之事尽去,唯员与俸在"。也就是说司马是个闲职,并没有处理政务的实际权力,但是编制还在,俸禄按品级发放。白居易是在政治斗争中失意以后被贬为江州司马的,他在给元稹的信(《与元九书》)中说:虽然我被谪到远郡,也没有事干,但官品第五,月俸四五万,就收入看还是不少的,寒有衣,饥有食,除了自己享受以外,还可以施给家人,所以我也没有辜负白氏子弟。

那么,唐朝官员的俸禄结构和相应待遇具体情况如何呢?

俸禄是唐朝官员最主要的收入,一般俸禄由禄米、人力、职田、月杂给,以及常规实物待遇和特殊实物待遇这几部分组成。

在唐朝,前后期官员的俸禄不同,这里我们先说唐前期的情况。唐前期正三品的京官,相当于现在国务院各部部长、各省省长、直辖市市长这样的级别,每年禄米四百石、职田九顷、杂役三十八人,每日还要发常食料。史书记载,常食料一共九盘,分别是细米、粳米、面、酒、羊肉、酱、醋、瓜及盐、豉、葱、姜、葵、韭之类各有差,还包括发给冬天和春天烧的炭。另外,正三品的京官值班,是可享受免费工作午餐的。每年的元正和冬至都各获赐绢五匹,金银器、杂彩(各色纺织品)不等,其夫人也会获得赏赐。

根据品级,朝廷还要给官员配发至少五种不同场合、不同季节的服装,包括全套的衣、帽、鞋带、佩饰。官员本人或祖父母、父母亡故,如果是三品官,官家会给营墓夫六十人,可以役使十天,并且配给丧葬所需要的一应器物,赠绢、布、绵等百缎,赠粟百石,遇有特殊情况还有相应赏赐。

奖惩也关系到俸禄和待遇。一般官吏的考核称为考课,三年一大考,每年一小考。业绩突出者可以加俸禄;反之,如果业绩不佳或者犯了过错,就可能被减扣俸禄。

当然,除了俸禄以外,官员还享有其他待遇。贵族和官员不仅本人无须纳税服役，还如白居易所说，其亲属也根据品级而享受全部或部分的免赋役待遇，在住房、乘车、授田等方面都有不同等级的优惠，子孙还可以享受优先入学。如果是高品官，子弟可以通过门荫的途径优先入仕。官员们还可以享受公休假。史料记载，汉朝是五天一休，唐朝是十天一休。如果父母亡故，可以享受丁忧一年的待遇，也就是可以允许官员在家服丧一年。

任职官员凡年到七十精力衰耗，可例行致仕，也就是退休。古人平均寿命不长，七十岁退休对于很多人来讲可能就等于终身制了。对退休的官员还有一种欢送仪式，类似现在颁发光荣退休证书或者举办荣退活动。虽然形式不同，但含义是一样的，就是感谢这位官员多年来的辛勤工作。三品以上官员致仕以后，会被恩准仍可在朝廷行走，参与国家大事。五品以上致仕者给半俸，也就是工资的一半。功臣、元勋经过皇帝特批，退休以后还可以领全薪，如贞观名相房玄龄、开元名相宋璟退休后都是享有全俸。六品以上官员退休的时候，还会赐给一定数量的田地供他们养老。

唐朝官员（职、散、勋、爵都包括）的俸禄和待遇根据品级、地区、闲剧等差别明显，不同时期也不相同，总的来说，可归纳为以下几点。

一是官僚贵族群体的最高一级和最低一级各项待遇的差别很大。以唐朝田令颁布的授田等级规定为例，最高等级的亲王（正一品）可授永业田 100 顷，然后依次递减，减至职事官九品为 2 顷，最高是最低的 50 倍；职分田，一品 12 顷，递减至九品 2 顷，相差 5 倍；勋官，授田从最高一级的 30 顷递减至最低一级的 6 顷，相差 4 倍。再如俸钱，从最高的 200 万月俸递减，最低仅 2850 钱，相差 700 多倍。各品级的贵族官僚还有人力、食物、杂用等供给，后来基本都折合为钱，计入月俸。玄宗开元年间，一品31000钱，递降至九品，为1917钱。禄米一年发两次，一品700斛，递降至从九品，则为52斛。中高级官吏在门荫、考课年限、退休等方面还有很多待遇是低级官吏（六品以下）没有资格享受的。因此，差别不仅仅体现在俸禄方面。

二是京官和地方官虽然品级相同，但收入和待遇却有差别。唐初地方官（外官）没有俸禄，唐太宗贞观时，有人说外官品级不高，生活困难，应该给禄养亲。于是，外官始有俸禄，但仍低京官一等。因此很多人不愿外任，而希望留在京师。唐后期曾屡次提高外官的俸禄标准，以鼓励官员到地方任职。

三是俸禄的整体结构由人力、实物和货币构成，总的趋势是人力部分逐渐由货币取代，实物部分长期保留。这个趋势与商品经济的发展有密切关系，和国家财政税收结构变化的大趋势基本相同。

四是官员由于任职于不同部门，收入也会有很大差别。有的部门额外收入占大部分，不一定都体现在正式的俸禄中。一般说来，地方主管衙门、财政税收部门、工程兴造部门、司法部门、选举考核部门等，俸禄外的收入很丰厚，行贿受贿的现象极为普遍。如白居易，任左拾遗（从八品上）年满当迁，皇帝念他家贫，又有老母需要奉养，于是允许他在正常调动时自选职位。白居易放弃了清要之职，而选了京兆府户曹参军一职（类似现在的北京市财政局局长），当时被认为是非清类的浊职。俸钱45000，禄米200石，估计还会有其他额外收入。丰厚的收入成为一代才子、原本清贫的白居易主动选择弃清就浊的主要原因。

五是不同地区的实际收入有很大差别。边远地区，由于人文、经济、气候等原因，始终是调选时的老大难，官员多不愿赴任。但经济发达地区，情况又有不同，外官的地位和正式收入虽然不如京官，但实际收入可能远远超过仅凭"工资"收入的京官。如唐代宗时出任西川（四川西部）节度使的崔宁，凭借地险人富，厚敛财货，京城有豪宅。再如唐德宗时广州刺史、岭南节度使王锷，善于聚敛，家财巨富，在京师广置豪宅，大肆贿赂权贵。

其实，包括唐朝在内的历代贵族和官僚的俸禄和待遇变化很大，职衔和品级的名称及实际掌职也不断演变。白居易的一句"江州司马青衫湿"可以引出更深入的话题，为我们提供更多的诗句背后的历史。

左迁至蓝关示侄孙湘

韩愈

一封朝奏九重天，夕贬潮州路八千。
欲为圣明除弊事，肯将衰朽惜残年。
云横秦岭家何在，雪拥蓝关马不前。
知汝远来应有意，好收吾骨瘴江边。

此诗写于唐宪宗元和十四年（819），韩愈（768—824）因上《谏迎佛骨表》劝谏宪宗放弃举办从法门寺迎佛骨供奉于官廷的仪式，触怒龙颜，被贬潮州（今广东潮州，另一版本作"潮阳"）。风雪漫天，他只身行至蓝田关时遇到送行的侄孙韩湘，有感而作此诗。韩愈以文名世，却三试于礼部落榜，四试于吏部才一得，辗转于两地幕府，仕途几经起落，尤其是先后四次被贬远州的经历，使他的作品情感丰沛、视域深远。

第五讲 "夕贬潮州路八千"：贬官·考课·监察

韩愈的《左迁至蓝关示侄孙湘》这首诗，历史眼在全诗的第一句，"一封朝奏九重天，夕贬潮州路八千"，意思是早上刚上了一封奏疏，晚上就被贬到距京师有八千里路之遥的潮州了。潮州州治为潮阳，位于今天的广东东部，距当时的都城长安，实际距离在两千公里左右，诗中用八千里夸大路途之遥，反映了韩愈对这次贬黜远州的巨大心理落差。

一、潮州之远，未到尽头

官员在什么情况下会遭到贬谪呢？官员有行政过失，做官违纪，职务犯罪，还有在重大的礼仪活动当中失礼等，都可能遭贬；有举荐权力和义务的高官和要官曾经举荐的人如果犯罪了，也需要承担连带责任；官员亲属以及其他关系密切的人犯事而受到牵连；等等。当然还有一个非常重要的原因，就是成为政治斗争的牺牲品。如果某人在政治斗争当中是属于某一集团或某一派别的，另一个集团或派别得势以后，往往有可能遭到贬谪。还有一种可能就是触怒了皇帝或者一些权贵，甚至可能仅仅是由于皇帝或者权臣个人的好恶就被贬了。典型的例子就是唐后期牛李党争中的两派代表性人物轮流执政,又轮流被贬。如李党领袖李德裕(787—850),因朋党之争屡次遭到贬谪,在宣宗继位后,从宰相一职外放任荆南节度使(治所在江陵,今湖北荆州),再贬为东都留守,再贬到潮州为司马,刚赶到潮州,又一纸公文,贬到更远的崖州为司户,就是现在的海南三亚一带。其官职也一路下降,乃至最终病死崖州。据说李德裕曾经奖拔过很多孤寒子弟,所以被贬谪后,受过他恩惠的士人十分悲愤,"八百孤寒齐下泪,一时南望李崖州"(五代·王定保《唐摭言·好放孤寒》)。在唐朝,人们往往用某人所在地来指代其人,因此这句诗中把李德裕称为"李崖州",表达了对他被贬远州境遇的同情与愤懑。

最有名的规模较大的贬官是在唐顺宗时期,推动"永贞革新"的"二王八司马"被贬。"永贞"是顺宗的年号,"二王八司马"是指推动改革的十个重要人物,因为改革所针对的是当时专权的宦官势力,所以事败后不幸集体遭到贬谪。为首的人物王伾被贬为开州司马,开州在今天的重庆东北部;王叔文被贬为渝州司马,渝州即重庆,这是其中的"二王"。"八司马"中,柳宗元被贬到永州任司马,在今天的湖南;刘禹锡被贬为朗州司马,也在今天的湖南;其他六人名气不如柳宗元和刘禹锡,分别被贬到崖州、虔州(今属江西)、台州(今属浙江)、饶州(今属江西)、连州(今属广东)、郴州(今属湖南),这八人都是被贬为远州司马。"二王八司马"属于政治斗争中的失败者。

官员的被贬地很广,但也有一定范围。在唐朝,西北、东北地区都不在范围内,因为西北是战略要地,而东北还不是有效的管控区。

一般而言，官员贬黜地都是边远落后地区，如四川南部、广东、广西、海南，甚至今天的越南境内。当然，江西、湖北、湖南等相对京师有一定距离的地方也在选择范围内。

被贬官的人具体会受到哪些处罚呢？大部分官员在被贬时品级都会下降，也有名义上品级没有变，但从比较重要和关键的职位调到闲散的、不重要的职位的情况，如将一个御史台的官员调到国子监，就是明显的从要到闲，这就是暗贬。其他暗贬的举措，还有从正员官贬为员外官，从京城长安要害部门贬到东都洛阳分司机构等。洛阳和长安一样，有一整套相应的官僚机构，称为分司，但东都毕竟不是政治中心，这些机构属于闲职，很多人在失意失势以后就被发到东都分司去了，待遇和品级虽然不变，但是权力和职任已经降级。问题比较严重的，就不仅仅是由要职到闲职或者调到分司这么简单了，就有可能贬为远州司马、远州司户，相当于轻度的流放，前文谈到的白居易从中央的清要官左拾遗任上被贬为江州司马就是这一种情况。

那么韩愈是因为何事而落得"夕贬潮州路八千"之厄运的呢？起因是宪宗皇帝在元和十四年（819）派使者去扶风（今陕西扶风）法门寺迎佛骨。当时朝野信佛甚至佞佛成风，韩愈是反对这样一种风潮的，当然也反对宪宗的迎佛骨之举动，于是上书进谏，即《谏迎佛骨表》，一下就触怒了皇帝和权贵，立即遭到贬黜，从刑部侍郎贬为潮州刺史，还差点被宪宗处死。当时以右为尊，所以诗名中有"左迁"二字，"左迁"就是降职，由中央贬到边远地区也属于"左迁"。韩愈因被贬离京，走到蓝田关，感慨万千："云横秦岭家何在？雪拥蓝关马不前。"其实韩愈此前也遭过贬黜，是在德宗贞元年间。当时关中地区大旱，但是京兆尹封锁消息，谎报关中粮食丰收、百姓安居乐业，韩愈知道此事后就上了《论天旱人饥状》，于是遭到迫害，从监察御史被贬为连州阳山县令，也在今天的广东。

很多著名的诗人都有被贬黜的经历，故而很多著名的诗句也与诗人自身或亲友遭贬黜有关。如大诗人李白（701—762）的"我寄愁心与明月，随君直到夜郎西"（《闻王昌龄左迁龙标遥有此寄》），从标题就可以看出是因友人王昌龄（698—757）被贬至龙标（今湖南黔阳，一说贵州）有感而发。

还有人被贬到更远的地方。如初唐著名诗人沈佺期（约656—约715），因与武则天的宠臣张易之关系密切，在武周还政于唐以后，他从中央的门下给事中被流放至今越南境内，距首都长安至少三千多公里，是非常边远的地方。

二、几度刘郎

遭到贬谪的官，命运也不尽相同。遇到大赦、新君即位，或是执掌朝政的人有所变动，或仅凭君主的好恶，被贬的官员就有机会量移。所谓量移，就是根据情况适当挪动地方。一般是从边远的地区往距京师近的地区移动，官职也可能会有所提升。韩愈后来逢大赦，就从潮州量移到袁州任刺史，即今天的江西宜春地区，显然比广东距离京师近了。

前面提到过的"二王八司马"之一刘禹锡（772—842），曾有"巴山楚水凄凉地，二十三年弃置身"（《酬乐天扬州初逢席上见赠》）之句，表达他在政治斗争当中屡遭贬职，在外长达二十三年的辛酸。刘禹锡少年成名，二十岁出头便高中进士，顺风顺水，成为顺宗"永贞革新"的核心人物。革新夭折后，宪宗刚即位，他先被贬为连州刺史，再被远贬为朗州司马，直到约十年后的元和九年（815）才被召回长安。但他仍然心绪难平，在游长安城内著名的道观玄都观时作了一首诗："紫陌红尘拂面来，无人不道看花回。玄都观里桃千树，尽是刘郎去后栽。"（《元和十年自朗州至京戏赠看花诸君子》）诗中的"刘郎"，为刘禹锡自称。表面上是在咏桃，其实他的意思是自己离开京城这么长时间，回来后发现权力格局变了，政治形势也变了。实际上他还是在表达对于遭贬谪的不满情绪。据史载，刘禹锡后因开罪宰相武元衡，很快又被发配到播州（今贵州遵义）做刺史，后改任路程近一些的连州刺史。过了十几年，文宗大和年间，刘禹锡才又奉诏重回长安任吏部主客郎中。此时武元衡已经故去，他不甘寂寞，又作了一首《再游玄都观》："百亩庭中半是苔，桃花净尽菜花开。种桃道士归何处，前度刘郎今又来。"结果可想而知，刘禹锡郁郁不得志，只能分司东都，后又外放为苏州刺史，都属于暗贬。这就是"二十三年弃置身"的来历。刘禹锡的遭遇从一个侧面说明贬官并没有形成严格的制度，还是带有随意性。自称"前度刘郎"的刘禹锡，经历了几出几进，"几度刘郎"才更为确切。

再举一个例子。德宗朝有一名宰相叫卢杞（？—约785年），德宗非常信任他，称赞他为"真宰相"。但无论朝野，卢杞的口碑都很差，推行的财政措施不仅引发了民众的抗议事件，甚至引起藩镇的联合反对。向京畿地区居民开征房产税就是在他的支持和主持下推行的，造成"怨讟之声，嚣然满于天下"。内外的巨大压力，迫使德宗把他贬到边远的新州（今广东新兴）任司马。遇到大赦，德宗还惦记着卢杞，先将其量移到吉州（今江西吉安）任长史，再量移到江西东北部的鱼米之乡饶州任刺史，但因朝臣的激烈反对，德宗只好改授澧州（今湖南澧县）别驾。经过几次量移，卢杞信心满满，认为自己必然会再被召回京城。据说朝中大臣听说卢杞已经量移了，而且有可能被召回京师，人心惶惶，均表示强烈反对。后来，卢杞终于死在澧州，大臣们才松了一口气。

延伸到宋朝，大文豪苏东坡（1037—1101）也屡遭贬黜。因上书惹恼权贵，苏东坡不仅进了监狱，出来后还被贬为黄州（今湖北黄冈）团练副使，《赤壁赋》《后赤壁赋》《念奴娇·赤壁怀古》等千古名作就是在这一时期写的。后又因政见不同，被执政者贬到惠阳（今属广东）。但这并不是终点，六十二岁高龄的时候，苏东坡再被放逐到荒凉的海南岛儋州（今海南儋州）。这说明在宋朝贬官也没有形成严格的制度，仍然带有很强的任意性。这里的任意性指的是皇帝和执政权贵的主观意志。

三、何谓"善最"

贬官只是唐朝官吏管理制度的一个组成部分。实际上，唐朝官吏的考核和奖惩都有明确的条文，以保证国家机器正常而有效地运转。先有考核，才有奖惩。唐朝对官吏的考核制度称为考课，即考核官吏的标准和具体规定。唐朝的考课制度简要归纳就是"四善二十七最"。

"四善"是对官德的基本要求，按照《唐六典》的记载，一曰德义有闻，二曰清慎名著，三曰公平可称，四曰恪勤匪懈。即德义、清慎、公平、勤奋是对官员官德、官品的普遍要求，官员必须有良好的官声。

针对官员的具体职任还有具体的要求。唐朝的考课制度把官员分成了二十七类,各有独立的考核内容,也就是"二十七最"。试举几例。如选司类,即负责选拔人才的官员,对他们的具体考核标准是"铨衡人物,擢尽才良,为选司之最";对司法类官员的要求,则是"推鞫得情,处断平允,为法官之最";对负责、监管工程的官员,标准是"功课皆充,丁匠无怨,为役使之最";而对边境镇守之官,标准是"边境肃清,城隍修理,为镇防之最"。每一个具体的官职都有执掌和考核的基本标准。

考核的结果分为九等,可进一步细分为三等九级。先分为上、中、下三等,各等级之内又分为三等,如此,上等就可分为上上、上中、上下,中等可分为中上、中中、中下,下等可分为下上、下中、下下。得到"一最四善"为上上,"一最三善"为上中,"一最二善"为上下,"无最二善"为中上,"无最一善"为中中。考核等级为中中者,一般是无奖无惩。如果政绩评价为执事粗理、善最不闻则为中下;爱憎任情、处断乖理为下上;背公向私、职务废阙为下中;居官谄诈、贪浊有状为下下。凡得到中下以下,非降即罚。依此标准,根据参加考课官员各自得到的善、最,列出其考评等级,记录在案。在调选的时候,就是当官员任期满了,需停官待选,再次参加吏部主持的铨选时,就依据他任官期间的考课等级决定升降奖惩。

实际上在具体考核时,还会根据不同情况对官员有具体或特殊的要求。如地方官属于亲民官,那么其辖区的户口是否增加、垦田亩数是否扩大、社会治安是否良好等,也是重要的考课内容,尤其是前两项。人口的增殖情况其实也能说明社会秩序是否安定,是否有很好的鼓励生育、吸纳人口的政策和措施,这是为了保证政府有充足的可掌控的劳动力和兵源。垦田数量是否增加可以说明一个地区经济发展的好坏，也直接关系到赋税征收。如果垦田数量增加，说明地方官能鼓励开荒，这就有利于扩大生产，有利于提高粮食产量，就能保证赋税和徭役的征收。只有人口、劳动力、垦田数量增加了，地方官才有可能完成中央官府规定的税额，还有可能超额，当然也才能保证地方老百姓的安居乐业。因此最高统治者都很重视对地方官的考核。唐太宗曾经把负责地方事务的都督、刺史等官吏的名字和政绩书写在屏风上，唐玄宗则曾经亲自主持对县令一级地方官的考核。

考核标准如此具体，确实在执行初期收到过很好的效果。但考课制度实行了一段时间以后，逐渐程式化和僵化了，尤其唐中期以后，敷衍塞责、官官相护、徇私受贿普遍，考课制度及相关规定逐渐成为一纸空文，这也是官场腐败的一个重要表现。

另外，考课也有随意性。所谓随意性，就是主考官依凭主观判断，能临时决定或更改考评等级。据史载，唐太宗贞观时期，卢承庆任吏部考功员外郎，主持对官员的考课。某次，一个监督漕运的官员在押运漕粮时，船只遭遇大风而翻，所押粮食倾覆，卢承庆给他的评语是"因风失米"，等级为中下。如果被定为中下，肯定要受到贬职、罚俸等处罚，这名官员却神色自若，一言不发。卢承庆觉得此人还有一定气量，就表示遭遇大风并不是人力之所为，责任不全在个人，就把评等从中下改成中中，这样至少能保证无奖无惩。但这个官员仍然波澜不惊，既没有表示出高兴，也没有显现出惭愧。卢承庆对他的反应更为赞赏，说他宠辱不惊，又改评了，定级为中上。这就是"宠辱不惊"典故的来源。这似乎是一段历史佳话，说明主考官能够根据官员的现场表现灵活决定。但事情的另一面就是主考官的判断带有随意性，考评和定级完全可以上下其手。

四、何谓"风闻弹事"

在封建专制主义中央集权制度下，最高权力集中于皇帝手中。而整个官僚机构以及封建国家机器的运作都要靠庞大的各级官僚，因此形成了官僚体系。最高权力对这些机构和官员要控制和防范，监察制度的建立和完备就是必然的趋势。可以说，监察制度是中国封建专制主义中央集权官僚体制的重要组成部分，也是中国古代官僚体制的特点。

唐朝中央机构有"三省六部九寺五监一台"，"台"就是御史台，是最高监察机构，直属于皇帝，独立于三省六部之外。

御史台地位很高，权势也很大，可以监临宰相。不过其主要职责还是监察宰相以下的百官，因此经常被派到地方巡查，即所谓"代天子巡狩"，代皇帝出使各地，监察地方；还可以接受各级的投诉，可以弹劾百官；可以参与断狱或直接处理案件，后来甚至还拥有独立设置的监狱。

御史台被赋予的权力很多，其中有一项是允许"风闻弹事"，或作"风闻奏事"，即御史风闻某些官吏有不法行为就可上奏弹劾，不需要证据。可见，御史台既有对官吏的监察权，也有行政权和司法权，还有保证这些权力在行使过程中不受干扰阻碍的种种保障。

御史台的官员属于清要之官，虽然品级不高，但地位很高，而且升迁很快。比如，县官的任期一般是四年一任，到届才能待选、迁转，去参选下一任官职，而御史台的官员二十个月左右就可以迁转了。唐朝的御史台分为三院：台院的职员为侍御史，专门纠弹中央百官；

殿院的职员为殿中御史，负责巡视京城；察院的职员是监察御史，主要职责是出使巡查州县。

唐后期，三省六部体制逐渐发生变化，一方面是使职差遣的发展，也就是皇帝直接派使，或是出巡地方，或是单独处理某些突发的事件，或是专门处理专项事务，出任使职的官员可以自行辟署僚属。越来越多的职能由使职承担，而这些逐渐发展和扩展的使职也成为相对固定的有专属机构的官职。使职差遣的发展逐渐分割和侵夺了原有机构及职官的职能，包括御史台的监察职能。唐后期出现了"出使郎官御史"的称谓，就是拥有尚书省各部郎官（如郎中、员外郎）和御史台御史的官衔和身份，但被专门委以监察地方的差遣使职。唐后期著名理财家刘晏在掌管财政的时候，在全国各地设巡院作为他出任财政使的下属机构，巡院的官吏都具有监察地方的权力。

考课制度和监察制度的完善，其实都是为了更有效地控制和管理官员。当然对官员的管理还有其他多方面的制度和措施，但考课制度和监察制度始终是最基本和最核心的部分。

唐玄宗召试县令（明·张居正等编《帝鉴图说》）

贰

登观音台望城

白居易

百千家似围棋局,十二街如种菜畦。
遥认微微入朝火,一条星宿五门西。

这首诗是白居易(772—846)在苏州刺史任上因病去职后,再次回京赴任秘书监期间(827)所作。

白居易于德宗贞元十六年(800)进士及第,时年二十九岁,屡任京职,也曾辗转、贬谪外任,几进几出,前后在长安城生活约十五年之久。观音台位于长安城东乐游原,是城内登高俯瞰的绝佳之地,又正好在白居易曾居住的新昌坊(里)。登高而望的诗人,对长安城严密规整的坊市格局、宽阔的街道、雄伟的城楼感慨不已。

第六讲 从规整的围棋局到"任民营造"：变换的都城格局

作家马伯庸同名小说改编的电视剧《长安十二时辰》中，由雷佳音饰演的男主角张小敬，受命为主管侦缉逮捕的官差不良帅，游走于长安城的坊市街巷、宫殿楼阁，为拯救城中一干民众，搜寻缉拿凶犯，几度出生入死。由此引起了我们对唐长安城建筑规模、坊市格局及古代城市空间变化的关注和联想。

"百千家似围棋局，十二街如种菜畦"，这句诗形象地展示了长安城的城市格局。在这一讲中，我们将借白居易的这首诗来领略古典都城的典范——大唐长安城的风貌，并将目光延伸至唐东都洛阳、北宋的开封和南宋的临安，看看这几个时代接续的著名都城各自的特点，以及所反映出来的中国中古城市空间的变化。

一、长安：围棋局与种菜畦

城市作为社会的载体至少应该包括三个空间概念：一是地域空间，诸如城市区划、城市布局、城市建筑等；二是社会与政治空间，诸如居民结构、社会结构、社会流动、城市管理制度等；三是精神空间，诸如城市文化、城市社会心理、城市观念等。所以，我们关注城市空间时，应该注意到它具有多重性和多维性。

从白居易的这首诗，我们可以了解到大唐都城长安有着非常严整的规划布局，它是在隋大兴城的基础上陆续扩建和完善的。

唐长安城为三重城。内城有两重，即靠北的宫城为第一重城，宫城南面的皇城为第二重城。最北边的外郭城就是外城。

第一重城宫城，中心是皇帝起居和理政之所，其两侧，东为太子居所——东宫，西为后宫之所——掖庭。

在高宗、武则天时期，政治中心逐渐转移到外郭城东北处——原为皇帝清暑之所的大明宫。因为修筑的初衷是作避暑之用，所以选择了地势比较高的地点，避免潮湿。大明宫其实属于内廷，所以可以算作第一重城内的建筑。目前，西安北郊尚存有大明宫遗址，被开辟为国家遗址公园，是世界文化遗产、全国重点文物保护单位。大明宫被称为千宫之宫，是当时世界上面积最大的宫殿群。中国社会科学院持续多年对大明宫的发掘目前也只达到百分之一，保守估计起码还要发掘两百年。可想而知整个长安城的宏伟壮观了。

第二重城皇城，是中央各官署集中所在地。中央官署独立区划，与民居分离，始自隋文帝修建大兴城。隋唐时期尤其是唐朝的三省、六部、九寺、五监，秘书省、殿中省、御史台、十六卫等这些官署，绝大部分都集中在皇城。

第三重城外郭城，城周36.7公里，面积约84平方公里，由街、坊、市三大部分组成。

过去我们更重视坊市，都说隋唐城市是坊市制度，对街以及街所形成的相对独立的空间没有充分重视，但其实这三个区域各发

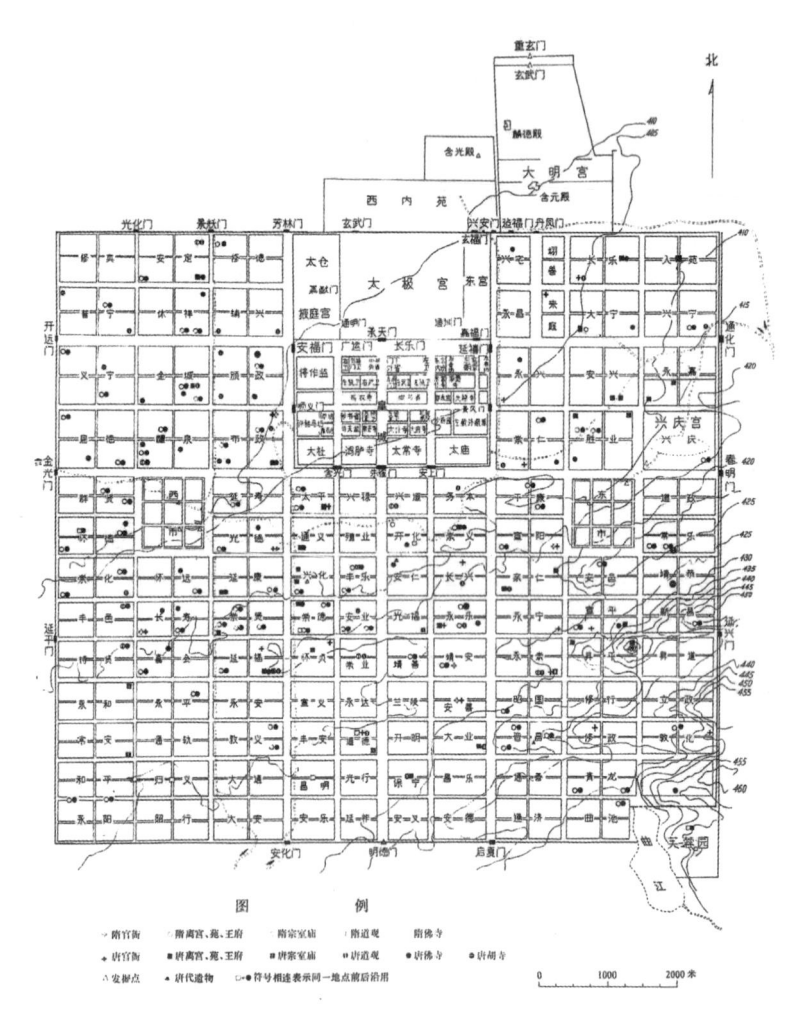

隋、唐长安城复原图（转引自中国科学院自然科学史研究所编《中国古代建筑技术史》，中国建筑工业出版社2016年版，第720页）

挥着不同作用，都是非常重要的。外郭城以朱雀大街为中轴，左右两侧对称，分别称为东街和西街，也可以叫作街东、街西。朱雀大街为长安城的中轴大街，也称天门街、天街、中央御街等。十四条东西向大街和十一条南北向大街，将外郭城分割成为一百零八坊。后来有的坊重新规划，数量上又有所增加，因此也有一百一十坊、一百一十四坊之说。皇城内也有八坊，但并不算在其中。坊市制，除了坊，还有市。市区是专门开辟出的进行商品交易活动的场所。长安城设有东、西两市，分别位于街东和街西的中间偏北方向，各占两坊之地，是长安繁华区的两大中心区域。

可见，宫城、皇城、外郭城三重城都是相对独立和具有封闭性质的。居民的社会活动主要是在坊市里进行。商业活动、文化娱乐活动、社会交往活动的空间和时间，在封闭式的坊市格局下，都受到一定的限制。当我们把目光延伸至北宋开封、南宋临安，观察唐宋城市变化时，会看到变化的关键就是坊市制度的逐渐突破。当然有人认为坊市制度只是一个管理制度，本来坊市就不是完全封闭的。确实，像南方的城市或者是级别比较低的城市，它们的空间和时间限制没有这么严格，尤其是商业比较繁荣、人口流动比较频繁的城市。但是至少在制度上，国家还是制定了严格的制度的，特别是对都城的管理。我们在史书和笔记小说中也可以看到居民活动受到种种制度限制的记载。

唐末，天祐元年（904），唐昭宗李晔（867—904）在朱温(852—912)的胁迫下，迁都洛阳。朱温是黄巢起义军的将领，后来投降了唐，升任宣武军节度使、汴州刺史。在迁都洛阳的同时，拆毁长安宫室百司及民间庐舍，给了遭受黄巢起义打击后本就残破不堪的长安以致命一击。黄巢起义后,长安就成了一片废墟,虽然其后又有佑国军节度使韩建进行了重新规划和改建,但是由原来的三重城变为以原宫城和皇城为基础的内外二重城,新城总面积只相当于原来的十六分之一(由于不同的算法,也有人说是十分之一)。内外城与原外郭城的万年、长安两县城,又形成了子母城的关系,以加强防御。

改造后的长安城,封闭了朱雀门,开辟了贯通原皇城东门景风门和皇城西门之间的一条东西向大街,这条大街取代了原南北走向的朱雀大街的中轴线地位,这也昭示着长安城从开放的鼎盛时期走入内缩格局。唐末、五代至北宋,政治中心逐渐东移,长安—洛阳轴心被洛阳—开封轴心所取代。在政治中心逐渐东移的过程中,长安逐渐边缘化。所以长安城的内缩格局与历史发展的大趋势也是相吻合的。

二、洛阳:逐粮天子与私人名园

从隋文帝到唐玄宗,隋唐两朝皇帝曾有十余次因关中缺粮,率领后宫、公卿和百姓,浩浩荡荡地去东都就食,"逐粮天子"的谑称就由此而来。

隋唐两朝均实行两都制,长安为西京,洛阳为东都。为了更好地控制和统治关东地区及江南地区,隋炀帝大肆营建东都洛阳。到了唐朝,洛阳依然至关重要,得以继续整修和扩建。武则天曾长期住在洛阳,因此洛阳的政治地位虽次于长安,但在一段时间内也曾取代长安成为政治中心。关中是首都长安所在地,但地狭人稠,粮食供应不足,隋炀帝开凿大运河,一个重要原因就是为解决关中粮食供应问题;而洛阳地理位置优越,可以更便利地从东南的富庶地区，通过漕运得到粮食补给。

洛阳城周长28公里，面积47平方公里。城市建制与长安基本相同，也是分内外城。内城包括宫城和皇城，只是宫城和皇城的位置不在全城的正北而是西北，背靠邙山，南向伊阙，外郭城则在东边和南边。洛阳城的布局与地势有关，因洛水横贯城中，洛阳城自然分成南北两区。郭城内纵横各十条街，共计一百一十二坊（原为一百零三坊，后逐渐增加至一百一十二坊），各坊面积均小于长安，坊制与长安一致。

长安的坊大小不一，每个坊一般是一平方公里，四面开门。但是，朱雀街以南两侧的四排坊因与宫城皇城的城墙平行，所以各坊都是东西开门，南北是不开门的，以防北下的气不要泄出，南上的气不要冲城阙，面积也比其他序列的坊要小。

相比长安，洛阳城的面积较小，故而洛阳的坊也小于长安各坊。它的市制也和长安不一样。长安是东西两市，虽然也曾设置过南市，但很快废置，仍然保持两市制。洛阳是外郭城内有三市，分别为北市、南市和西市。北市位于北郭中心，占一坊之地，临近漕渠。南市位于南郭中心，占两坊之地，临近运渠。西市位于西郭的西南角，占一坊之地，临近通化渠。这几个市都跟水道有密切的联系，便于交通往来，沟通漕运。内城与坊市区的比例，大致与长安相同。

洛阳城虽然也实行严格的坊市制度，但由于洛水横贯城中，并能连接往东南走的漕运线，在一定程度上打破了封闭式的格局，与长安相比，居民活动空间和交往空间都更具开放性。此外，除了武则天时期，皇帝和中央机构基本都在长安，洛阳城内官民商共处的社会氛围更宽松，受到的约束明显小于长安，自由度也明显大于长安。

史书上有记载，唐贞观、开元之间，即唐太宗到唐玄宗时期，"公卿贵戚开馆列第于东都者，号千有余邸"（宋·李格非《书洛阳名园记后》），表明很多公卿贵戚在洛阳建豪宅、别馆、别墅、园林。如李德裕在洛阳的平泉庄，就非常有名，有假山有流水，布置得非常雅致，格局也大。权贵豪富在洛阳兴建私家别墅园林之风，一直延续到北宋。

洛阳相对开放的城市布局以及有利的地理位置，造就了洛阳与长安不同的社会氛围。原本在长安—洛阳这样一个轴心中，政治中心是在这二者之间摇摆的，长安在西端，洛阳在东端。到唐末五代的时候，整个政治格局东移，轴心就转变为洛阳—汴州（开封）了。唐末五代和宋初的洛阳，就变成了政治轴心的西端。

前文引用过的宋人李格非（约1045—约1105)《书洛阳名园记后》中还有一句名言："洛阳之盛衰，天下治乱之候也。"《洛阳名园记》虽然是一部描述私家园林之作，却引申出洛阳因其地理位置而关乎天下盛衰。但政治中心继续东移后，洛阳的盛衰已与天下治乱渐行渐远了。

三、开封：政治中心东移后

五代时期，后梁的开国皇帝朱温把都城建在汴州，升格为东京开封府。之所以选汴州，是因为朱温此前曾任唐汴州刺史和宣武军节度使，汴州是他的军政根据地。后唐的统治者是沙陀人，南下取代了后梁。后唐以唐为国号，表示继承的是大唐的事业，所以把都城定在洛阳。后晋、后汉、后周，都把都城建在洛阳—开封一线，洛阳往往作为西京。尤其到了后周，政治格局更加向东倾斜，开封成为政治中心,洛阳实际上已经逐渐被边缘化了。政治中心的东移,不仅仅出于最高统治者个人的意愿,其背后还有更广阔的背景,也就是西北民族格局的变化、东北地缘政治格局的变化,以及西北格局与东北格局的相互呼应等。

从长安到洛阳,再到开封(汴州),坊市的管理模式和区划结构已经不能适应都城发展的需要了,最高统治者也已经意识到了问题的严重性。这里需要重点了解一下后周时期的变化。后周定都汴州后,仍以原来的汴州城为基础,但发现它的城市格局已经远远不能满足作为一座都城的需要了。

后周的周世宗柴荣(921—959)在显德二年(955)的一份诏书里说:"东京华夷辐辏,水陆会通;时向隆平,日增繁盛;而都城因旧,制度未恢。诸卫军营,或多窄狭;百司公署,无处兴修;加以坊市之中,邸店有限;工商外至,络绎无穷;僦赁之资,增添不定;贫乏之户,供办实难。"(五代·王溥《五代会要·城郭》)"东京"指的就是开封,即汴州,根据后周王朝的都城体制,洛阳是西京,开封是东京。这段话的意思是,东京作为都城,包括远方的、域外的各种各样的人都会汇聚在这里,再加上水陆交通比较便利,政治相对稳定,都城日益发展并走向繁华。但是汴州城已经比较老旧,整座城市的基本建设和规模都远远不能满足需要了,导致很多问题产生,比较突出的有:军营太过狭窄;城区面积有限,以致找不到合适并足够宽敞的地方兴建官府办公官署;以工商业者为主的外来人口、流动人口络绎不绝,他们经营、居住的空间都受到限制;城市的平民阶层或者需要租赁房屋居住的各类人员的住房需要也难以满足。因此,改造和扩建都城迫在眉睫。

周世宗决定对开封府城进行改造，重点在扩建和更改城内布局。新的规定是：由官府确定并划分好官署、军营、仓场、街巷所占地段后，其他空地"即任百姓营造"；准许居民沿街道造屋，沿街留下约占街道十分之一的宽度面积，用来种树、掘井和搭盖凉棚等。这是适应城市经济新发展的新街道制度。同时为适应商业大发展的需要和增加都城的壮观，还允许居民在汴河沿岸种榆柳，起建超过礼制规定的邸店和楼阁台榭。

扩建后的开封城为三重城。第一重城皇城，即原唐宣武军节度使治所；第二重城里城，即原来的唐汴州州城，周围约二十里；第三重城是新建的外城，或称新城、罗城，周围四十八里有余，比原州城扩大了四倍不止。这一平面空间的扩展，对开封城市发展的重要性不言而喻。

北宋东京（开封）的建设，就是在后周这个新规划的基础上发展起来的。北宋开封城从外城东、南、西、北四面城门开辟通向里城、宫城的四条"御街"，其中南面一条"御街"就具有全城中轴线的性质，于是北宋东京出现宫城、里城和外城一共三重城圈的结构，并形成以宫城为中心的全城四通八达的交通网。后来南宋临安（今浙江杭州）以及辽、金、元、明、清的都城，都沿用这种都城新制度而有所变化和发展。

"百千家似围棋局，十二街如种菜畦"似乎是古代城市管理的最高理想和布局典范，但历史却没有停下它的脚步，城市的发展必然冲破那些阻碍它的藩篱。

第七讲 一色楼台，孤山何在：越出城墙的都城

"一色楼台三十里，不知何处觅孤山。"南宋人周煇所著的《清波杂志》曾引用了一位无名诗人的这句诗。诗人目睹杭州城的发展与繁荣，感叹连地标性的孤山居然也隐没在鳞次栉比的楼台亭阁中了。

周煇生于北宋钦宗靖康元年（1126），是年，国都沦陷于金兵之手，徽、钦二帝及后宫、百姓十万之众被掳北上，繁华如梦的开封城被劫掠殆尽。宗室康王南下应天府（今河南商丘）重建王朝，后迁都杭州，改称临安，此后延续了一百五十余年的繁荣。这句诗的完整出处现在已经无法找到，虽为断章，但仍可取义，作为一个历史眼，引领我们将目光投向南方的杭州，继续探讨唐宋都城空间的发展与变化。

一、现实与梦境：从《长安志》到《东京梦华录》

《长安志》是中国现存最早的古都志，作者是北宋的宋敏求(1019—1079)，书中记述的主要是唐代的长安城。《东京梦华录》是北宋的孟元老(生卒年待考)追述北宋东京开封的昔日时光。《长安志》

将唐长安的城郭、宫室、坊市、街道、官邸等详情一一展现在读者面前，《东京梦华录》则倾向于描述北宋东京如梦如幻的城市景象。作者描述对象的侧重，恰恰体现了两座都城各自的发展特点。

五代时期，除了后唐之外，后梁、后晋、后汉、后周先后定都于开封，多以洛阳为西京，开封则为东都或东京。在后周世宗扩建的基础上，北宋建国后，继续对开封加以扩建，且仍然维持着三重城的格局。但不管是后周的开封，还是北宋的开封，空间布局和形制与长安、洛阳都有所不同，可以归结为两大变化。

第一个变化是城市布局重心改变。唐长安城重心是中轴北靠，朱雀大街是南北向的中轴线，贯穿宫城的承天门、皇城的朱雀门和外郭城的明德门，北边是宫城、皇城。为什么是这样的格局呢？首先，长安位于关中之地，四面为关，如大散关、萧关、蓝田关、武关、潼关等，有险可守。其次，宫城的北门就是玄武门，玄武门发生过多次政变，掌控了玄武门的一方往往就可以政变成功。这是因为宫城北面是禁苑，也就是皇家的园林，同时也是驻军所在，没有老百姓，没有闲杂人等，再往北也是不宜居住的山区。只要控制了宫城北门，就可直捣中枢太极宫，这是最为便利的路径。从其他门进入，如果想接近太极宫，就要突破重重的阻挠和障碍。所以中轴北靠对于皇帝而言是比较有利的防御性的布局。但是北宋开封城不同于长安，其中心与重心合一，宫城位于外郭城的中心稍微偏北。虽然仍然有三重城的布局，但已经是由内而外，层层包围。这样的布局也跟开封的地势、地理条件有关。开封所处的河南地区，属于中原大平原，可谓四战之地。北方的游牧民族擅长骑射，骑兵南下的铁蹄可以长驱直入，洛阳无险可守，把政治中心和重心放在全城的中部，还可有几道城墙防守，可以形成多重的防御体系。

第二个变化是城市平面空间的扩展。唐长安城面积八十四平方公里，一百多个坊，人口百万左右，甚至有学者认为达到一百八十万，是当时世界上人口最多的大都市。但这样一个大空间其实装百万人口还是绰绰有余的，所以如城南的四排坊区就还有大片的农田、果园、林木，很多权贵的别墅也建在那里。一些大寺庙甚至占半坊乃至一坊之地，如城西南隅的大庄严寺占地六十公顷，占了半坊以上的空间。也因此，城市居民的社会生活空间还是以城内为主。

开封就不一样了。有些学者认为北宋时开封城人口已经达到一百四十万。区别于长安城的坊市制，开封城采用的是带有行政区划功能的厢坊制，坊成为隶属于厢的基层单位。管理上分内外而治，虽然还是以城区为中心，但居民的活动空间已经不局限于城里，在城内外从事多种经营和参与各种活动的人也不限于城内居民了。沟通内外的城关地区成了商品交易的市场和人员聚集之处，如城西北的固子门（金耀门）就是一个大型的水产批发市场。《东京梦华录》对开封的宫殿、街道、店铺、寺庙、集市、酒楼等都有详细而生动的描述。

唐长安城外郭城北面正中的门为明德门，开封则为南薰门。据《东京梦华录》，每天早上有上万头猪从南薰门被赶进城里，被迅速地分送到各个屠宰场，新鲜的猪肉又被迅速地送到各个零售店铺，及时供应城内居民。当然也有学者算了一下，认为每天都有上万头猪，开封城的居民是消费不了的，《东京梦华录》的描述似有夸大之嫌，但居民需求的旺盛确实促进了商业的繁盛。商业活动利用城关沟通内外，方便商户营业，也使非城内居民的工商业者在城门关了以后，仍然可以在城外活动和住宿，受到的限制会比城内少得多。可以说，开封城平面空间的扩展已经越过外城的界线，形成了城关区。

唐长安城外虽然也有商业和宗教等设施和活动，但比起北宋都城的城外，显得空旷和荒凉。据史书记载，北宋东京城郭外，二百里内无闲田。很多人都向往都城的生活，不惜千里迢迢奔赴东京，但如何落户却是很难解决的问题，他们只能采取变通的办法，将户籍挂靠在周边的州、县，以便依托都城而求发展。这时，京城的城关区、城郊、城市边缘地区就成为这些人的重要活动场所，而且这些区域为城市社会需求服务的特征也极为明显。西郊新郑门外的金明池、琼林苑属于皇家园林，经常举办娱乐、文化活动，往往出现君民同乐的场景。从新郑门到金明池、琼林苑，沿街都是店铺，还开设了很多文化娱乐场所，有大量交易活动在店铺和流动摊贩中间进行着。这说明开封城市居民越过城墙的活动空间是经常性存在的，不是偶然的，而且是城市的重要组成部分。

二、开放与扩容：从坊市到街市

我们关注唐宋城市空间布局的变化时，不仅仅要看直观和实体空间的变化，其内在的变化可能更为重要——原来封闭的坊市制度的结构已经被突破了。

虽然制度和现实之间总会有差距，但总的来说，唐朝实行的坊市制度属于封闭性质的管理制度，凡城门、坊门、市门定时开闭，夜间实行宵禁，政务区、生活居住区和商品交易区都有明确的划分。都城相比于其他城市，带有典型的、主导的、示范性的意义，管理显然是更严格的，坊市制也更为严格和持久，特别是在唐前期。在时间上，唐长安是实行宵禁的，早上承天门的鼓一敲，各门依次打开，城市一天的生活开始；晚上承天门的鼓一敲，所有的门又关闭，坊内和街道内各种各样的交易活动必须停止。如果没有政府的公文，甚至都不能在晚间随意行走，若是有违宵禁，是要被巡夜的警卫抓捕的。在空间上，长安城内只能在固定的区域进行固定的活动，中央官署固定在皇城办公，老百姓按规定在坊区居住和活动，商品交易行为则必须在市区进行。

最早打破这个制度的是后周。周世宗在扩建原汴州城时已经打破了空间上的限制，诏书上说把官道留出来三十米，把官署、军营等官方场所都标识出来，其他的空地任民营造。这使得扩建后的开封城（原汴州城）不再像唐长安城那样，临街的都是坊墙。

唐朝的坊市制规定只有以下几种坊内住宅才能向街开门：一是官署，二是寺庙，三是三品以上高官的府邸。一般的民居都要向坊内开门，所以一到宵禁，所有的门一关，普通居民就不能出坊活动。而随着统一局面的形成，各地物资交流频繁，北宋东京开封府犹如一个开放的大市场，临街设店成为其有别于长安的重要特征，这就是街市制。按照《东京梦华录》的描述，开封府临街的店铺比比皆是，所有的房屋只要能利用起来都允许从事商业活动。房主如果自己不经营，只出租临街的房屋，利润就很丰厚。一幅《清明上河图》，我们看不到固定的市集，凡聚集人气的地方都成为商品交易活动的场所，桥头、街旁、城关……北宋开封也有坊，但是没有规定一定要关坊门，怎么关、什么时候关都没有了限制。

在这个转变过程中，还有一个重要的突破，就是时间上的限制

北宋·张择端《清明上河图》局部（北京故宫博物院藏）

被取消了。北宋初年已经下诏，明确规定，不禁夜市。《东京梦华录》一书中，可以看到对熙熙攘攘、异常兴隆的夜市生动而具体的描述。

混合性区域的形成也是开放的表现。北宋开封只有宫城相对封闭，里城和外城虽然有新旧、里外之分，但是官署、民宅和商业店铺的分布已经不像唐朝长安和洛阳那样有严格的限制，里城的各种官署、寺庙、店铺等，多混杂在一起。

以往人们对城市平面空间的变化关注比较多，对立体空间的变化则很少探究。其实立体空间也很重要，在一定程度上可以解决平面空间不足的问题。在唐朝，商用、民用建筑起楼是受限制的，说明唐长安城立体空间发展有限。到了北宋就不一样了，《清明上河图》里，最著名的孙家正店有三层楼。这样的楼在整座开封城肯定还有很多，增加了城市的容纳量和吸纳量。

开封城的营建也更具有前瞻性,比如,有防火、防泥泞的措施。当然,整座城市的环境已经远不如长安了。唐长安城内朱雀大街宽约一百五十五米,两边挖有深和宽都在两米左右的明沟作为排水沟,主要的官道、御道都修建成中间微高、两边低,以利于排污排水;沿道种榆、种柳、种槐,绿化较好。而北宋的开封府已经不具备这样的条件,人口稠密,街道狭窄,商业设施往往占用街道,屋宇连栋,一遇火灾,就会烧毁一大片房屋。

三、"行在"临安的龙飞凤舞

金兵南下以后,宋室被迫南渡,建立南宋政权,临时驻跸杭州,为表明不忘北上光复中原之初心,而称之为"行在",杭州由此更名为临安。

南宋人吴自牧所撰《梦粱录》云:"自高庙车驾由建康幸杭驻跸,几近二百余年,户口蕃息,近百万余家。杭城之外城,南西东北,各数十里,人烟生聚,民物阜蕃,市井坊陌,铺席骈盛,数日经行不尽,各可比外路一州郡,足见杭城繁盛矣。"这种盛况与城市的扩建是共生的。

杭州成为南宋的都城后,进行了扩建,扩建周长七十里左右。杭州城的地形地貌别具特点,南边是地势较高的凤凰山,北边相对低,东边是沙河,西边是西湖,限制了城市的发展,所以外城在不断发展的过程中,逐渐呈现不规则的腰鼓形。有人指出,如果站在南边的凤凰山上,会发现整个杭州竟呈现龙飞凤舞之势。历史记载,在五代的时候有人劝说吴越国主钱镠,填平西湖以扩大城区面积,而钱镠并没有采纳这个建议,他不仅没有填湖,还致力于疏浚西湖。

钱镠说：后人如何评价我，当功在西湖罪在西湖。确实钱镠因拒绝填平西湖反而疏浚之，由此获得千古美名，使得我们今天仍然能欣赏到西湖的盛景。

临安也分为内外城。内城位于全城南部靠东，是大内所在。其实不管是开封的官衙还是南渡后的大内，都选择营建在了地势较高的地方。丽正门是内城的南门，和宁门是内城的北门。由于南高北低，南面又主要是山地，因此城区是向北延伸和扩展的。出和宁门是御街，御街的南段两侧集中了一些中央官署。还有很多官署包括像景灵宫这样的原庙（正庙以外另立的宗庙），都在外城与民居、商铺混杂而立。

以临安城为中心，周边还形成了很多市镇，至少有十个，形成一个大临安的格局，每一个市镇都是商品和物资的集散地。这种格局使得城市的平面空间突破了城墙的界线。当然，这种突破也是有局限的，至少城墙还在，城内城外的区分也还在，也表明战争威胁仍然存在，需要维护政治中心的安全。

四、中古城市发展三大趋势

以上对长安、洛阳、开封和临安（杭州）的城市特征进行了比较，虽然只是个简单考察，但还是可以从中看到唐宋时期都城的有形变化，也就是地域空间或地理空间的变化有这样几个趋势。

第一个趋势，由都城及周边地区构成的首都圈逐渐形成，突破了城墙的桎梏，逐渐形成大都城的平面布局。

第二个趋势，三重城的格局配置已经由中央大街为轴心线的北靠型，变为以城市中心圈为重心、核心的四方扩散型，即大内的位置移到了全城的中心。这有利于城市功能向复合型经济文化多中心的趋势发展。北宋都城开封府中分布广泛的众多瓦子（瓦肆、瓦舍），实际上就是集商业、娱乐、文化、交易于一体的多功能中心区。临安城瓦子也很多，但大多数在城外，说明城市具有的经济、商业、文化、娱乐等功能已经发散开来。

第三个趋势，就是内城与外城的功能分区逐渐模糊。隋唐时期城市的管理制度是坊市制，北宋和南宋变为厢坊制或街市制，除宫城也就是皇宫所在，仍旧为采用封闭形态的宫殿群组外，官署、民居、商铺的分区逐渐模糊，形成混合区。

总之，从隋唐都城长安到北宋都城开封，再到南宋都城临安，中古时期都城的变化实际上展现了城市化的进程。

从"百千家似围棋局，十二街如种菜畦"到"一色楼台三十里，不知何处觅孤山"，诗人笔下的历史已经走过了五百年。

赠 别

杜牧

娉娉袅袅十三余,豆蔻梢头二月初。
春风十里扬州路,卷上珠帘总不如。

  这首诗是杜牧(803—约852)于文宗大和九年(835),从淮南节度使牛僧孺幕府上调监察御史(分司东都洛阳),离开已居住两年的扬州时所作。杜牧才情旷达,与李商隐并称"小李杜"。这首诗据传是他不忍与某歌伎分别之作,因该女子的美貌与俏丽在"温柔之乡"扬州堪称一绝,令诗人心心念之。"春风十里扬州路"一句被认为写出了当时扬州城的神髓,而成为传诵不绝的佳句。

第八讲 春风十里与西湖歌舞：唐宋城市风貌变迁

前面两讲，我们探讨了由唐至宋都城城市布局的变化——从唐朝长安封闭式的坊市制，走向宋朝开封、临安相对开放的街市制。杜牧《赠别》这首诗的历史眼——"春风十里扬州路"，则把我们的目光吸引到了扬州这座在唐朝时声名显赫的江南城市。

一、扬州的"十里长街"

杜牧生活在晚唐，他的"春风十里扬州路"是扬州城锦绣富足的写照。晚唐诗人描写扬州的诗，还有很多精彩的句子，如诗人张祜的《纵游淮南》："十里长街市井连，月明桥上看神仙。人生只合扬州死，禅智山光好墓田。"再如王建的《夜看扬州市》："夜市千灯照碧云，高楼红袖客纷纷。如今不似时平日，犹自笙歌彻晓闻。"这些诗句其实包含了重要的关于扬州城的信息——与坊市制有关的商业街和夜市。

唐朝一向是史家津津乐道的中国古典城市发展的黄金时期。严密的坊市制是统治者理想的管理模式。但是随着商品经济的发展，外来人口的增加，人口流动的加剧，这种相对封闭的管理制度逐渐不能适应城市和社会发展的需要，因此坊市制在达到高峰后必然走向衰落。但是从严密到逐渐松弛直至完成它的历史使命，时间上自然有其过程，同时也有地域上的差异。坊市制最主要的管理内容是对时间和空间的限制。扬州作为南方城市最典型的代表，在诗人的笔下，我们看到了春光无限、繁华开放的十里商业长街，以及热闹非凡的夜市，一派商业繁荣的景象，显然已经突破了坊市制的禁令。

当然也有些学者认为，其实南方城市本来就没有像长安那样严格的坊市制度。扬州是唐中后期最大、最繁盛的商业城市，史书上有"扬一益二"之记载。所谓"扬一"，就是指扬州在城市发展程度上排名第一，"益二"是指益州排名第二，益州即今天的成都。这两座城市正好在长江的一头一尾，成为当时最繁荣的城市绝非偶然。它们的发展首先是经济重心南移的结果，同时因为这两地远离政治中心，商业的发展和频繁的人口流动，使严格的坊市制度实际上无法严格实行。

即便是在制度森严的唐长安城，到了唐后期也有制度松弛的种种表现。据史书记载，长安城内一些处于繁华地带的坊内也有商业性的酒店、茶肆，有的通宵营业、昼夜喧哗。如靠近东市的崇仁坊，"一街辐辏，遂倾两市，昼夜喧呼，灯火不绝，京中诸坊，莫之与比"（《长安志》），车水马龙，热闹程度不仅冠绝诸坊，甚至盖过东西两市。唐后期，甚至发展到晚上街鼓敲响以后，居然还有不少民众在街上游逛，这就证明坊市的坊门并没有及时关闭。

前文曾讲到的白行简长篇传奇《李娃传》，就描述了东西两市的商家在长安最主要的街道，即御道朱雀大街上举办声乐比赛的盛况。在中央大道上举办商业促销活动，通过声乐比赛这种形式展现商家

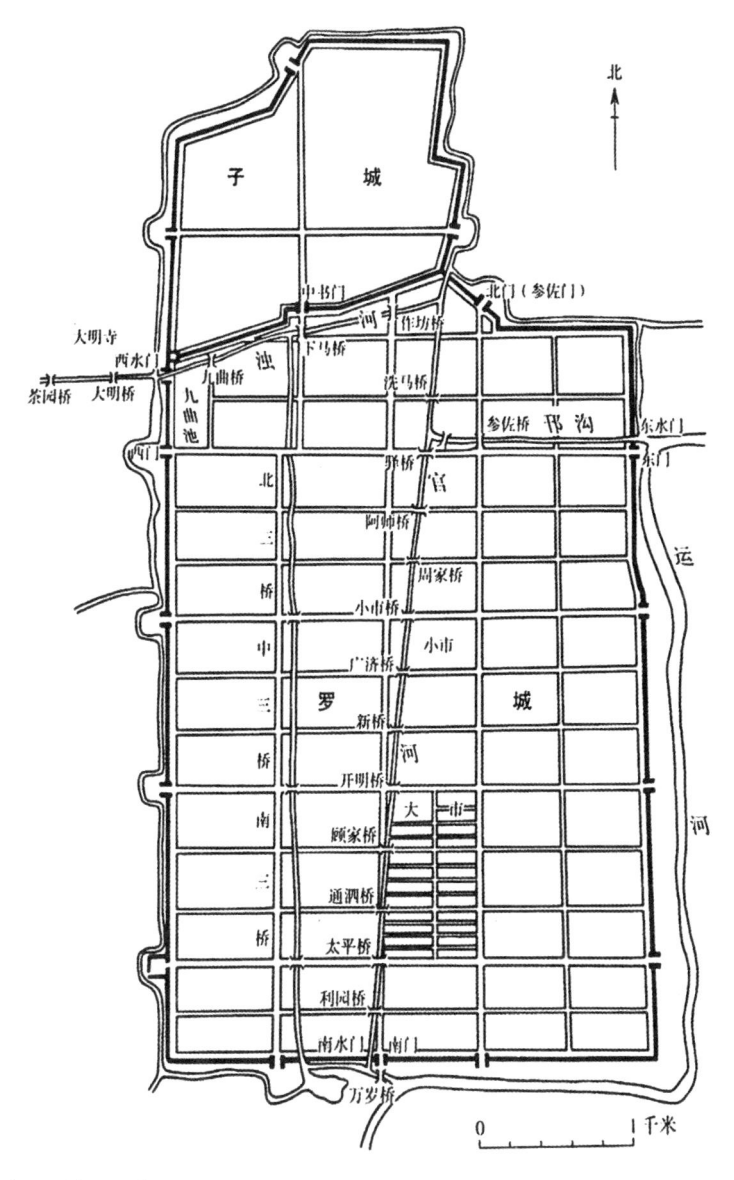

唐扬州城平面复原示意图（转引自中国社会科学院考古研究所、南京博物院、扬州市文物考古研究所《扬州城：1987—1998年考古发掘报告》，文物出版社2010年版，第64页）

实力，展卖产品，提高影响力，以与同行竞争，这当然突破了坊市制度的限制。所以，从全国层面来讲，坊市制度的松弛，至少在唐后期已经开始。

二、皇家寺院的"庙会"

在今天的开封，大相国寺仍然是一处名所，虽然是否在原址上建造还有待考察。大相国寺是北宋东京最大的一处寺庙，就在开封府的里城，而且具有皇家寺庙的性质。由于内城的宫城地方比较狭小，所以很多宫廷或者官府举办的重要大型活动都在大相国寺举行。

但值得注意的是，大相国寺这一重要的宗教场所竟然还是全国的商品集散地。据宋人王栐的《燕翼诒谋录》描写，大相国寺"中庭两庑可容万人，凡商旅交易皆萃其中，四方趋京师以货物求售、转售他物者，必由于此"。意思是大相国寺建筑群落规模宏大，有足够的空间，中庭两庑就可以容纳万人，大量的商品交易发生于此。如果商人想把货物汇聚到京师，再转售出去，必须经由此处。

孟元老在《东京梦华录》里对这种交易场景有很详细的描述。书中记载，大相国寺每月开放五次，初一、十五和逢八，供人们进行商品交易活动，称为"万姓交易"。有人认为这是中国历史上最早的庙会，至少是比较早的大规模的正式庙会。直至现在各地还有由寺院主办，或以寺院为中心的庙会传统。如佛教圣地五台山的六月庙会，后逐渐发展成以骡马交易为主的骡马大会，长期兴盛不衰，成为庙会活动重要的、极富特色的组成部分。

开封大相国寺的庙会有层次，有纵深。大三门外售卖珍禽奇兽，无所不有。第二座山门内,是日用品市场,中庭又设了店铺,卖的主要也是日用品、食品,比如席子、帏子、洗漱用品、鞍辔、弓箭、脯腊。在佛殿附近有一些老字号或专业名店的铺子,像孟家道院王道人蜜饯、赵文秀笔、潘谷墨。两廊处卖有诸寺师姑的绣作,如领抹、花朵、珠翠、幞头、帽子等,还有各种各样的特髻、冠子。殿后的资圣阁前卖的是书籍、古玩、画作,既是古玩市场,也是书画市场。还有些卸任的官员在回京城前,采购了当地的土特产和香药等运回京城,到大相国寺摊点来售卖。后廊经营惑术传神之类,就是占卜、算卦的。所以,到大相国寺来做买卖的不但有大小商贾、普通市民、小手工业者,还有官吏、和尚、道士、尼姑等,可以想见每逢庙会,大相国寺人头攒动、热闹非凡的场景。

三、"侵街"环境下的皇家仪仗队

考古实测,唐都长安的朱雀大街一百五十五米宽,金光大道、春明大道等最主要的南北通道大概是一百二十米宽,据说最窄的街道顺城街是沿着城墙的街,也有二十至二十五米宽。皇帝出行时,仪仗队严整而庞大,浩浩荡荡可绵延数里,甚至要禁街,如果临街有窗户,窗户还要关上。北宋的皇帝也要出行,然而后周及北宋主要的御道仅有三十米宽,仪仗队出行时,与唐朝的情景就大相迥异。据史书记载,有官员上书说,皇帝出行本来应该很威严,但是现在队伍拉得太长,而街道狭窄,街道两旁店铺林立,人烟熙攘,很多老百姓就混杂在仪仗队伍里,有说有笑,完全没有体现皇家应有的威严。

在城市的发展过程中,侵街是一种很严重而又很普遍的现象。

所谓侵街,就是经营商业的店家的商业活动和相关设施逐渐往街道上扩展和移动,以扩大经营的空间,也方便招揽顾客。唐朝后期,长安城内的侵街状况已经逐渐严重,甚至皇帝要亲自下诏,惩治这种行为。侵街者有官员、京城警卫人员眷属、一般居民等。如官员利用权势无故侵占街道的空间;原来用作警卫的街铺,被不相关的人员或者街铺军士的家属所占用;居民为扩大居住面积,将房屋屋檐延伸出街道;等等。

后周世宗柴荣对汴州的改造,最重要的措施之一就是空间上任民营造,经营活动则对市集没有限制,全城都是大市场,临街设店,全民经商。城市空间明显比唐长安狭小的北宋开封城,如果按照唐朝的规定,在皇帝出行时应该执行更严格的禁街制度,整理仪仗队伍,至少将夹杂其间的普通民众都清理出去。但宋朝有位官员上奏,却只是希望能精简压缩仪仗队规模,收拢队形,避免百姓混入其间有失威严。这个治理思路和唐朝已然有很大差别了,更多地考虑了民间活动、商业活动的空间,城市管理更加宽松和开放。

四、杭州城的商业暖风

宋人林升(生卒年不详)生平不显,仅一首诗存世,即《题临安邸》:"山外青山楼外楼,西湖歌舞几时休?暖风熏得游人醉,直把杭州作汴州。"作为痛斥南宋当政者消极抗金、苟且求安、醉生梦死的名篇,这首诗流传甚广。但换个角度看,也可以说在南宋朝廷驻跸杭州的一百五十余年的时间里,其繁华景象已经超过彼时的汴州(开封)了。

南宋的杭州(临安)城,各城关区已形成了与城内连为一体的大型批发市场和运输、批发、零售一条龙的经销网络。据史书记载，临安城内外有二十多种行、市、团，这些都属于批发市场性质，分布在二十八处，有十四处在城关（大多数在城门外）一带。可以说，外城城关已经成为大宗日用商品集散地，也是人口流动频率最高、流动人口数量最多的区域。

各城关周边市场经营上也区别明显，正如民谚所言："东门菜，西门水，南门柴，北门米。""东门菜"，是指沙河岸边的一些狭长地带适合种菜，因此开辟成为菜地，供应城内居民的蔬菜需求；"西门水"，是指西部城区外靠着西湖，西湖成为城内居民饮用水的主要水源；"南门柴"，是指南边多山，城内居民的燃料主要来自山上的木材；"北门米"，是指出北门和西北门，正好连上漕运，太湖流域出产的大批粮食会经漕运和河道运到临安，解决城内居民的粮食供应。可见，各城关因为所处地理环境不同，形成的市场也各有特色。

南宋临安的另外一个重要特点是，西湖沿岸形成了集居住、商业、娱乐于一体的多功能区所，虽然位置在城外，实际上也属于城区的重要部分。周煇《清波杂志》所引的那句"一色楼台三十里，不知何处觅孤山"，就是对这一景象的感慨：一眼望去三十里内，西湖边上竟有那么多楼台亭阁，原来作为地标建筑的孤山已经淹没其中，不知何处能寻觅到它的踪影。这种多功能区域和城内是连为一体的，而且实际上是一个高档场所，权贵豪富云集于此，所以住在城外西湖边的人也不会认为自己是乡下人。

其实，无论是唐朝扬州的"春风十里扬州路"，还是北宋都城大相国寺的"万姓交易"，抑或是南宋杭州令人沉湎其中的歌舞与暖风，都是在城市管理制度走向宽松开放的前提下，才能出现的商业繁荣盛景。我们是否能从诗人的咏叹中感受到从唐到宋城市商业发展的一路前行呢？

过华清宫（其一）

杜牧

长安回望绣成堆，山顶千门次第开。
一骑红尘妃子笑，无人知是荔枝来。

这首诗是杜牧经过骊山华清宫时所作，具体创作时间应该是在安史之乱以后。华清宫建于开元十一年（723），诗人在此怀想唐玄宗与杨贵妃往昔的奢靡生活：从长安城远望骊山，山顶上华清宫千重门依次打开，一骑驰来烟尘滚滚，博得贵妃一笑，无人知道是南方送了荔枝鲜果来。

诗人面对唐朝盛极而衰的悲剧，感慨万千，略显夸张的描写也从侧面揭示了唐朝拥有完善而高效的交通体系这一事实。

第九讲 一骑红尘：唐朝的交通运输管理

"一骑红尘妃子笑，无人知是荔枝来"是杜牧的名句之一，也是这一讲的历史眼。唐帝国拥有以都城长安为中心向四方辐射的陆路交通线，由大运河、黄河和长江等水系勾织成的纵横交错的水路交通网络，以及高效的水陆驿站体系，它们保障和维护着庞大帝国的高效运输系统运行。正因如此，才有可能把新鲜的荔枝千里迢迢快送到长安。这一讲我们来详细了解一下唐朝的交通运输系统。

一、长安与四方

中国古代官方建立的交通体系，首先是要保障政治统治、军事运输和经济往来、物资交流的需要。

隋唐的历史，往往需要延伸到秦汉去考察。自秦始皇统一中国到唐中期，关中地区一直都是政治中心，在秦汉时期就形成了前以秦都城咸阳、后以西汉都城长安为中心的交通干道。西汉人桓宽在他所著的《盐铁论》一书中写道："自京师东西南北，历山川，经郡国，诸殷富大都，无非街衢五通，商贾之所臻，万物之所殖者。"

史书对隋唐时期尤其是唐朝交通的记载更为丰富和翔实。隋唐两朝形成了以长安和洛阳为中心,向四方辐射的交通干道网络,制度严密。历史地理学界的泰斗史念海先生撰有《隋唐时期的交通与都会》[1],梳理出了隋唐时期由长安出发、经环绕京城的各个关塞向各地辐射的主要陆路十四条,我们这里把相对重合的道路整合后,可归纳出以下几条主道路。

(一)自长安东行,出蓝田关,经由陕西可到河南,再到湖北,在长江坐船还可达上下游各处;亦可转入湘水经潭州(今湖南长沙),直达广州。

(二)自长安东行,出潼关,东行可直达洛阳。以洛阳为枢纽,可向东北行,到达幽州(今北京),还可远至辽东;往东行则可达山东。

(三)自长安东北行,出蒲津关可以到山西,溯汾水而上,可以到达北都太原;还可以东行经井陉(今河北石家庄西北),进入河北道。

(四)自长安西或西南行,出散关(今陕西宝鸡南秦岭上),越过秦岭南下可至汉中,再西南行可达益州(今四川成都);通过秦岭的其他关口,通往梁州(今陕西)还有多条道路。

(五)自长安西行,出大震关,过陇山,经沿途各镇可北上至敦煌,西出玉门关或阳关,分道通西域;也可以出大震关以后西北行,登六盘山出陇山关,到达宁夏。

(六)自长安西北行,过六盘山,出木峡关,再过原州折向西行,

---

[1] 白寿彝主编《中国通史·隋唐卷》第一章,上海人民出版社,1989年。

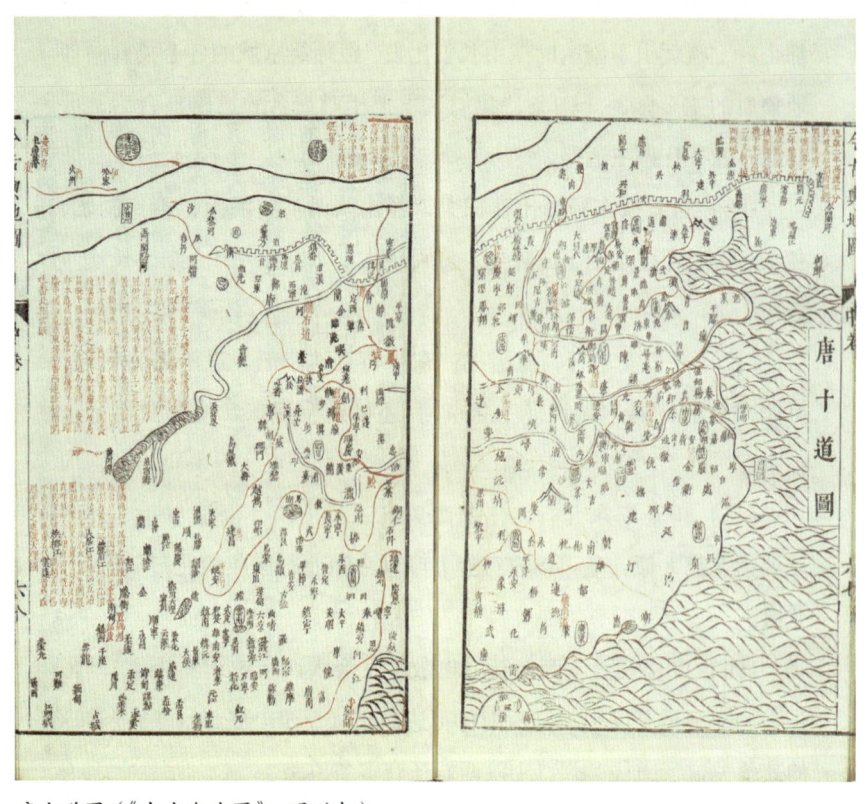

唐十道图（《今古舆地图》，明刊本）

出石门关，再出会宁关，到黄河边，可通往河西及西域各地；北上可达灵州。

（七）自长安北行，经陕西坊州，出芦子关，北上可达唐北方重镇夏州（今陕西横山西），再经鄂尔多斯高原到今天内蒙古的五原县南；还可由延州东北行，出陕西后继续到内蒙古，渡黄河东行可到单于都护府，治所在今内蒙古和林格尔县；西行则可达到安北都护府，治所在今内蒙古包头市西。

韩愈的"云横秦岭家何在，雪拥蓝关马不前"（《左迁至蓝关示侄孙湘》），杜甫的"遂登关城望，下见洪河流"（《东归晚次潼关怀古》），陆游的"楼船夜雪瓜洲渡，铁马秋风大散关"（《书愤·其一》）等，都足以见关隘的险峻，以及各关对保证交通畅通四方的重要性。

台湾学者严耕望先生在他所著的《唐代交通图考》（上海古籍出版社2007年版）一书中，以长安和洛阳作为主轴的东西两极，归纳了由两极发散出的呈辐射状的十一条陆路交通线。这些陆路交通线主要是官驿道，他把它们作为经线，将连接各经线的道路作为纬线，经纬交织，构成完整的陆路交通网。

唐朝的水路交通主要是以运河漕运为中心，沟通长江、黄河、淮河、珠江等主要水系及其支流，形成整体的水路运输网。我们也可以将水路分为两条线路。一是北上路线：循渭水沟通黄河、循黄河水沟通洛水，再抵达洛阳，再循永济渠北上，沿途经过河北各州，通往幽州（今北京）。二是南下路线：循汴渠（隋时通济渠）、淮水和邗沟通到扬州，扬州可直接或者辗转到达今天的江苏、四川、湖南、福建、广东，并与海外相通。

唐人李肇在他编撰的《唐国史补》一书中说："天下货利，舟楫居多。"意思是运输商品货物,水运最方便,也获利最多。杜甫的诗句"蜀麻吴盐自古通,万斛之舟行若风"(《夔州歌十绝句·其七》)、"风烟渺吴蜀,舟楫通盐麻"(《柴门》),都说明了水运的发达与物资交流的关系。对于水运的发达,《旧唐书·崔融传》也有形象的描述:"且如天下诸津,舟航所聚,旁通巴、汉,前指闽、越,七泽十薮,三江五湖,控引河洛,兼包淮海。弘舸巨舰,千舳万艘,交贸往还,昧旦永日。"三江五湖上舟船川流不息,一片繁忙景象。

而运河的通航能力,对隋唐两朝确实是至关重要的。隋炀帝曾调发江淮以南民夫及船,运黎阳及洛口诸仓米至涿郡,把江南的粮食运到今天的北京,"舳舻相次千余里",船队很长,首尾竟相隔千里。武则天时,曾发江南诸州船数千艘,粮食"计有百余万斛",运往幽州,充军粮。唐朝专门设有转运使一职主持漕运。水陆交通的畅通,对政权的巩固、社会经济的发展、物资的交流非常重要。

二、边州入四夷

"夷"往往是中国古代对非华夏的周边少数民族和域外民族的称谓。唐德宗时期,宰相贾耽与域外赴唐使团及唐廷外派使者多有接触,因而掌握了大量的域外地理资料,他撰写的地理学著作《皇华四达记》,又名《边州入四夷道里记》,记载了当时通往帝国周边及域外的七条主要水陆交通干道。虽然原书已佚,但幸得《新唐书·地理志》保留了部分片段。书中的五条陆路、两条水路如下:

(一)营州入安东之道,即从今辽宁朝阳通往东北地区。

（二）登州海行入高丽、渤海[1]道，即从今山东蓬莱走海路进入东北地区和朝鲜半岛。

（三）夏州塞外通大同、云中道，即从今陕西榆林向北走到今山西北部，可通往蒙古高原的道路。

（四）中受降城入回纥道，又叫参天可汗道，从今内蒙古包头可继续通往北方和西北的道路。

（五）安西入西域道，实际是西北丝绸之路主要的干道，是从敦煌到库车的中线，继续前行即可穿过帕米尔高原通往中亚、南亚和西亚。

（六）安南通天竺道，是从今天的中南半岛通往印度次大陆的道路。

（七）广州通海夷道，是从广州出发的东南沿海的海上交通要道。

书中还记有长安分别通往南诏的南诏道和通往吐蕃的吐蕃道。

贾耽所归纳的上述交通干道，西向可通往西域，穿越帕米尔高原和天山的各个山口，到达中亚、南亚、西亚，远至欧洲，即历史上著名的陆路丝绸之路。北上之路可到大漠南北的广大地区，折而西行，穿越天山和阿尔泰山之间及阿尔泰山和萨彦岭的各个山口，通往中亚、西亚和欧洲大陆，是北方草原游牧民族向西迁徙的通道。

南下之道可以到达东南沿海各个港口，然后走海路通往东南亚、南亚、西亚，乃至欧洲和非洲。除了贾耽所列的安南通天竺道、广州通海夷道，其实还有泉州等港口的通海道。

1　渤海国(698—926)，中国唐朝时期以粟末靺鞨族为主体建立的统治东北地区的地方民族政权，曾被称为"海东盛国"。

营州入安东之道可以通东北地区及朝鲜半岛。另外还有傍海道、卢龙道等，也都是通往东北方向的交通道。

东部沿海的各个港口，可以通往朝鲜半岛和日本列岛，包括贾耽所列的登州海行入高丽、渤海道。没有提及的还有经莱州、扬州、明州等通往海上之路。

而这些通道，正是国内陆路与水路交通干道的延伸。此外，史书上还记载有若干条通往域外的道路，学界对这些道路的命名可分为两类。一是以目的地命名，如新罗道，通往朝鲜半岛新罗的海道；日本道，通往日本的主要道路。二是以用途命名，如朝贡道，东北走海路入长安之路；松灌丝道，丝绸之路河南道的一支；再如香料之路、陶瓷之路、白银之路、海上丝绸之路等，都因其与对外贸易的商品种类有直接或间接的关系而得名。也有学者认为晚唐五代输送中国瓷器到西方世界的中枢是海路，于是又有"海上陶瓷之路"的说法。

本讲因所涉唐朝时期的地名较多，简略加以说明：

梁州	唐武德元年（618）置，辖境相当于今陕西省汉中、城固、南郑、勉县等市县及宁强县北部地区。天宝元年（742）改置汉中郡。乾元元年（758）复为梁州。兴元元年（784），唐德宗避朱泚军乱，天子幸梁州，后乱平还都长安，诏改梁州为"兴元府"，位同京都长安。从此，"梁州"一词正式淡出汉中的行政称谓。
原州	唐朝的原州辖地最广时，相当于今宁夏同心、固原、彭阳、泾源及甘肃平凉、静宁、崇信等市县，唐后期其辖区大部分沦陷，治所先后迁移至今甘肃灵台、平凉、镇原（唐临泾）等处。

灵州	唐朝灵州（治回乐县，今属宁夏灵武）辖境相当于今贺兰山东麓，宁夏中卫、中宁县以北，盐池县以西地区。唐初，灵州辖回乐、鸣沙、灵武、怀远、保静五县，后增加温池县。
延州	今陕西延安。唐时辖境相当于今陕西延安、安塞、延长、延川、志丹等地。
登州	隶属唐河南道，位于山东半岛，治所在文登（今山东威海），高宗时移治所蓬莱（今山东），领蓬莱、黄县、文登、牟平四县。辖境相当于今山东龙口、栖霞、乳山等地。
中受降城	唐三受降城之一。唐中宗景龙二年（708）朔方总管张仁愿筑城，在今内蒙古包头西南黄河北岸。开元二年至天宝八年（714—749）为安北都护府治所。
南诏	存续时间为738—937年，所辖包括今云南全境及贵州、四川、西藏、越南及缅甸的部分国土。由蒙舍诏首领皮罗阁建立，为段思平所灭。段遂建立段氏大理国。
莱州	隋开皇五年（585）改光州置，治所在掖县（今山东莱州）。隋大业初改为东莱郡，唐武德四年（621）复为莱州，天宝初又改为东莱郡。乾元初又为莱州。辖境相当于今山东莱州、莱阳、即墨、平度、莱西、海阳等地。
明州	开元二十六年（738）析越州置，治鄮县（今浙江宁波南，代宗大历时移至今宁波，五代吴越改名为鄞县）。因境内四明山得名。辖境约当今浙江省甬江流域及慈溪、舟山群岛等地。天宝元年改为余姚郡。乾元元年复为明州。

三、水陆交织的驿传制度

唐朝成网络体系的交通线，其实是有严格的制度做保证的，就是驿传制度。

唐朝继承隋制，官道的使用和管理都有专门的机构负责，据《唐六典》记载，当时是由兵部下属的驾部来掌管驿传。官道上设传驿以通使令，是为了使中央的政令可以迅速准确地到达地方，地方的信息也可以快速反馈到中央。

唐朝全国设有水驿二百六十所，陆驿一千二百九十七所，水陆相兼驿八十六所。按规定三十里要设一驿，但因各地地形地貌不一样，山势险阻、水草所依，往往差别悬殊，所以实际上因地制宜。比如长安和洛阳的两京附近，交通运输的负担是最重的，所以十里或二十里就设一驿。而在西北边远地区，绿洲为人口聚集区，但两两相距很远，所以可能上百里才设一驿。如夏州（今陕西靖边）与关内道丰州（今内蒙古五原南）相距七百五十里，仅设置了八所驿站。

官府会根据每个驿站承担任务多少，配给相应的马匹。据史载，各驿站配给的马匹从八匹到七十五匹不等。对水驿，则根据其承担任务的繁简闲急，配备相应的船只。如果工作量大，就可以配四艘船；工作量最小的配两艘船。每一艘船均配有水手及民夫。如果条件具备，驿所就会选择在近处置田，以供日常开支和饲养马匹所需。各郡也有类似的驿马，负责日常不急的公文传递。有的驿站除配有驿马外，还配备驿驴，按规定马日行七十里，驴日行五十里。每年驿站都须上报马和驴的死损之数、废疾之数。最初设驿站的时候，驿长都由当地的富户充任，实际成为其比较沉重的负担。唐代宗（李豫）以后，驿长由官府委派，征民夫来充当驿丁或者驿卒，在水驿站服役的就称水夫，按规定应该由丁男轮番服役。

驿站的管理，京都周围由京兆尹负责，外地就由各地方的长官负责，而且御史台设有专门的馆驿使来监察驿所运行的情况。唐后期也有宦官来充当馆驿使，以确保中央对官驿的控制。如果官员出公差，可以根据官府发放的凭证到沿途驿站，由驿站提供食宿和交通工具。西北地区还设有专门的长行坊，负责饲养专供官员往来所需的乘骑，以马为主，称长行马，也有骡、驴、骆驼、牛等其他牲畜。

这样一个建立在完备的水陆交通网络之上的管理体制，可以保证官府公文的畅达，保证出差官员和朝贡使团的沿途接待，保证政府的行政效率，保证中央和地方快速而有效的人员与信息的沟通。

唐后期，驿站管理也产生了很多弊端。因为凭官府的条子或者凭证就可以免费享受交通工具和食宿，很多官方使者就违规超限滞留，各地官驿往往不堪重负，以致官驿制度遭到严重破坏。甚至还有人为了享受便利的交通和免费食宿，诈称公差或使者。

当然也有像"一骑红尘妃子笑，无人知是荔枝来"这种情况，君主或者权贵利用快捷的交通网络满足私欲。从四川（一说为岭南）把新鲜的荔枝送到长安，需要经过秦蜀古道，一路崇山峻岭，艰险无比，但仍然能保证送到京师的荔枝还是新鲜的，实可见唐朝交通网络体系的效率之高。

蜀道难

李白

噫吁嚱,危乎高哉!蜀道之难,难于上青天!

蚕丛及鱼凫,开国何茫然!

尔来四万八千岁,不与秦塞通人烟。

西当太白有鸟道,可以横绝峨眉巅。

地崩山摧壮士死,然后天梯石栈相钩连。

上有六龙回日之高标,下有冲波逆折之回川。

黄鹤之飞尚不得过,猿猱欲度愁攀援。

青泥何盘盘,百步九折萦岩峦。

扪参历井仰胁息,以手抚膺坐长叹。

问君西游何时还?畏途巉岩不可攀。

但见悲鸟号古木,雄飞雌从绕林间。

又闻子规啼夜月,愁空山。

蜀道之难,难于上青天,使人听此凋朱颜!

连峰去天不盈尺,枯松倒挂倚绝壁。

飞湍瀑流争喧豗,砯崖转石万壑雷。

其险也如此,嗟尔远道之人胡为乎来哉!

剑阁峥嵘而崔嵬,一夫当关,万夫莫开。

所守或匪亲，化为狼与豺。

朝避猛虎，夕避长蛇；磨牙吮血，杀人如麻。

锦城虽云乐，不如早还家。

蜀道之难，难于上青天，侧身西望长咨嗟！

这首诗为李白（701—762）名作之一，但对于创作初衷说法不一。有人将其视为讽喻诗，有人认为是为送友而作，还有推测是唐玄宗天宝初年李白第一次到长安时所写。诗中对蜀道的描写荡气回肠，惊心动魄，"蜀道之难，难于上青天"，难怪令人闻之而"凋朱颜""长咨嗟"。李白诗中的"蜀道"，广义上应延伸为秦蜀古道，是连接关中与三蜀（今四川、重庆）的主要通道。古道中的一些线路，此后作为著名的茶马古道路段，是西南丝绸之路最重要、最主要的起始路段。在商业和经济意义之外，秦蜀古道也是中国重要的文化线路，是黄河流域文明与长江流域文明交融的文化通道，沿途有历朝历代留下的众多建筑、桥梁、石窟、石刻、栈道等遗址、遗迹，还有很多地质的、水文的、生态的自然景观。

第十讲 蜀道之难：秦蜀古道的南下与北上

《蜀道难》是李白的名作，这首诗的历史眼即开头一句"蜀道之难，难于上青天"。蜀道，即古蜀道，狭义上仅包括四川境内的路段，南起成都，北止于广元七盘关，全长约四百五十公里。而广义上的蜀道，即南起成都过广汉等地，越过大小剑山，经广元而出川，再沿褒河过石门，穿越秦岭出斜谷，直通关中八百里秦川，也就是秦蜀古道，全长一千多公里。古往今来，人们关注的多是沿古道南下的人群，包括李白的《蜀道难》也是感叹南下之路的险峻与艰辛。那么是否有北上之人？这条古道仅仅是秦地与蜀地的交通要道吗？它还有怎样的地域背景和功能？这是我们这一讲将要聚焦的内容。

一、"难于上青天"的北人南下之古道

秦蜀古道之所以"难于上青天"，是因为秦岭的存在。秦岭山脉横亘东西，山势险峻，是中国南北区域的重要地理分割线。秦岭南北两侧自然景观迥然有别。刘邦居汉中的时候，有"明修栈道，暗度陈仓"之举，不过无论明暗，走的都是秦蜀古道。

据历史地理学者研究，秦蜀古道的交通系统由多条路线组成。

这一系统有以下几个特点：首先，秦蜀古道可分为南北两段，北段的几条主要线路以今陕西西安地区为起点，穿行于不同路线翻越秦岭后汇聚于汉中；南段则由汉中向南延伸出不同的几条路线，继续南下到巴蜀地区，也就是狭义的古蜀道的主要段落。其次，这些路线有的具有多种名称，或因不同时期的历史记录有别，或因路线本身有所变化。最后，北段和南段的路线虽然有连续性，但各有其名。

北道的主要线路有：子午道，今西安至汉中南下到巴蜀、安康；傥骆道，北起今西安周至县西骆峪口，南至今汉中洋县傥水河口；褒斜道，北起今西安经宝鸡眉县斜峪关口，南至今汉中褒谷口；陈仓道，又名"故道"，北起今陕西宝鸡，南至今汉中。这四条道路都在翻越秦岭后汇聚于汉中。此外，还有最西边的祁山道，是从今甘肃天水出发，翻越祁山、南下汉中的路线。

南道即指从汉中南下巴蜀这一段，主要有金牛道、米仓道、荔枝道三道。其中荔枝道北接子午道；金牛道和米仓道其实又都包含多条不同线路，在不同历史时期具体线路也会发生变化，名称也有不同，如金牛道原名石牛道。三条道路都需要翻越大巴山，金牛道通往成都；米仓道通往巴中；荔枝道则连接今重庆地区，它的得名据说与玄宗皇帝利用此道为杨贵妃运送荔枝有关。

在这些古道上发生过很多重要的战事。沿途山石险峻,河流湍急，山林密布，多处雄关栈道隐没其中，尤其是广元剑门关一线，如果身临其境，会对李白的《蜀道难》更有亲身体会。

秦蜀古道还有一个重要作用，即北人避难之路。蜀地往往是关中皇帝避难的首选。如李白、杜甫所生活的唐朝，政治中心就在关中，遇难播迁的唐玄宗、唐僖宗都是逃往四川。据传，当时还有遇大难首选四川、中难要先避奉天（今陕西乾县）的说法。

唐玄宗奔蜀的路线，有学者进行过归纳。出延秋门（长安城禁苑西侧门）渡便桥，到达咸阳望贤驿，到金城县，再西行到马嵬驿。在马嵬驿发生了马嵬驿之变，接着继续走到了武功县。然后是扶风郡，也即凤翔，今属陕西宝鸡市。再南下陈仓县渡渭水西南行至三交城，即今天的宝鸡。再由陈仓县西行至大散关，这一路会经青泥道，走的是秦岭山脉的一座著名山岭青泥岭。这其实是秦蜀古道最险的一段，岭高，道路泥泞，所以《蜀道难》中会有"青泥何盘盘"的感慨。大散关是非常重要的一个关隘，为陕川的咽喉，而大散岭是秦岭的主山脊，为兵家必争之地。再由大散关沿秦岭主脊继续南行，进入山南地区，这是第一段属关内道的路。继续前行，即山南西道的这段路，沿嘉陵江河谷南下，经凤州、兴州、汉中、利州这四州，西南行进入剑南地区，也就是四川地区。因唐朝在四川设置了剑南道，"剑南"于是也成为四川的称谓。这是第二段。第三段就是剑南道这一段，经剑川、绵州、汉州到蜀郡（益州），即今天的成都。这也就是由关中入蜀的大致线路。

唐德宗（李适）为避藩镇之乱也曾南下，但是他并没有入蜀，而是避乱于南郑。南郑位于今天陕西省的西南，汉中盆地的边缘，北临汉江，南倚巴山，此地可南可北，进退可据。

在中原发生动乱时，对于士人和老百姓来说，南下入蜀也是一条重要的避难路径。安史之乱时期，杜甫选择的就是这条避难路线，可从关中辗转流离向南。考察一下杜甫在动乱中南下的路线，从华州、秦州（天水）到成都，推测他可能走的是祁山道，全长三四百公里，路线是从甘肃的天水翻越祁山，经陇南然后一路到汉中，再从汉中

唐·李昭道《明皇幸蜀图》（台北故宫博物院藏）

入蜀。关于祁山道，历史上很早就有记载，秦岭以南的陕甘和巴蜀地区的物资交流和人员往来，都会通过祁山道。水路运输则经由嘉陵江、运河、渭河等通往关中和中原地区。祁山道也是川蜀地区沟通西北陆路丝绸之路的重要通道，向北与草原之路连接，向南可与金牛道连接进入巴蜀地区。

当年，杜甫为避难携家人一路南下，一路作诗，他作的《三绝句》中的"二十一家同入蜀，惟残一人出骆谷"，就是针对沿途道路之艰险的有感而发。

二、为何"南不识盩厔"

"北不识盱眙，南不识盩厔"这句话出自清人陶澍之口，意思是南方人不知道有"盩厔"这个地方，表明盩厔并非北方的典型地区和冲要之地。盱眙，今属江苏省淮安。北方人为何不识盱眙并非我们这一讲讨论的重点，可暂且不论，但盩厔不为南方人所知，这就值得探讨了。

盩厔县位于长安西南，现在称周至县，发音一样，但写法已经不一样了。盩厔曾是秦汉驻军、屯田之处，开辟过斗兽场。汉武帝时期羌人从陇西入京，盩厔也是他们的流徙之所。因此汉朝的驻军士兵当中有一部分就是羌人，当地的青阳寨、宁羌村等，应该都与驻军中的羌族人有关。

如前所述，四川地区是以关中为根据地的中原王朝的可靠后方和回旋之地，因此南下被认作秦蜀古道的主要功能，蜀道之难，人们确实大多关注的是南下之难。北人避中原战乱，有三条南下的路线，偏西的就是这条秦蜀古道，偏东的是走到长江中游或下游。北人南下的浪潮，可以分成几股：一股是自南北朝以来甘陇地区的氐羌人，向南到关中，走古蜀道进入四川；还有一股是隋唐时期因各种原因如政治军事之变从关中南下避难避乱的人；另外就是因经商而南下的商人、商队。但其实史书上也记载有南人北上，只是零散而稀缺，长期属于被忽略的领域，所以蜀道通常被称为"入蜀道"，研究关中地区的学者也多关注于关中的商人入川。

关于南人北上，值得关注的是唐人沈亚之曾经题写的《盩厔县丞厅壁记》。厅壁记是一种文体，当时文人往往受邀为各个官署撰写厅壁记，如韩愈就题写了《蓝田县丞厅壁记》，柳宗元题写了《武功县丞厅壁记》等，都属于京兆府（相当于今首都地区）下辖之县。县丞是县令的下属，地位仅次于县长或县令。题写在官署厅壁上的这些文章，主要是对本厅官员的歌功颂德之辞，也涉及当地的风土人情、山川形势。沈亚之撰写的《盩厔县丞厅壁记》（以下简称"《厅壁记》"）透露出很多重要的信息，关系到经秦蜀古道南人北上的问题。

就京畿地区而言，盩厔属京兆府管辖，但偏在西南，不属于紧邻长安、环绕京师的诸县；也不像咸阳、高陵、晋阳等县，或为防御吐蕃、回纥而置重镇，或为帝陵所在；在唐京兆府所辖二十三个县当中，盩厔县的人口数排在倒数第三，所辖的乡数排在倒数第六，可见并非显赫之地。但是沈亚之的文章指出了盩厔县在秦蜀古道上的重要性。

这个县虽然在京畿地区位于西南边缘，但是可能并非如后人想象中的那样，因位置偏远而人口数量不多或人口的流动性弱。《厅壁记》云："而三蜀移民，游手其间。市间杂业者，多于县人十九。趋农桑业者十五。"文中的"移民"和"县人"，分别指外来人口和当地的土著居民。"三蜀"即今四川地区，因汉武帝分该地为三郡而有"三蜀"之称。《厅壁记》中提到了三类人，属于盩厔县的外来或流动人口：一类是瓯越卒，一类是神策兵，还有一类就是三蜀移民。

第一类人瓯越卒，应指江浙一带的士兵。但这些江浙一带的瓯越士兵何时、因何种原因和何种途径迁移到了京畿地区，文章中并没有说明。可以想象，这种情况应不限于盩厔县，但其他相关资料尚未发现，具体详情还有待考证。

第二类人神策兵，就是指唐后期中央禁军神策军，是当时中央掌控内外的主要军事力量。史载，离盩厔县不远的县有人充任神策兵，而盩厔又有驻军传统，所以盩厔县有神策兵也是理所当然的。但这类神策兵的职能并不是戍守京师。

第三类人三蜀移民，被归为"游手"一类，即闲散之人。三蜀移民的出现，其实很值得重视。为什么他们要从富庶温暖的三蜀地区流动到关中？途径是什么？沈亚之的《厅壁记》并没有提供更多的消息。《元和郡县志》曰："山曲曰盩，水曲曰厔。"山水盘曲正是盩厔县的地形地貌之特点。盩厔县在京畿地区似乎属于比较偏僻的县，但其实位于秦岭的北坡，在关中通往巴蜀地区的重要路段（傥骆古道）上，这一特殊的地理位置使得盩厔县与长安周边的县乡不同。此处成为南来游民的栖身之选，显然和所处的地理位置有关。只是这些自蜀而来的游民，似乎是逆大流而上，由南而北，聚居此地。

那么为什么南人会不知盩厔呢？

其实还是因为历代在叙述古蜀道或是秦蜀古道的时候，眼光大多是由北向南的，即以关中为起点向南入川，分为几道、如何走。四川省在申报世界文化遗产时，将古蜀道（狭义）单独申报，而陕西省认为秦蜀古道才是完整的古道，其中陕西段占有三分之二，且沿途有众多遗址遗迹。四川省的做法仍然是着眼于陕陇地区南下的人群，忽略了北上的人群。在这种眼光之下，经由此道物资和人员北上交流的作用就被忽略了，因为从定名和定义上讲，狭义的古蜀道和秦蜀古道是有深刻差别的。

三、连陇蜀、控荆吴，沟通东西南北

除了以上狭义和广义的定义，还有人把蜀道解释为全国各地通

往古代蜀地的道路以及蜀地范围内的道路，包括接通西域的茶马古道，成都以南、由云南入蜀的五尺道和由此延伸出的通往南亚的西南丝绸之路，往东的自三峡而下的长江水道。

"栈阁北来连陇蜀，汉川东去控荆吴"，此诗句虽不知出处，但却形象地描述了秦蜀古道沟通东西南北的功能。近年有学者研究的川盐古道，实际也属于北上道路之一，很长时间内没有引起足够的重视。川盐古道是由多条水路和陆路组成的，是把四川产盐地的食盐，运销到湖北、湖南、贵州、云南、陕西、甘肃等地的道路，是一个庞大的运输网络。活跃在这条古道上的盐商实际上来自各地，籍贯以山西、湖北、福建、广东、贵州为多。

秦蜀古道还是连接西北丝路与西南丝路的重要通道，而西南丝绸之路主要分为两条：一个是西道，也就是牦牛道，从成都出发一路南下进入缅甸和东南亚，也有可能到印度和孟加拉；还有一条道是东道，从成都出发，走五尺道，又一分为二，一条路可以进入越南，一条路过大理，与牦牛道重合。所以不管东道和西道都是以成都为起点的。

茶马古道，专家曾经归纳出三条：第一条是陕甘茶马古道，被认为是中国内地茶叶西行并进行茶马交易的主道；第二条是陕康藏茶马古道，同样是陕西人开辟的，"康"即四川康定；第三条是滇藏茶马古道。大致形成一个网络，陕、康、藏、滇相互连接。陕康藏茶马古道也叫作唐茶古道，也是一条北上的路线。

再回到沈亚之在《厅壁记》中提到的三蜀移民。三蜀移民确切地说应该是三蜀流民，因为他们显然不是国家政策下的正式移民，而是因为种种原因从三蜀流徙到关中的，但因何种原因流落他乡目前不详。他们中的很多人落脚于盩厔县，从事各种杂役，人数比当地的居民还多，也有一部分从事农业。考虑到盩厔县不可能有太多的无主田地，这些外来流民应该正如《厅壁记》中所说，以做雇工为主。其中是否有人继续北上，流入京城从事其他行业，如最需劳动力人手的建筑业和服务业等，文中没有具体记载，但也是极有可能的。

秦蜀古道连接了中国境内的广大地区，并可通往境外很多国家和地区。纵然这条古道"难于上青天"，但仍然留下了诸多历史痕迹，我们似乎能穿透群山峻岭间的云雾，隐隐看到南来北往穿行于这条古道的络绎不绝的人影。

叁

行　宫

元稹

寥落古行宫，宫花寂寞红。
白头宫女在，闲坐说玄宗。

这首诗作于唐宪宗元和四年（809），元稹（779—831）时任监察御史，因触怒权贵利益而"平调"至东都洛阳分司。诗中，他流连在玄宗曾居住的洛阳上阳宫，感慨于白头宫女所追忆繁华如梦的开元盛世如今已衰败，实际也是对自身政治生涯起伏之感叹。

第十一讲 "闲坐说玄宗"："三郎天子"逸事撷拾

元稹的《行宫》这首诗，我们将历史眼定格在最后两句——"白头宫女在，闲坐说玄宗。"诗作诞生的年代，距开元盛世已经有半个世纪之久了，可上阳宫中独守宫室四十余年，甚至未能一睹天子真颜的白发宫女，闲谈的话题仍然围绕着老皇帝。那么作为将唐朝推向鼎盛而又经历了由盛而衰、播迁流离，最终失去帝位的"三郎天子"，玄宗有哪些"闲说"让人津津乐道呢？我们这一讲来拾掇一二。

一、一家五天子

唐玄宗是唐朝的第七代皇帝，名李隆基，是睿宗李旦的第三子，故称"三郎天子"。玄宗多才多艺，擅骑射、通音律、擅长书法，他的八分书在书法史上占有重要的地位。官方正史、民间野史、笔记小说、诗歌中，对玄宗都有很多生动的描述，"白头宫女在，闲坐说玄宗"代表了那个时代的人对他的追忆、怀念。

玄宗在位四十四年，虽然没有超过汉武帝的五十四年、康熙帝的六十一年、乾隆帝的六十年，但却是唐朝历史上在位时间最长的皇帝。在唐朝的皇帝中，他的寿命也是最长（七十八岁）的。如果不是安史之乱爆发后受到诸如杨贵妃横死、失去皇位、回京后遭软禁等一系列打击而郁郁寡欢，他应该可以活得更长。玄宗皇帝是最先把自己的生日定为全国性节日——千秋节（后来改为天长节，八月初五）的皇帝。他也是唐朝皇帝中子女最多的一个，有三十个儿子、二十九个女儿。

玄宗从小就有大志向，这在正史和野史中都有表现。《旧唐书》记载，玄宗七岁时，为武则天当政时期，武氏族人非常嚣张，处处有意打击李唐宗室。一日，李隆基到了朝堂，时任金吾将军负责纠察风纪的是武则天伯父的孙子武懿宗，武懿宗看到李隆基车骑仪仗威严而整齐，就要打击他的气势，阻挠仪仗。李隆基厉声呵斥："吾家朝堂，干汝何事？敢迫骑从！"虽然申斥的是武家子弟，却反而得到祖母武则天的欣赏，武则天认为从孙子身上看到了自己年轻时敢作敢为的气质。唐太宗有匹骏马叫"狮子骢"，非常猛悍，太宗亲自上阵都驯服不了，当时武则天正好在一旁，说自己能够驯服它，唐太宗问其术，回之："妾有三物，始则锤以铁鞭；不服，则击以铁挝；又不服，则以匕首断其喉。"这就是武则天年轻时杀伐决断的气魄。在她看来，李隆基继承了她的某些性格，同样具有这种气势。

有一段关于玄宗的记载，在民间流传甚广。说的是有一个叫王积薪的人，棋艺高超，是世家大族的后裔。王积薪年轻时有一次与几位家世背景显赫的贵胄子弟在长安城外聚会，饮酒正酣，忽然有人乘马到了庭院的门口，下马后昂首而入，一身装束非文非武。那人进来后就说："诸君雅集，本不当叨扰，但是正感口渴，所以来讨杯酒润润喉，不知诸位能否赐予？"王积薪见他气宇轩昂，知道不是等闲之辈，所以未等众人开口，就起身相迎，把他让到上座。那人不推辞就坐下了。王积薪取过大杯酒送上，那人接过就喝，还说再来一杯。王积薪就一面给他斟酒，一面帮他举着酒杯。其他在座的贵族公子，平日皆眼高于顶，看到这人不请自来，又倨傲狂放，心里颇为不满。其中一个少年就举起酒杯说："我等各自道家世，最显贵者饮三杯，请客先道。"本意是为羞辱后来者，不承想来人毫不客气，说："我请先饮三杯而后言。"于是连饮三杯，然后起身出席，举手向众人道："我高祖天子、曾祖天子、祖天子、父天子、本身天子。"说罢，出门疾驰而去，众人惊奇万分。不多久，宦官和卫队寻觅至此，众人方知此前来人正是玄宗皇帝。玄宗对席间给自己敬酒的人印象很深，就命大宦官高力士去寻访，得知是王积薪后，便把他召到宫中，特颁赏赐。这个故事是野史小说里演义的情节，应该并非史实，但从中也可见民间对玄宗的气魄赞赏有加。

二、勤政楼之上

勤政楼是唐长安城东边兴庆宫的一座楼，全称为"勤政务本楼"，与之相对相连的为"花萼相辉楼"。兴庆宫建于原兴庆坊旧址，临近东市和春明门。原兴庆坊是玄宗的"潜龙之地"，是他没有当上皇帝时的王府所在。李隆基登基后，将兴庆坊扩建，原王府改造为兴庆宫，成为唐朝三大内之一（其他两大内为宫城和政治中心东移后的大明宫）。兴庆宫与东市对角相望，中间隔着横贯全城东西的春明大街，勤政务本楼和花萼相辉楼建在兴庆宫的西南，紧邻东市和春明大街。马伯庸小说改编的电视剧《长安十二时辰》中，上元节（正月十五）发生爆炸以及玄宗被劫持的场所就是勤政务本楼和相连的花萼相辉楼。

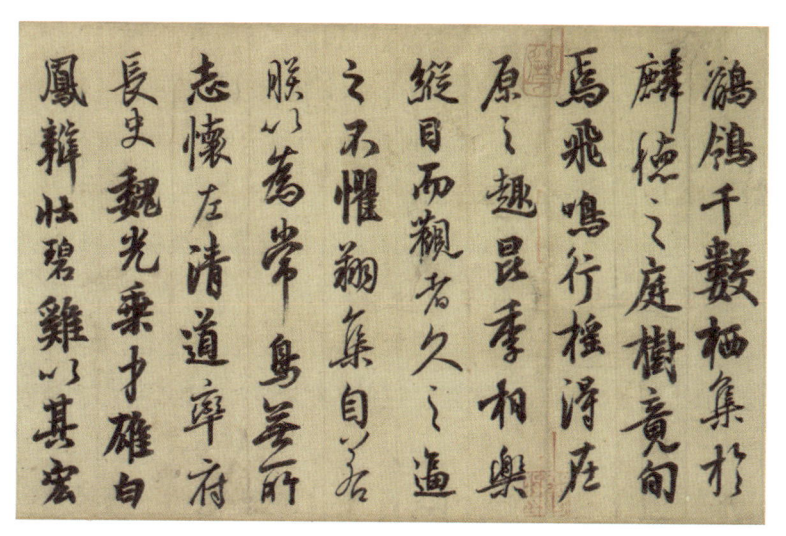

唐玄宗手书《鹡鸰颂》局部（台北故宫博物院藏）

玄宗执政的中期，天下一片升平盛景，直到安史之乱骤然爆发。所谓安史之乱，是驻守唐朝东北身兼三镇节度使的安禄山和部将史思明发动的叛乱。叛乱历时八年，造成北方黄河流域满目疮痍，大量士人和民众南下避难，唐朝自此由盛而衰。

那么安史之乱之后，百姓又是如何看待玄宗皇帝的呢？

安史之乱爆发后，叛军横扫河北，直下洛阳，继续西进打到潼关。唐朝军队一路败退，安史叛军势如破竹，震慑长安。这时的玄宗早就疏于朝政，天天和杨贵妃等宴会娱乐，叛乱事出突然。潼关北临黄河、南踞群山，是进出关中的咽喉之地，长安东边最重要的门户，洛阳到长安的要冲，如果失守，则长安危在旦夕。玄宗携杨贵妃、杨国忠、部分公卿及禁军将士匆忙出逃。逃到距离长安西六十多公里的马嵬驿时，发生了兵变，史称马嵬驿之变。太子李亨和大宦官李辅国及禁军将领密谋，先杀掉了杨国忠，再逼死杨贵妃。此后，太子李亨和玄宗分路而行，玄宗继续逃向西南方向的四川，李亨则在李辅国等人的支持下，北上到灵武（今属宁夏），即皇位，是为肃宗。之后领导平叛，收复两京。

肃宗即位时，遥尊玄宗为太上皇。百官劝进时，李亨起初拒绝："父皇还在，自己怎能即位？"但是有见识的大臣告诉他："若以太子身份来领导平叛，之后老皇帝回来，重用的还是他身边信任的大臣，随行将士没有看到前途和希望，会拼命来为您尽忠吗？"李亨就顺势即位了。

肃宗平叛后回到长安，并迎回了太上皇玄宗。肃宗表示要把皇位再还给父皇，玄宗知道大势已去，当然不能再要皇位了。最终肃宗把玄宗安置在了兴庆宫。玄宗十分寂寞和悲伤，想到大唐王朝由盛而衰，想到爱妃杨贵妃尸骨不知所终，郁闷之下就登上了勤政楼。勤政楼附近的春明大道和东市都是长安的闹市区，百姓聚集较多，玄宗在位时，楼下宽阔的地方还经常作为举行百戏等大型文艺活动的场所。玄宗以太上皇身份坐在楼上观看街景，街上百姓则纷纷围观楼上昔日天子。与民同乐的往日场景自然地浮现在太上皇的眼前，而老百姓抬头仰望坐在楼上的老皇帝，也不禁想起三郎天子在位时盛唐的景象，于是齐呼"万岁"，玄宗坐在楼上也是频频向楼下的人群致意。

掌权的大宦官李辅国，非常怕老皇帝卷土重来，看到玄宗在勤政楼上和老百姓互动，担心可能引起政治风波，于是认为需要采取相应措施。他借口仍然追随玄宗的亲信宦官高力士、发动兵变的禁军首领陈玄礼等人还经常在老皇帝周围，起了很不好的作用，而老皇帝在兴庆宫还可能举行一些私下聚会，容易对肃宗不利，借机把玄宗身边的高力士等人贬黜流放，然后将他迁回大内。玄宗皇帝回到大内后，郁郁寡欢，不久去世。

从这个故事我们也看到，对于安史之乱的爆发、国家混乱局面的造成，老百姓似乎并没有归咎于玄宗皇帝，对风流倜傥的三郎天子仍然是无限怀念，指斥的对象主要是杨国忠等奸臣的弄权失措和杨贵妃的"红颜祸水"。史书上还记载，玄宗西逃时，经过咸阳桥。咸阳桥是长安城西通往西域和巴蜀地区的重要通道，有大臣怕叛军追击而来，建议烧毁咸阳桥。玄宗就说："如果烧了桥，没有逃出来的百姓怎么办？"这样一段史实流传甚广，也说明老百姓认为玄宗是一个好皇帝，所以看到老皇帝出现，仍然高呼"万岁"，群情激动。他们敬仰的是开创开元盛世的三郎天子，追忆的是"小邑犹藏万家室""男耕女桑不相失"的太平时光。

"闲坐说玄宗"的白头宫女，应该也是在怀念玄宗在朝时优雅、舒适的宫廷生活吧。

忆昔·其二(节选)

杜甫

忆昔开元全盛日,小邑犹藏万家室。
稻米流脂粟米白,公私仓廪俱丰实。
九州道路无豺虎,远行不劳吉日出。
齐纨鲁缟车班班,男耕女桑不相失。

这首诗是杜甫(712—770)于唐代宗广德二年(764),因安史之乱而南下入蜀,辗转再回到成都入剑南节度使严武幕下后而作。诗中描绘了玄宗开元时代农业丰产丰收、公私仓廪充实、社会治安良好、百姓安居乐业的盛世画卷。而眼下国运极盛而衰,仕途坎坷多舛,家庭贫困交加,诗人由身及国,应有借昔日盛景对比现实的凋残与颓败,抒发忧国忧民情怀之意。

唐·佚名《唐人宫乐图》（台北故宫博物院藏）

第十二讲 "忆昔开元全盛日"：唐朝的黄金时期

玄宗之所以为百姓所怀念，主要是他在位时期，唐朝国力达到了最鼎盛时期，杜甫的《忆昔》这首诗就充分展现了这种盛世景象。这首诗的历史眼在"忆昔开元全盛日"一句。"开元"是玄宗朝的年号，从713年十二月到741年，历时二十九年。此后的天宝年间实际也延续着辉煌，但是天宝末期爆发了安史之乱，大唐由盛而衰，所以人们有时只用"开元"来代称鼎盛时期。这一讲我们就来看一看开元全盛时期的大唐风貌及这种繁荣形成的原因。

一、广运潭盛会

玄宗李隆基是睿宗李旦的第三子，按顺位并不是继承皇位的第一人选，他是通过宫廷政变结束了武周的统治而即位的。登基后，玄宗励精图治，使得开元年间、天宝前期政局稳定，经济繁荣，文化昌盛，国力富强。广运潭盛会的举办，就是一个集中表现。

天宝元年（742），韦坚被任命为陕郡太守、水陆转运使，专门负责漕运。他奏请截灞水、浐水使之东注。灞水和浐水属于环绕长安的"八水"之二水，截流后东注之水流到永丰仓下与渭水汇合，再注入城东面的广运潭，并新建了码头。长安城东面建有望春楼，位于大明宫东三里处，广运潭就从楼下穿过。费时两年修成的广运潭可以通船，为取悦玄宗和炫耀盛世，在韦坚主持下，举行了一个盛大的各地特产、商品的展示活动。他从洛阳、汴州、宋州等地调集了两三百艘船，每艘船上都立一个牌子，署上郡名，船中陈列该郡的珍贵特产。如署名"广陵郡"（今江苏扬州）的船，就堆积着广陵所出的锦、铜镜、海产品等；署名"丹阳郡"（今江苏镇江）的船，就堆积着京口绫衫段等；署名"南海郡"（今广东广州）的船，堆积着玳瑁、珍珠、象牙、沉香；署名"豫章郡"（今江西南昌）的船，堆积着瓷器、酒器、茶具等；署名"宣城郡"（今安徽宣城）的船，则堆积着空青石、纸笔、黄连等；署名"始安郡"（今广西桂林）的船，则堆积着蕉葛、蚺蛇胆、翡翠等；多达数十郡名。玄宗登上城东新落成的望春楼，眼见浩浩荡荡的船队绵亘数里，驾船人头戴大斗笠，身着宽袖衫，脚蹬草鞋，为南方吴楚之地打扮。第一艘船上，县尉崔某额头上抹红花，袒露一只胳膊，领唱《得宝歌》："得宝弘农野，弘农得宝耶！潭里舟船闹，扬州铜器多。三郎当殿坐，听唱得宝歌。"领唱人引吭高歌，百名女子盛装而和，一路载歌踏舞，徐徐向望春楼下进发。船队连樯数里，京城内外百姓观者山积，韦坚则跪进各郡名产。玄宗自然龙心大悦。

广运潭盛会，既展示了各地的名贵特产及手工业的发达，也表明漕运线经过整修，形成了贯通南北的水运网，使得各地物资交流通畅，商品经济得到发展。

二、四方丰稔，百姓乐业

那么，杜甫《忆昔》诗中所称颂的"小邑犹藏万家室""公私仓廪俱丰实""男耕女桑不相失"具体情形怎样？我们来看一些数字。

人口数量和耕地面积代表了国家硬实力。人口是否增加、土地开垦数量是否增长，也是古代政府考察地方官、评估其业绩的基本和主要标准。

唐初太宗贞观年间，不过 300 多万户，玄宗天宝时官府掌握的户口已经达 890 万。隐匿于民间的人户，据《通典》编撰者杜佑估计，当在 400 万至 500 万户。保守估计，天宝年间全国人口达 7000 万之多，有日本学者甚至认为已经达到 1.4 亿。

古人曾盛赞开元时，"耕者益力，四海之内，高山绝壑，耒耜亦满"（唐·元结《元次山集》卷七），意思是无论是高山还是绝壑，都被耕者用耒耜开发成田地。玄宗时期，据统计，全国耕地面积达到 850 万顷，大约合现在的 6.6 亿亩。有学者估计当时人均占有耕地为 9 亩多。今天中国的耕地面积比起唐朝大为增加，但人口数量翻了十余倍，人均占有耕地仅有 1 亩多。玄宗天宝八载（749），官仓存粮达 9600 万石。

更直接反映农业生产发展的是粮价。杜佑《通典》记载，开元十三年（725），玄宗举行封泰山大典，当时的米价为每斗 13 文，山东一带谷价每斗 5 文。此后，全国物价保持平稳而低廉，两京地区米不过每斗 20 文，面每斗 32 文，绢每匹 210 文。

农业生产的发展离不开水利事业，据史书记载，开元时期兴修水利三十八处，天宝时又兴修八处。中央对行水、用水都有统一且严格的规定。敦煌藏经洞发现了几件与水利有关的文书，一件是法

唐三彩陶仕女俑（美国大都会艺术博物馆藏）

国人伯希和掠走的文书，P2507号，名为《唐开元二十五年（737）水部式残卷》。水部是尚书省六部之工部下属的四司之一，执掌全国的水利事务，制定相关的法规，"式"是唐朝法典体系律令格式的一种，主要是各官署办事的具体细则规定。这件文书虽然是残卷，但也可以清楚地看到对包括沙州（敦煌）地区在内的各地用水有具体的指导性规定。还有一件是英国人斯坦因掠走的文书，S3560V号，名为《沙州敦煌县行用水细则》，是唐代的今敦煌地区地方政府根据水部式的原则制定的具体行水、用水的详细规定，以保证均衡、公平用水，保证农业生产因地制宜地开展。这些文书足以说明，即便在比较遥远的边塞，中央对农业生产和水利事业的有关指令，也是被严格执行的。

另外，在这一鼎盛时期，也就是7—8世纪，唐朝可统辖的地域广阔，可控辖地区南至今越南北部，北至今天俄罗斯境内，西到今乌兹别克斯坦境内，东到今天吉林通化，国土面积达到1000多万平方公里（具体有说是1076万平方公里，有说包括海域1239万平方公里）。

总的说来，开元年间，"四方丰稔，百姓乐业。户计一千余万，米每斗三钱。丁壮之夫，不识兵器。路不拾遗，行不赍粮"（宋·王说《唐语林》卷三），政治比较清明，政局比较稳定，社会秩序比较安定，社会经济繁荣，没有大的战事。"开元盛世"不仅是唐朝，也是中国古代历史上的黄金时期。

三、"前有房杜，后有姚宋"

玄宗执政前期的繁荣景象，是唐朝建立百余年来所积累的成果，并不是玄宗一朝所能创造出来的奇迹，但与玄宗君臣的孜孜求治是分不开的。

玄宗即位后先后起用了姚崇、宋璟、张嘉贞、张说、张九龄、李元纮、韩休等名臣，他们各有所长，尽忠职守，使得朝政充满朝气。玄宗本人在统治前期，也能虚怀纳谏，用人不避嫌，因此开创了与"贞观之治"一样的局面。如姚崇、宋璟实际上都是武则天时期培养和选拔的人才，后来成为开元名相。史称"前有房杜，后有姚宋"，房、杜指的是促成"贞观之治"的名相房玄龄、杜如晦，两人各展所长，有"房谋杜断"之美誉。姚、宋则是指开元时期的名相姚崇和宋璟，他们的业绩可以与房玄龄、杜如晦媲美，辅佐玄宗皇帝成就了"开元盛世"。

以姚崇为例，他历经武则天、中宗、睿宗三朝，当中两次被拜为宰相，还参与了"神龙政变"。所谓"神龙政变"，就是在神龙元年（705），数位大臣与太子联合迫使武则天让位，还政于大唐。后来五位功臣都被封王，所以又叫"五王政变"。神龙政变以后，太平公主得势，但是姚崇不肯依附太平公主，因此被贬到外州，任同州（今属陕西渭南）刺史。玄宗即位以后，了解姚崇的能力和名望，希望把他召还朝国。玄宗很有策略，采取迂回的方式，以到渭川打猎为由——狩猎场所就在同州这一带，借机主动约谈姚崇，表达了通过任用贤臣贤相开创一个良好开局的愿望。

姚崇提出了条件，说如果玄宗能做到他提出的十件事，他就同意复出主持朝政，这就是历史上有名的《十事疏》。第一，实行仁政，废除严刑峻法。这条是针对武则天时的一些弊政。第二，息兵休战，不求边功。这条是希望给予百姓休养生息的环境。第三，法行自近，公平执法。这是针对从武则天到中宗、睿宗，皇亲国戚枉法徇私、官官相护现象的泛滥。第四，宦官不得干政。这条是针对内廷宦官的恶势力已经逐渐滋长的势头。第五，拒绝租赋外的贡献。唐前期实行均田制和租庸调制，但两制在高宗、武则天时逐渐崩坏，地方官吏、亲近大臣等，为了谋求政治上的前途，纷纷以贡献为名贿赂朝廷，表示贡献的钱财都是租赋外的额外收入。这种做法若得到鼓励就会增长侥幸之风，因此力主禁绝。第六，皇亲国戚不得担任台省官，以保证政治清明，官僚机构能够正常运行而不受人为干预。第七，礼待朝臣。当时朝臣基本都以文臣为主，这条是主张对大臣应该有基本的礼仪礼节和尊重的态度。第八，虚怀纳谏。就是要皇帝虚心听取不同意见。第九，不再增建道观和佛寺。这条是针对武则天当政时佛教大盛，京城和地方都大肆建造佛寺、道观，耗费了大量的人力、物力、财力，对国家的财政造成很大的损害。第十，以两汉外戚专权为借鉴。武则天和韦后之乱，都属外戚专权的历史教训，因此要以两汉为戒，抑制外戚干政。

《十事疏》实际上是澄清吏治的谏言，玄宗表示"朕能行之"，于是姚崇"乃顿首谢，翌日，拜兵部尚书、同中书门下三品"（《新唐书·姚崇传》）。君臣达成一致，姚崇很快就被拜为宰相，成就了历史上一段君明臣贤的佳话。

四、盛世改革

引领大唐走向"开元盛世"的，还有玄宗朝进行的许多重要改革。

科举考试进士科改为以考诗赋为主就是在玄宗朝，这项改革带动了整个社会文化风气的进一步兴盛，"五尺童子耻不言文墨"，朝野内外皆喜作诗,并以会作诗为最优雅的行为。

玄宗朝的漕运改革,如宰相裴耀卿于开元末年实行的分段节级运输法,陕郡太守李齐物开凿三门峡山等举措,使得关中政治中心和江南经济重心的连接更为通畅,在很大程度上缓解了聚集众多人口的京师地区的粮食供应短缺问题。

玄宗朝还有一项非常具有盛世特色的政策,就是针对江南的"回造纳布"和针对西北的"和籴"。江南正税一般是缴纳粮食,但是也可以缴纳纺织品代替,这就是回造纳布,也叫回造纳绢。但这一政策的前提是西北地区粮食丰收,中央在西北采取和籴政策。所谓和籴,即在丰年的时候包购老百姓手中的粮食,官府将和籴来的粮食充实国库,以解决丰年粮价下调即谷贱伤农的现象;在饥年、荒年的时候再以平价出售,可解决饥民、灾民的生活所需,并起到平抑物价的作用。由于西北地区的粮食丰产,国库中存粮充实,对东南地区就施行回造纳布的措施,既可以用产量多、容易运输的纺织品代替原所需缴纳的租粮,也可解决输运大批粮食过程中遇到的成本高、损耗大的弊端——即便是漕运,走水路,也经常会遇到风力致使漕船倾覆的事件。纺织品则比较便于运输,价值高,重量轻,而且南方地区丝织业很发达,运输更多的丝织品正可以调节北方物资的弱项,也可以充实府库,以备不时之需。类似的改革或直接或间接地促进了社会经济的发展。

改革不仅限于上述几方面,如府兵制向募兵制过渡,三省六部制向使职差遣演变,为改革财税结构增加了地税户税比重等,都是行之有效、影响深远的举措。这些都表明达到盛世顶峰的玄宗朝,同时也是一个具有过渡性和转变意义的时代,这些改革举措也是历史进入新阶段的助推力。

玄宗于开元十三年（725）在泰山举行了封禅大典，随行队伍绵延数百里，内厩马数万匹，"色别为群，望之如云锦"（《资治通鉴》卷二一二）。玄宗亲撰《纪太山铭》，大赦天下，百官及助祭随从均加勋晋级。这是大唐王朝走向巅峰的一个象征，这样的宏观场面以及"小邑犹藏万家室""公私仓廪俱丰实""男耕女桑不相失"的国泰民安景象，成就了"忆昔开元全盛日"，也成为诗人和百姓心中难以逝去的辉煌。

吊白居易

李忱

缀玉联珠六十年,谁教冥路作诗仙。
浮云不系名居易,造化无为字乐天。
童子解吟长恨曲,胡儿能唱琵琶篇。
文章已满行人耳,一度思卿一怆然。

这首诗的作者是唐宣宗李忱(810—859)。会昌六年(846)八月,宣宗刚即位五个月,闻知仰慕已久的大诗人白居易以七十五岁高龄去世,悲怆不已,遂写下这首凭吊诗。宣宗在位时,励精图治,在整顿吏治、稳定边疆、抑制权贵势力的恶性膨胀等方面颇有政绩,素有"小太宗"之称。

第十三讲 "一度思卿一怆然"：
宽松包容的政治和社会氛围

在《吊白居易》这首诗中，唐宣宗李忱不仅感慨于白居易诗作成就斐然，还表达了深切的怀念——"文章已满行人耳，一度思卿一怆然"。这一句就是我们这一讲所选取的历史眼。白居易的成就和宣宗的态度，正是自唐太宗以来宽松、包容的政治和社会氛围的体现，这种氛围使得大唐从贞观之治走向开元盛世，影响深远，造就了杜甫、白居易等以揭露现实见长的著名诗人和他们流传千古的讽喻诗。

一、妇孺皆能吟诵：讽喻诗的命运

唐朝之所以能被称为盛唐，不仅仅是因为经济繁盛、国力雄厚，还因为宽大宏博的气度。白居易的名篇《长恨歌》的开篇第一句就是"汉皇重色思倾国，御宇多年求不得"。"汉皇"是代称，暗指的就是唐玄宗李隆基。这首著名长诗作于宪宗元和元年（806），距诗中提到的安史之乱已经过去了近五十年光景。白居易能够用诗歌评说、褒贬本朝皇帝，且并未因此获谴，正是当时相对宽松和包容的政治氛围的体现。

白居易创作丰富,他的其他作品,如《秦中吟》十首,直接讽刺时弊,批判社会不公,是典型的讽喻诗。第一首《议婚》,"绿窗贫家女,寂寞二十余。荆钗不直钱,衣上无真珠",说的是在攀高结富的风气下,贫家女难以出嫁的社会现实。第二首《重赋》,"奈何岁月久,贪吏得因循。浚我以求宠,敛索无冬春",揭示了老百姓承担的赋税太重的艰难处境。第三首《伤宅》,是对唐后期兴建豪宅的奢靡之风所做的抨击。第四首《伤友》,又名《伤苦节士》,"昔年洛阳社,贫贱相提携。今日长安道,对面隔云泥",是诗人对朋友之道今不如古的感伤。第五首《不致仕》,所谓"致仕",即官员到了一定年龄退休、退职,"七十而致仕,礼法有明文。何乃贪荣者,斯言如不闻?"古人平均寿命比今人要短些,七十岁已经是高寿,绝大部分人已经承担不了正常的工作了。这首诗讽刺的是很多官员年老体衰还贪恋权位,贪恋优厚的俸禄而迟迟不肯退休的现象。第六首《立碑》,唐朝盛行立碑,"铭勋悉太公,叙德皆仲尼。复以多为贵,千言直万赀",讽刺了文人卑劣的"谀墓"风气,对死人一味阿谀,因此我们在读唐人墓志时,会发现撰写者大多为死者隐去不利信息,而用华丽的辞藻粉饰其生平。第七首《轻肥》,"食饱心自若,酒酣气益振。是岁江南旱,衢州人食人!"揭露了江南遭遇大旱,饥荒遍野,导致人吃人的残酷景象,而专权的宦官却"水陆罗八珍",仍然过着腐朽奢靡生活的黑暗现实。第八首《五弦》,"嗟嗟俗人耳,好今不好古。所以绿窗琴,日日生尘土",谈时人追求流行却抛弃了典雅的古乐,感慨世风日下,人心不古。第九首《歌舞》,"日中为乐饮,夜半不能休。岂知阌乡狱,中有冻死囚?"诗人嗟叹朝贵无忧饥寒、醉生梦死,被迫沦为阶下囚的劳动人民却冻死狱中。第十首《买花》,

又名《牡丹》，所谓"一丛深色花，十户中人赋"，富人买一丛牡丹的价钱相当于十户中等人家的赋税，揭示了社会贫富之悬殊，暗喻普通民众的赋税之沉重。

这些诗揭露的都是社会黑暗面，却能广泛流传，"妇孺皆能吟诵"，说明这类作品并没受到严格的限制，也没有被禁断。再如"诗圣"杜甫的"三吏"、"三别"、《哀王孙》、《悲陈陶》、《哀江头》、《丽人行》、《悲青坂》、《观公孙大娘弟子舞剑器行》等，都属于讽喻诗，或讽喻弊政，或揭露战争给民众造成的巨大灾难，或揭露日益严重的腐败，或哀民间疾苦，不仅没有遭到统治者的封杀，其诗句的震撼力，反倒受到众多士人的肯定，人们争相传诵，影响深远。

唐朝宽松、包容的政治社会氛围不仅体现在对讽喻诗的宽松和包容上，还反映在政治和社会的许多方面。如在顶层统治集团中，许多著名官员和将领的民族成分比较复杂，少数民族占有相当大的比例，尤其唐初更是如此。甚至科举考试也对外国人（包括留学生）开放，参加科举考试的外国人中，以来自朝鲜半岛的新罗人和日本人为主。如新罗人崔致远，著有《桂苑笔耕》，于唐僖宗乾符元年（874）考取进士，及第后在唐做官多年。日本留学生阿倍仲麻吕，中文名晁衡（或朝衡），随日本遣唐使赴长安入太学，参加科举考试，进士及第后继续留在唐朝做官。他与大诗人李白、王维、储光羲等结为好友，酬唱往来，过从甚密。因误传他归国途中船覆遇难，李白特赋诗《哭晁卿衡》以表达悲痛之情："日本晁卿辞帝都，征帆一片绕蓬壶。明月不归沉碧海，白云愁色满苍梧。"还有随商船来唐的大食人李彦升，侨居中国多年，经推荐，于唐宣宗大中元年（847）参加科举考试并一举中第。

从政治层面看，唐朝历史上也出现过酷吏政治，主要是在武则天时期，发明了很多严刑峻法，打击甚至残杀政敌，包括大臣、公卿、贵族，甚至是皇亲国戚，但对民间政策还是相当宽松的，因此虽然内廷政争不已，但整个社会相对安定。

二、放妻书与放夫案

唐朝宽松、包容的社会氛围还可举一例，我们来看看敦煌文书中的放妻书。

20世纪初，甘肃敦煌莫高窟发现了大批4—10世纪的官私文书，按一件一号来计算，有六万多号，其中有十几件放妻书。文书中的相当一部分或者看不到纪年，或者没有标题，但仍然可以根据其内容判定时代，一般认为，这些放妻书出自唐朝，有学者认为也有部分是出自五代的。在敦煌地区，从唐朝到五代的社会风俗、社会氛围大致是一脉相承的，在很大程度上也是与中原同步的。

所谓放妻书，即离婚协议书，这十几件放妻书内容都大同小异，其中有一件文书比较典型，是这样写的：

> 凡为夫妻之因，前世三生结缘，始配今生夫妇。若结怨不合，必是冤家，故来相对。既以二心不同，难归一意，快会及诸亲，各还本道。愿妻娘子相离之后，重梳蝉鬓，美扫蛾眉。巧逞窈窕之姿，选聘高官之主。解怨释结，更莫相憎。一别两宽，各生欢喜。

文书表达的意思是，虽然我们结为夫妇是前生有缘，但是由于结怨不合，成为冤家，既然我们二心不能一起，那干脆各还本道。这位丈夫祝愿妻子在离婚以后重新梳妆打扮，展现最好的风姿，然后选聘给一个更好的人。而两人或者两家也不要因为离婚之事结怨，大家各走各路。最后一句尤其美妙，"一别两宽，各生欢喜"，故有人称之为"最美离婚书"。另一件放妻书中，丈夫鉴于离婚后的妻子没有生活来源，所以还写上再奉献娘子三年衣粮。总体上，放妻书都贯穿着好聚好散的精神。

不太为人所知的是，除了"放妻"，唐朝还有"放夫"之事。唐人范摅（877年前后在世）在其所著《云溪友议》中记述了大书法家颜真卿在江西临川任刺史时遇到的一桩放夫案。临川人杨志坚，早年家贫，虽勤奋好学，但一直未能得志，没能功成名就当上官。妻子认为依靠杨志坚无法过上富足的生活，对他失去了信心，便坚决要求和他离婚，迫使杨志坚写休书。杨志坚虽然百般不愿，也无可奈何，只好写了一首《送妻》诗表达壮志未酬、依依不舍的心情："平生业在琴诗，头上如今有二丝。渔父尚知溪谷暗，山妻不信出身迟。荆钗任意撩新鬓，明镜从他别画眉。今日便同行路客，相逢即是下山时。"虽然年龄见长，但杨志坚仍然一心向学，相信自己终究会成功，但也对妻子坚决要离婚表示了理解。其妻子拿着这首诗去见颜真卿，要求离婚改嫁。

颜真卿读此诗后，对此案做出了判决，判文题名为《按杨志坚妻求别适判》（《全唐文》卷三三七）。颜真卿在判文中对杨志坚遍览九经、诗学俱佳进行了充分的肯定和赞扬，并列举了历史上类似的事例。冀缺是春秋时期冀国人，当时大夫臼季见冀缺夫妇二人耕作于田间，生活贫苦却相敬如宾，于是把他推荐给晋文公，后来冀缺

唐三彩陶仕女骑马俑（美国大都会艺术博物馆藏）

成为晋国的执政大臣。朱买臣是西汉人，与杨志坚同样，虽然家贫但是酷爱读书，可惜四十岁仍然没有得到一官半职，靠砍柴为生，妻子崔氏起初还能相守，后来觉得无法忍耐便坚决要求离婚。朱买臣得到同乡人严助的帮助，最后步入仕途，做到会稽太守。某次途中遇见正在修路务工的前妻和她的现任丈夫，朱买臣便接他们到府中招待。崔氏后悔不已，上吊自杀。这个故事还有一种结局是，崔氏看到朱买臣发迹后，又想抛弃现任丈夫与他重修旧好，但是朱买臣以覆水难收表明缘分已尽。颜真卿在判文中列举了这两个事例，认为杨志坚的妻子嫌贫爱富、坚持离婚是"污辱乡间，败伤风俗"，判处责打二十大板，准其改嫁；同时赠予杨志坚布帛二十匹、米二十担，将他留在军府中任职，并把此事公之于众，让远近闻知。

史书上记载说，"自是江表妇人，无敢弃其夫者"（《云溪友议》）。这句话让人不禁推测，杨志坚一案之前，江表妇人是否多有抛弃丈夫者？

其实敦煌文书中的放妻书并不是官府留下来的真正的案卷，而是具有范本性质的样文，或者叫模本。虽然这批放妻书的存在并不能证明当时所有的离婚都如其温情脉脉、好聚好散，有可能更多的是势同水火、鸡飞狗跳，但至少说明女性离婚是受到尊重和保护的，女性是有选择权的，而且这种选择权在社会上相对比较普遍，也得到了认可。无论是放妻书，还是放夫案，都展示了唐至五代的社会氛围是比较开放的，女性的社会地位也相对较高。

三、"直辞咏寄，略无避隐"成就的政治遗产

唐朝社会的开放特质，一直为后世所仰慕，宋人就很感慨。宋

朝著名学者洪迈在《容斋随笔》中发表议论:"唐人诗歌,其于先世及当时事,直辞咏寄,略无避隐。至宫禁嬖昵,非外间所应知者,皆反复极言,而上之人亦不以为罪。"意思是唐人作诗,多讲当时事和先世之事,而宫闱当中的秘闻,本来不是民间所能知晓的,但诗人在诗句中却反复地说、极致地说。《长恨歌》和《琵琶行》都证明了洪迈的这种说法,既讲当下弊政,也涉及先世的皇帝,如"一度思卿一怆然"的唐宣宗,其七世祖即是玄宗皇帝。即便涉及玄宗情史和隐私时似乎也没有什么避讳,比如"回眸一笑百媚生,六宫粉黛无颜色""春宵苦短日高起,从此君王不早朝",讽喻的正是天宝年间玄宗的专宠与怠政。

洪迈所发的感慨最后一句尤为值得重视——"上之人亦不以为罪",就是表明虽然诗人在诗文中抨击朝政、揭露腐败黑暗,甚至议论皇帝的先祖先世,有大不敬之嫌,但仍然不会因此而获罪。唐宣宗甚至沉醉于白居易的名篇,"文章已满行人耳",对诗人的逝去思念不已,怆然涕下。唐朝的宏博,唐朝的开放,唐朝的大气,令人追慕。这一点也是唐朝给后世留下的独特、丰厚的政治和文化遗产的重要组成部分。

连昌宫词（节选）

元稹

开元之末姚宋死，朝廷渐渐由妃子。
禄山宫里养作儿，虢国门前闹如市。
弄权宰相不记名，依稀忆得杨与李。
庙谟颠倒四海摇，五十年来作疮痏。

  元稹虽为北魏宗室鲜卑族拓跋部后裔，但在诗词上的成就与白居易齐名，两人均是新乐府运动的倡导者。元和十三年（818），宪宗取得平定淮西藩镇吴元济叛乱的胜利，但诗人并未为此而庆贺，而是借连昌宫（皇帝行宫之一，故址在今河南宜阳）的兴废，追溯玄宗时代安史之乱给国家和百姓带来的灾难，以及唐朝由盛而衰的政治原因。元稹作这首诗时，正在贬所通州（州治在今四川达州）任司马，仕途的坎坷、国家的命运萦绕心头。诗人对历史和现实的深刻揭露与深入思考，使得《连昌宫词》与白居易的《长恨歌》具有同样的艺术感染力和广泛而深远的社会影响，堪称长篇叙事诗的经典，将新乐府演绎到极致，体现了新乐府运动"补察时政""泄导人情"的精髓。

第十四讲 "庙谟颠倒四海摇"：盛世之下的危机

无论是杜甫的"忆昔开元全盛日"，还是元稹的"白头宫女在，闲坐说玄宗"，都流露出一种遗憾，仿佛是对处在顶峰的大唐王朝国运陡转的叹息。唐朝由盛而衰，大多数人认为是安史之乱造成的，这当然是一个导火索，但实际上安史之乱爆发前，玄宗朝盛世之下已是危机四伏,元稹在《连昌宫词》中就描写了名相姚崇和宋璟去世、杨贵妃受到专宠、权臣李林甫和杨国忠执掌国政、蕃将安禄山坐大等对政局的影响。从安史之乱爆发（755）到唐宪宗登基（806）正好五十年，所以诗人感慨"庙谟颠倒四海摇，五十年来作疮痏"，一片残破景象。那么玄宗时期的繁华表象下到底有哪些危机？安史之乱又是如何爆发的呢？

一、何以"四海摇"：开拓与危机

玄宗热衷开拓疆土，将士热衷边功，征伐连年，所以鼎盛时期，大唐版图扩充至葱岭以西，但是边疆地区并不稳定。

玄宗时期，西北地区还是在唐朝有效的控制范围内的，东北地区却成为大患，因此才有安禄山、史思明等胡人将领的崛起和其势力的恶性膨胀。隋炀帝征高句丽、修运河，实际都与东北民族的崛起、东北格局的变化有关。而东北局势的变化，也在此后牵涉西北格局的变迁。

玄宗时期还有西南边患问题。在东亚大陆的各板块当中，西南地区是很独特的，山高水急，景观垂直分布，民族杂居，历史上没有形成过特别强大的力量和政权。三国时，吴国辖境大致包括今江苏、安徽南部，湖北南部，湖南、江西、福建、广东、广西大部，贵州东部等地区。生活在今天东南（江南和华南）和今越南社会主义共和国部分地区的民族，泛称"百越"，其中因社会动荡而逃散到山地的，被称为"山越"。东吴曾采取"迫山越出山"的举措，主要针对逃散到东南山地的越人，被迫出山的十几万山越人，充实了孙吴的兵源。东吴政权向西南的扩张也同样在进行，迫使西南百越或是进入平原地区，或是退向山地。这种历史现象一直在西南和东南地区交叠演绎，反映了西南民族和广大东部民族的进退关系。东部民族的政权势力强大的时候，他们就会往山地进逼，希望把山地山边的民众搜括出来，编入国家编户中，让他们承担赋税、徭役，增加国家可役使的劳动力和兵源。而受到压迫的少数民族有一部分会进一步往山上退。西南地区民族众多，本来是各有相对固定的聚居地，但往山上退后，区域越来越小，形成民族杂居的局面。

从政治影响和军事势力上讲，历史上的西南民族远逊于北方剽悍的草原民族，比不上西部青藏高原强大的吐蕃王朝，也弱于后来崛起的东北民族。历史上西南地区最强大的政权应该是统一了六诏以后的南诏政权。南诏虽然和唐朝的实力不能同日而语，但因为临近吐蕃，经常叛附不定，一时归附唐朝，一时又归附吐蕃，而且经常侵扰唐朝的西南部，曾进入成都掠夺金帛子女。

陈寅恪先生的名著《唐代政治史述论稿》下篇《外族盛衰之连环性及外患与内政之关系》论述了唐王朝与周边政权及民族错综复杂的关系。西南边患对唐廷的威胁，在唐玄宗时已经凸显。

南诏之兴起在7世纪以后，到天宝初年，势力强大。8世纪中叶至9世纪末，为东南亚一大国，北抵大渡河，东达今贵州遵义及广西西部，南至今越南、泰国北部，北及今缅甸北部。当地蛮语称王为"诏"，六诏即六个部落，其中蒙舍诏处最南边，势力最强，故称南诏。高宗永徽四年（653），南诏遣使朝参。开元时，皮罗阁灭其他五诏，玄宗册封其为云南王，建都大和城（今大理南），南诏正式建国。南诏处在吐蕃和唐两大强国之间，不得不依违两大强国之间。玄宗开元时，南诏与唐交恶，遂依附于吐蕃。天宝年间杨国忠率大军征讨，大败而归，且虚报战功，从而加剧了西南边患，致使唐末不得不派重兵戍守西南，防御南诏。但因屯戍桂州（今广西桂林）的士卒超过服役期限，久无更代，遂酿成兵变，从而揭开了唐末农民大起义的序幕，最终唐王朝在黄巢农民大起义的风暴中走向灭亡。所以《新唐书·南诏传》说"唐亡于黄巢，而祸基于桂林"，其实也指明了唐与南诏长期战争所产生的后果。

西部地区青藏高原的吐蕃人，在松赞干布时期建立了强大的吐蕃王朝，存续时间是7—9世纪。松赞干布迎娶了太宗宗室女文成公主，留下一段历史佳话。但吐蕃强大后，和唐朝发生了持久的争夺战，主要是争夺河陇地区和西域。玄宗时，采取主动出击的策略，取得一系列胜利。开元二十五年（737），吐蕃攻小勃律（今克什米尔北部），小勃律向唐告急。唐玄宗命河西节度使崔希逸率军深入吐蕃至青海西,大败吐蕃军。天宝六年(747),大将高仙芝远程奔袭依附吐蕃的小勃律,取得大胜;天宝八年,陇右节度使哥舒翰从吐蕃手中夺回双方反复争夺的战略要地石堡城(今青海湟源西南);天宝十二年,哥舒翰收取吐蕃倚为东进后勤基地的九曲之地,同时,大将封常清先后攻破大勃律(今克什米尔巴勒提斯坦)和西域东部要道上的播仙(今新疆且末)。玄宗朝对吐蕃战争的全面胜利,也是唐王朝达到极盛的重要体现,但对西部、西北地区的持续战争和不断开拓,使得日渐趋重的东北地区防务更加依赖安禄山等藩将,同时,连续的远程征战也耗费了大量的财力、物力和人力,加剧了社会矛盾。杜甫的《兵车行》、"三吏"、"三别"等诗文,就描述了玄宗朝的战争给百姓造成的沉重负担和痛苦,成为盛世的隐患。

可以说,玄宗朝虽然一派歌舞升平,但其实边患问题形势非常严峻。这是玄宗朝的一个主要问题。

与边疆问题相关联的另一个危机,就是地方对中央的威胁,也就是军事布局与节度使问题。

唐前期,整个军事布局内重外轻,中央控制着府兵,大量的军府集中在关中及周边地区。唐睿宗景云元年(710)始有"节度使"之名。景云二年,贺拔延嗣被任命为凉州都督充河西节度使,节度使遂成为正式官职。随着府兵制度的崩坏以及边疆形势的变化,长期服役的健儿逐渐取代轮番戍边的府兵。玄宗时,节度使制度逐渐确立,共设有平卢、范阳、河东、朔方、陇右、河西、北庭、安西、剑南、岭南(经略使)十节度使,即十个藩镇,相当于大军区。节度使也从单纯的军事长官,变为集军事权、行政权、财政权于一身的地方军政最高长官。其中,范阳(今北京地区,即古幽州)节度

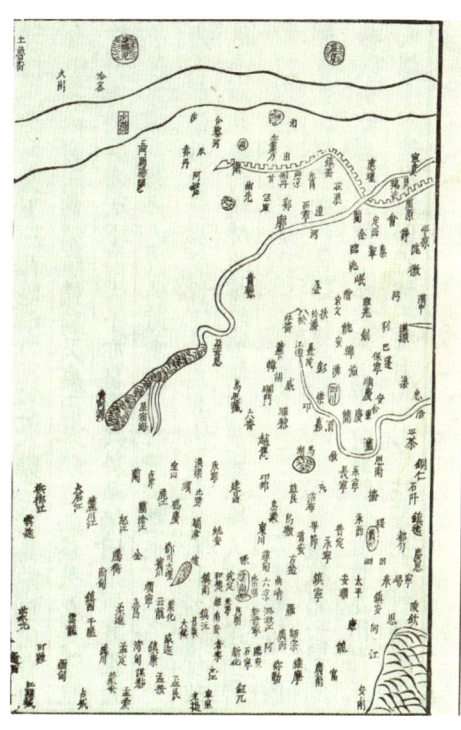

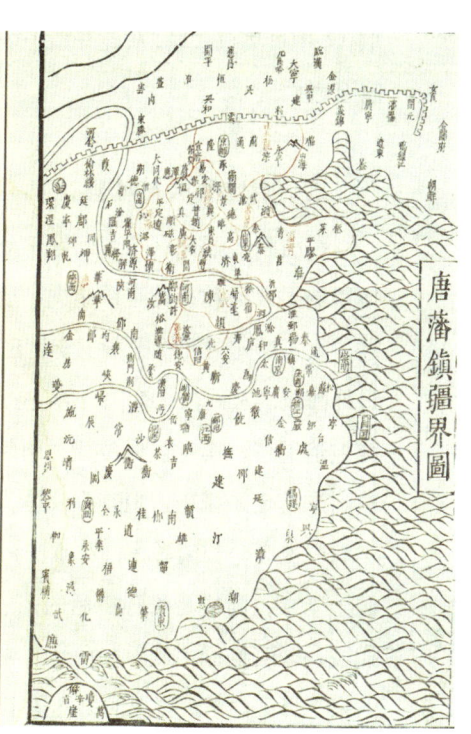

唐藩镇疆界图(《今古舆地图》,明刊本)

使辖有的兵力最多,这与东北边疆形势的需要密切相关,而安禄山身兼平卢、范阳、河东三镇节度使,权力的膨胀酝酿着野心与欲望的滋长,终于导致了安史之乱。玄宗被迫西逃南下入蜀避难,从而也丢掉了帝位。历时八年之久的安史之乱平定后,朝廷任命一批安史降将为节度使,内地也遍设藩镇,地方最高长官或为节度使或为观察使(地位低于节度使,没有军权),出现"天下尽裂于方镇"的局面。唐前期内重外轻的军事布局被中央与地方的反复博弈局面所取代，中央集权式微，从此开始了中央和地方一百多年的博弈与共存，直至唐亡。

二、帝位继承人问题

在唐朝，帝位继承人问题从建国初期就始终是个大问题，极大地影响了政局和总体政治走向。唐高祖李渊就没有解决好继承人问题，太子李建成和次子秦王李世民成为势同水火的两大集团的领袖，最终酿成"玄武门之变"。结局是太子李建成和齐王李元吉被杀，李渊被迫退位。李世民即位后，引领唐朝走向贞观之治，为此后盛世的到来奠定了基础。但李世民本人也没有解决好继承人问题，太子李承乾被废，长流黔州（今重庆），郁郁而终。嫡次子，即太宗的第四子李泰，同样是长孙皇后的儿子，也是太宗最宠爱的儿子，才华横溢，聪明绝伦，最后在宫廷内斗中被贬到远离京城的湖北。最终，太宗选择了性情最宽厚的第九子李治继承皇位，即唐高宗。

唐高宗的皇后就是武则天，加号为"天后"，与高宗共同执政，并称"二圣"。高宗去世后，武则天先后立自己的儿子唐中宗和唐睿宗为帝，自己则以皇太后的身份临朝称制，后来索性废掉儿子，自己称帝，改国号为"周"，建立武周政权。玄宗为睿宗之子，所以武则天是玄宗的祖母。

玄宗朝时，继承人问题也是几经波折。玄宗儿子众多，长子李琮在一次狩猎活动中伤了面部，可能因此影响了前途，没有被立为太子。次子李瑛，因其母赵丽妃失宠而遭到诬陷，与弟弟李瑶、李琚一同被废为庶人并被赐死。其间，还有后宫、权臣等裹挟于其中，在大统继承人问题上费尽心机。玄宗设置了十王宅、百孙院，召集儿孙住在一起，名义上是为了他们兄弟和睦友爱，实际是为防范太子、诸王与朝臣结盟，防范元老功臣居功干政。肃宗李亨是玄宗的第三子，为人小心谨慎，身边也没有外戚、权臣、宰相等政治势力的环绕，所以才被玄宗选中；但被立为太子后，仍然是惴惴不安，如履薄冰。如果没有安史之乱和马嵬驿之变，李亨是否最终能当上皇帝，还是个未知数。未可料知的皇位继承人，不仅使"宫斗"疑云重重，也使大唐的国运风雨飘摇。

三、权臣·宦官·腐败

朝廷的用人问题在玄宗朝后期也越发严重起来。玄宗开元十一年（723）改政事堂为中书门下，政事堂印也改为中书门下印，且于其后分列吏、枢机、兵、户、刑礼五房。实际上这一改动并非仅仅是机构名称的变化，而是改变了此前宰相为群体（唐初，中书、门下、尚书三省长官均为宰相，后朝官加"参知政事"等衔皆为宰相），于政事堂集体议政的格局，权力更为集中，因而出现了权相，如李林甫、杨国忠等。权相的出现，使得个人有了独断专行的可能，尤其是玄宗后期，怠于理政，一应事务皆由李林甫、杨国忠等外廷大臣处置。权相的个人好恶、行事方式和行政能力，往往会导致政局上的动荡和人事上的纠纷。如审视和处理盛世下的危机稍有不妥，也会改变政局的走向。杨国忠接替李林甫任相后，一人身兼四十余使职，大权独揽。他借口南诏依附吐蕃，大举南征，结果损兵数万，大败而归，却谎报军情，虚报战功。杨国忠既无李林甫压服安禄山的管制能力，又对东北边防的局势缺乏大局观，却贸然对安禄山加以制裁，激化了潜伏酝酿已久的矛盾，最终引发了安史之乱。

宴饮图（转引自申秦雁主编《神韵与辉煌——陕西历史博物馆国宝鉴赏·唐墓壁画卷》，三秦出版社2006年版，第224—225页）

除了权相独断，朝廷人事上的另一个严重问题就是宦官专权。这是唐朝后期最重要的政治现象之一，可以说影响甚至左右了唐朝后期的政局。宦官从内宠走向专权，"始于明皇，盛于肃、代，成于德宗，极于昭宗"（《资治通鉴》卷二六三）。太宗时，规定内侍省"黄衣廪食，守门传命而已"（《资治通鉴》卷二一〇），官不得过三品，不得与闻政事。而玄宗朝，宦官人数激增至三千人，也打破了不置三品的规定，衣绯（四、五品）、紫（三品以上）者竟达上千人。大宦官高力士，四方表奏，均先行预览，再呈玄宗，小事可专断，大事方由玄宗裁决。宦官出使监军，也是自玄宗朝始，而且，监军使权力甚至大过节度使。安史之乱后，大宦官李辅国凭借拥立之功，掌握了军权（判元帅府行军司马事）和行政权，派往各道的监军使也在肃宗朝始由宦官专任。此后，宦官陆续掌控了禁军权、内财政权、行政权等，形成专权的局面。宦官逐渐成为政治舞台中的重要力量，应该说玄宗朝是关键的转变期。

开元年间一片莺歌燕舞的盛世景象，唐玄宗励精图治的英气竟消磨殆尽，整天沉湎于享乐，春宵苦短而不理朝政。皇帝贪图安逸，并在宫中频繁举行大规模的宴会，也影响了整个宫廷内外的风气，各级官吏上行下效，追求奢靡，广占良田，大建豪宅，所以腐败问题在玄宗时期成为严重的政治与社会问题。

在讲开元、天宝的盛世景象时，我们也提到在一些制度的演变上，玄宗朝其实是一个过渡时期，所以同时也呈现出制度的滞后和紊乱。与以上各种问题相关，无论是政治制度、军事制度还是财经制度，都面临着调整和改革，这就会触动不同的利益集团，也会在决策上有所反映。玄宗时期进行的体制调整与改革措施，有的短平快，立竿见影，有的并不成功。而社会财富的巨大积累，日益向皇室、贵族、官僚、富商等利益集团集中，加剧了贫富分化，加深了社会矛盾，盛世之下危机的爆发已经不可避免。

长恨歌(节选)

白居易

渔阳鼙鼓动地来,惊破霓裳羽衣曲。
九重城阙烟尘生,千乘万骑西南行。
翠华摇摇行复止,西出都门百余里。
六军不发无奈何,宛转蛾眉马前死。
花钿委地无人收,翠翘金雀玉搔头。
君王掩面救不得,回看血泪相和流。

《长恨歌》是白居易最著名的长篇诗歌。唐宪宗元和元年(806),诗人任京兆府盩厔(今陕西周至)县尉,与友人同游县境内仙游寺有感而作此诗。相传春秋时期秦穆公之女弄玉与萧史的爱情故事就发生在这里,最终两人双双成仙飞升而去,故有"仙游"之名。唐玄宗因安史之乱奔蜀,"千乘万骑西南行"的途中,虽没有路经盩厔,但盩厔距马嵬驿不过几十公里,诗人借仙游而作《长恨歌》,是对玄宗朝发生安史之乱,由盛而衰,玄宗与杨贵妃的爱情以悲剧告终而生发的哀叹、感慨、讽喻。诗的后半段描述的是道士帮助唐玄宗寻找杨贵妃,充满浪漫色彩,但结尾一句"此恨绵绵无绝期",同时昭示了诗人对玄宗朝无可挽回的历史悲剧的判定,彰显了诗人现实主义的批判精神。

第十五讲 "渔阳鼙鼓动地来"：东北亚格局的变迁

在讨论唐朝宽松的政治氛围时，我们引过《长恨歌》的第一句"汉皇重色思倾国，御宇多年求不得"，这句诗点出了诗人指出安史之乱发生的一个重要乃至关键的原因，即君王沉湎女色，惰于朝政。这一讲我们则选取"渔阳鼙鼓动地来，惊破霓裳羽衣曲"作为历史眼。渔阳就是今天的北京地区，为什么安史叛军能从此起兵，横扫河北，直达两京，迫使玄宗西逃，惊破了他沉湎于其中的《霓裳羽衣曲》呢？其历史大背景就是东北亚地区格局的变迁，即清代学者赵翼所指的"地气之变"。

一、"禄山宫里养作儿"：东北御边与安禄山的崛起

安禄山和史思明都为胡人，从中亚辗转流徙到营州（今辽宁朝阳）。安禄山通六蕃语，与史思明同为"互市牙郎"，即互市贸易的中间人。从军后屡建功勋，升任营州都督，后来唐要全力对付吐蕃，便把东北地区对已经崛起的奚及契丹的防务完全交给安禄山。他则利用统治阶级上层的内部矛盾，积蓄实力。虽然是胡人，安禄山却使尽浑身解数博取到了玄宗的信任。他不惜认年龄小他十几岁的杨

贵妃为母（干妈），进宫觐见玄宗时，也是先拜贵妃娘娘。玄宗也借机极力笼络安禄山，希望他能维系东北边境的安定。

安禄山的崛起与逐渐坐大，亦有更深刻的地缘格局变迁背景。

古代中国位于大的东亚板块上。东亚大陆是相对独立的地理板块，即亚洲东部的简称，包括今天的中国、日本、韩国、朝鲜和蒙古共五个国家。地势西高东低，呈四级阶梯，东面向太平洋，并有一系列呈内弧形的岛屿群。东亚大陆的地理板块可以分为六大区，东部地区是核心地区，其他地区，即北部、西北、东北、西南和西部。就东亚大陆板块而言，东北地区即东北亚，比今天中国东北三省的地域更大，东面隔库页岛与鄂霍茨克海和日本海相望，南端隔朝鲜半岛与黄海、渤海相邻，西面是大兴安岭和内蒙古草原，北面跨越黑龙江到达外兴安岭及以北地区，也是相对独立的地理区域。东北亚格局的变化，并不仅限于这个地区内部，而是与东部地区（中原王朝）和北部地区（草原游牧民族和政权）的变化密切相关，甚至会受到西北地区的民族格局及其政治军事力量变化的影响而发生连锁反应。

唐朝东北边境的地理概念并不等同于东亚大陆的东北地区，因为唐的控辖区域是有变化的。高宗时，唐与新罗联合灭高句丽（高丽），设安东都护府于平壤，后因吐蕃的崛起与东进，重心仍然在西北的唐朝，无暇在东北投入更多的军事力量，只能采取守势，控辖区域逐渐收缩，遂将安东都护府移至今天的辽宁辽阳，后又移至今辽宁抚顺，玄宗开元时又移至今河北卢龙，天宝年间遂废置。这期间，渤海国的崛起削弱了唐对辽东地区的控制。取代安东都护府负责东北边防重任的是营州都督府，其治所因契丹叛唐被迫南迁，武则天时期曾一度侨治渔阳（今天津蓟县），玄宗开元五年（717）还治柳城（今辽宁朝阳）。足见唐朝东北边境是逐渐内缩的，玄宗时已经内缩至今北京和辽宁的西南部，不仅处于多民族的杂居状态，也成为各种势力争夺的战场。

到了天宝末年，安禄山一人兼平卢、范阳、河东三镇节度使。平卢节度使治所在今辽宁朝阳，此后辖区和权限逐渐扩大，取代了原营州都督的地位，是唐控辖东北边疆的重要军政长官，辖兵3.4万。范阳节度使即幽州节度使、卢龙节度使，治所在今北京，控辖河北地区，辖兵9.14万，是当时天宝十节度使中兵力最多的。河东节度使主要是为防御突厥而设置，治所在今太原西南晋源，辖兵5.5万。叛乱爆发前，安禄山的管辖区域从山西以东到辽西，担负防御北境的突厥、东北边境的契丹和奚等重任，统领蕃汉兵十几万，不仅成为一个强大的军事集团，还具有雄厚的经济力量。安禄山"于范阳北筑雄武城，外示御寇，内贮兵器，积谷为保守之计，战马万五千匹，牛羊称是"（《旧唐书·安禄山传》）。安禄山又遣商贾到各道贸易，每年收利润可达百万。755年，安禄山与史思明起兵叛乱，史称"安史之乱"。叛兵横扫河北，攻陷洛阳，进逼潼关，长安震慑，玄宗被迫仓惶西南逃。太子李亨北上灵武，在群臣拥戴下即位。八年时间才最终平定叛乱，玄宗丢掉了皇位，大唐国运也由盛而衰。

二、"九重城阙烟尘生"：爆发安史之乱原因的多重视角

关于安史之乱爆发的主要原因有多种说法。

第一种观点，即胡汉之间的矛盾促发了胡将叛乱。南北朝以来，源自今甘肃张掖昭武地区的民族迁居中亚后分出康、安、曹、石、米、

何、火寻、戊地、史九姓，被称为"昭武九姓胡"。安禄山和史思明即出身九姓胡。这些九姓胡人又陆续进入中原地区，不少人入朝为官，武将较多，他们与汉族官员之间会产生一些文化和价值观上的隔阂，乃至引发权力争夺。

第二种观点，即安禄山的野心和欲望最终导致叛乱的发生。有人认为安禄山虽然身兼三镇节度使，但他得陇望蜀，觊觎使相之头衔，即领宰相衔的节度使，这是节度使的最高荣誉头衔。自玄宗开元时，为笼络各藩镇，朝廷或以赐给节度使宰相头衔，如中书令，或以朝臣加"平章事"头衔出任节度使，称"使相"。但因杨国忠阻挠，玄宗只给了安禄山一个尚书左仆射的头衔，导致他心生怨恨，成为其发动叛乱的重要动因。

第三种观点，即杨国忠处置不当，促使安禄山反叛。杨国忠与安禄山是有个人恩怨的。杨国忠是杨贵妃的族兄，在李林甫死后接任了宰相。李林甫在史臣笔下形象不佳，成语"口蜜腹剑"就是形容他的。李林甫执政期间打击了一批忠良及有文学才能的词臣，还被指结党营私，施展阴谋诡计。但是他行政能力强，掌控得了大局，安禄山对待李相从来是小心谨慎，不敢轻举妄动。李林甫死后，安禄山对靠裙带关系一路升迁的杨国忠并无畏惧之心。杨国忠则屡次向玄宗建言，称东北（河北）藩镇已经坐大，安、史野心昭著，迟早要反，不如早早采取措施。玄宗也想一查究竟，于天宝十二载（753），派中使（宦官）辅趗琳去探查实情，而辅趗琳收了安禄山的丰厚贿赂，回朝后只言好话，缓解了玄宗的戒备之心。为牵制和防备安禄山，杨国忠还特地奏请由陇右节度使哥舒翰兼河西节度使。陇右节度使辖兵7.5万，河西节度使辖兵7.3万，军事实力足以与安禄山抗衡。杨国忠又建议玄宗召安禄山进京，预言他一定不肯和不敢赴京。不料安禄山于天宝十三载赴京朝见，还乘机向玄宗哭诉说杨国忠因他为胡人而受到玄宗宠信，有杀他之心。返回河北后，安禄山对待朝廷的使者傲慢无礼。天宝十四载，杨国忠以安禄山反状已显，命京兆尹围其在京宅邸，捕其客人李超，密杀之。安禄山在京任检校太仆卿的长子安庆宗遂将此事密报于他。在杨国忠的建议下，借口为安庆宗赐婚，唐玄宗又召安禄山进京观礼。这次安禄山知道凶多吉少，便声称有病不肯前来。当年（755）年末，安禄山即借口得玄宗密诏，入朝讨伐杨国忠，自范阳起兵叛乱。虽然安禄山叛乱早有预谋，并一直在积极准备，但他因玄宗和杨贵妃待他不薄，有传言说他并不打算在玄宗在世时谋反。因此有人认为杨国忠无李林甫驾驭和控制安禄山的能力与威望，进退失据，使矛盾激化，是促成安史之乱提前爆发的原因。

第四种观点认为是玄宗长期懈怠朝政，边疆节度使得以坐大，安禄山、史思明势力才有了恶性膨胀的机会，这是他们反叛的基础。

其实上述四种观点陈述的都是事实，都可视为安史之乱爆发的原因。不过在这里，我们将视野拓宽，去审视整个东北地区格局的变化与安史之乱爆发之间的关系。

三、地气盛衰之变

清朝学者赵翼曾说："地气之盛衰，久则必变。唐开元、天宝间，地气自西北转东北之大变局也。"（《廿二史札记·地气论》）开元、天宝间，正是安史之乱爆发的这段时期，所以赵翼看到了唐中叶政治大格局的变化，而且把这种变化归结为地气之变。当然我们不能把这种变化归结为时运、气运,而需要具体分析。

东亚大陆板块的几大区域中,应该说随着时间的推移、历史的演进,东北地区的地位越来越显著、越来越重要。东北地区气候寒冷,林莽丛生,白山黑水间夹杂有大片沼泽地。隋唐以前,这一地区没有出现过类似北方草原上的拥有集中而强大的政治、军事力量的政权。这是因为生活在此处的部族,受气候条件和地形所限,经济生活分散,主要以小规模的渔业、狩猎、农业为主。当北方草原民族由大漠自西向东发展,即由阿尔泰山向兴安岭以西地方推进时,他们和东北民族才有了密切的联系。

隋唐时期,东北地区及跨东北、北部地区活跃的民族有靺鞨、高句丽、渤海、奚、契丹等,大多被归于东胡族。"东胡"称谓始于先秦,汉朝时,中原人把活动在北方草原匈奴(胡)之东的部族,皆称为"东胡"。有一种说法认为,东北各部族可能有相当一部分是从北方草原东迁或者由南部北迁而来。

当时靺鞨族分为数十部,最为强大的是居于南部(今北起松花江上游、南至长白山一带)的粟末和居于北部(今黑龙江中下游直至东海岸)的黑水两部。武周圣历元年(698),粟末部首领大祚荣建立政权,自称"震国王"。唐玄宗册封大祚荣为"渤海郡王",此政权乃称"渤海国"。其疆域北至黑龙江,南至朝鲜半岛北部,西至今吉林西部,东越乌苏里江至东海之滨,文物典章、一应制度多仿效唐朝,被誉为"海东盛国"。渤海国和唐朝始终保持着良好的关系,后唐天成元年(926)为契丹所灭。

对唐朝东北边境构成最大威胁的是契丹和奚。契丹是发源于西辽河流域(大兴安岭南麓和燕山北麓夹角地带)的游牧民族,最初

唐·阎立本《职贡图》局部（台北故宫博物院藏）

臣属于突厥。唐初，中央曾遣使迫其内附，但其时常侵扰唐边境。武后时，契丹不堪唐边将侵辱而发生叛乱。武后到玄宗朝，契丹叛附不定，并曾联合奚共同反唐。双方多次交战，互有胜负。玄宗委任安禄山镇守东北，主要就是防御契丹和奚。唐末、五代时，契丹乘乱兴起，势力从辽河流域扩及漠北，成为中原王朝最大的威胁。

奚或可说与契丹同源，也是发源于辽河流域的古代东北民族。奚人的居住地西、南接汉境，东、北邻契丹。隋末唐初，奚人扩散到今山西、河北北部，臣服于突厥。唐太宗贞观四年（630），突厥汗国灭亡后，奚内附于唐。玄宗朝时，奚与契丹势力相当，并称"两蕃"，河北诸镇不少将领亦为奚人。奚人的侵扰以及与契丹的联合反唐，是唐东北边患日趋严重的主要原因。耶律阿保机建国后，奚人遂臣服于契丹。

契丹、奚的发展轨迹和其在唐朝时活动的主要范围，都是辽河流域，渤海国也偏居东北地区的东南，这是因为辽河中下游地好水好，气候也非酷寒。中国历史上的东北地区民族关系很复杂，但无论哪一方控制了辽河中下游，也就掌握了与中原地区博弈的主动权。自秦汉到隋唐，中原王朝的重心和中心都偏西北方，很长时间以来东北民族对其都未构成太大威胁。隋统一南北后，重新建立起大一统的中央集权的政权，东北地区的重要性就逐渐凸显。契丹和奚的崛起对隋唐王朝构成了越来越大的威胁，东北地区的防御对重心和中心都悬远在西北的中央王朝也越来越重要。

中原是隋唐两朝的腹心，为了保护腹心之地，两朝都非常注重打造两翼。所谓两翼，就是向西北延伸和东北延伸，像一只大鸟张开的两扇翅膀。西北一翼打造得很成功，唐王朝的控辖范围已经延伸到咸海。这一翼面对的主要敌人是北方草原民族。因为中原王朝始终不能够征服、占领北方草原，所以只能把他们赶出漠南。但是很快新的力量又从山间下来了，又不断积聚势力，逐渐强大。要想解决北方草原民族对中原王朝造成的威胁，必须两翼齐发，从东北和西北两个方向对其夹击，虽然未必能彻底解决问题，但至少可以遏制其南下。但当东北民族逐渐兴起，有不断南下和西进的趋势，而北方游牧民族活动及南下的路线也在东移时，中原王朝不管是定都长安还是实行两都（京）制（长安和洛阳），都只有解决了东北边患问题，才能真正实现两翼齐飞的战略目标。但这并不是简单就能实现的。

安禄山和史思明的坐大，与东北形势逐渐严峻、防御任务日益趋重有密切的关系。安禄山和史思明因通多种民族的语言，善于笼络和控制杂居东北地区的不同民族，其属下最精锐的亲兵部队号称"曳落河"（壮士），主要就是由契丹人和奚人组成，因而为唐玄宗所倚重。所以他们在作为节度使维护边境稳定的同时，也得以利用中央的倚重和远离京师及关中的地理优势，乘机扩大势力，野心和欲望也随之膨胀。最终，与中央政府着力抑制藩镇意图相违背，安史之乱爆发。这场动乱既是东北亚格局变迁所导致的结果，同样也加速了这一趋势。

隋、唐、五代乃至宋，都是东北亚格局变动的关键历史时期。从隋和唐初的进攻态势，转为武则天至玄宗朝的内缩和退守，再到安史之乱后的失控，最后是五代时期后晋石敬瑭为换取契丹的援助，将幽云十六州（今北京、天津北部，以及河北北部地区、山西北部地区）割于契丹。此后从东北地区南下的民族进攻中原王朝一马平川，已无长城、燕山等人为和自然障碍的阻隔，东北亚格局变迁进入新的历史时期。

再来回味《长恨歌》，我们应该可以更深刻地理解悬远在渔阳的"鼙鼓"动地而来，为何会惊破西北都城飘飘欲仙的《霓裳羽衣曲》了吧。

肆

少年行·其二

李白

五陵年少金市东，银鞍白马度春风。
落花踏尽游何处，笑入胡姬酒肆中。

诗人李白曾在朝野间辗转，玄宗朝中三进长安（于安史之乱前），既经历过穷困潦倒之窘境，也享受过供奉翰林之佳时。对长安的风物民俗，李白有深刻的体验和感受。这首诗描写的是京都权贵子弟"笑入胡姬酒肆中"的恣意与潇洒。"胡姬"，一般是指来自西域的美丽女子，她们无疑是长安一道时尚的风景线，难怪为五陵年少所追捧。李白另一首诗中的"胡姬貌如花，当垆笑春风"（《前有一樽酒行二首·其二》），也同样反映了玄宗朝国际大都市长安城内外来民族尤其是胡人众多、胡风炽盛的景象。

第十六讲 "落花踏尽游何处"：胡人、胡风与胡化

李白的《少年行》这首诗，点明的场所是"金市"，人物为"五陵年少"，可知描绘的仍然是长安城。这一讲我们选取的历史眼在最后一句："落花踏尽游何处，笑入胡姬酒肆中。"作为国际性大都市，在长安，胡人是随处可见的，他们的语言风俗浸透进长安社会生活的各个层面，影响到各个阶层。《旧唐书·舆服志》载：开元以来，"太常乐尚胡曲，贵人御馔，尽供胡食，士女皆竞衣胡服"。可见胡风之炽盛。这一讲，我们就来了解唐朝的胡人、胡风和胡化。

一、谁是胡人：血统融合的时代

在中国的史书里，"胡人"最早是指中国北方蒙古高原上的游牧民族。秦汉时期匈奴就被称为"胡"，匈奴也自称为"胡"。据《汉书·匈奴传》记载，匈奴的单于遣使送给汉的国书里就写有"南有大汉，北有强胡"，即认为自己是很强大的胡族。渐渐地，胡人的内涵就被扩大了，用来泛指中国北方、西北甚至更远的西方外族，成为外国人的泛称。

在古代中国，内陆和北方草原民族以及西北西域诸民族之间，

唐三彩釉陶武官俑（西安博物院藏，转引自国家文物局编《丝绸之路》，文物出版社2014年版，第240页）

有着频繁而密切的交往，胡人、胡风因此才会频繁出现在李白等众多诗人的作品中。比如，王昌龄的名句"但使龙城飞将在，不教胡马度阴山"，这里的"胡马"当然是胡人骑的或产于胡人居住地的马，指的还是胡人。再如岑参的《胡笳歌送颜真卿使赴河陇》中"君不闻胡笳声最悲，紫髯绿眼胡人吹""胡人向月吹胡笳""胡笳怨兮将送君"等句，虽然重点是胡人的乐器胡笳，但明确描绘了胡人的模样是"紫髯绿眼"。

这些频繁而密切的交往，当然一个突出的方面是战争，比如王昌龄的那句诗的背景就是汉朝与匈奴的战争。战争之外的和平交往则内容丰富，包括经贸往来、文化交流、相互通婚等。

李白，就有人说他出生于碎叶，也就是吉尔吉斯斯坦的托克马克的驿站，所以属于胡人；但也有人考证李白的祖籍是今天的甘肃省，隋末时李氏先人流徙到碎叶，李白幼年时又随父亲迁居四川。无论哪种说法为真，李白的幼年经历可能都与"胡"有密切关联。在隋唐两朝，李白这样的出身并不特殊。尤其在京师，胡汉杂处、通婚，以致玄宗时东城老父要慨叹"长安中少年有胡心矣"（宋·李昉《太平广记·东城老父传》）。胡汉交融，可以说最直接的体现就是血统的融合。

建立隋朝的隋文帝杨坚，虽然号称自己是东汉名臣杨震的后代，但是中间族系并不清楚，也就是杨氏自排的家谱有很大的缺环。而隋文帝的独孤皇后出自鲜卑，虽然也有记载称独孤家族是汉宗室的后裔，后来流落到北方，但有学者考证后认为这是一种冒称。

李唐家族一直宣称自己出自魏晋以来的传统豪门大族赵郡李。李渊的母亲和隋文帝的独孤皇后都是北周重臣独孤信的女儿，都属鲜卑人。李渊的皇后窦氏，其母为宇文氏，也是鲜卑人，因此李唐皇族的母系属于胡族。而唐太宗李世民的皇后是长孙皇后，有一种说法是长孙皇后出自鲜卑的拓跋氏，当然也有一种说法是出于中原，有学者认为出于鲜卑拓跋氏的可能性更大一些。

那么李唐皇族的父系是什么情况呢？陈寅恪先生指出，李氏的先人有两个人，一个名叫李初古拔，一个名叫李买得，汉姓而鲜卑名。所以陈寅恪先生说李唐皇室之祖，或是汉人被赐予鲜卑名，或是鲜卑人被赐以汉姓，总之族属不详。到底胡兮汉兮？莫衷一是，似乎没有统一的结论。

再往前追溯历史，北魏孝文帝是鲜卑拓跋氏，原名拓跋宏。在北魏统一中原后，他为了更好地统治中原地区，积极进行了一系列改革，核心是推行汉化。重要的汉化措施之一就是把鲜卑族惯用的复姓普遍改为汉族单姓。如皇族拓跋氏就改姓元，宣称本族是黄帝的后裔。拓跋鲜卑有八大部落，实际是八大贵族，都改为汉姓，分别改为穆、刘、陆、贺、楼、于、嵇、尉氏。

据地方志记载，民间流传甚广的巾帼英雄穆桂英，据说就是慕容氏，属于鲜卑族的一个部落。唐初名将尉迟恭（尉迟敬德），因为立了大功位列凌烟阁二十四功臣之一，图像被画在凌烟阁上，他实际上是胡人血统，也是鲜卑族。我们现在还经常看到民间盛行的贴门神，将尉迟恭作为门神，与秦琼（秦叔宝）并列贴在大门上，希望借助他们的武勇，能起到镇宅和保平安的作用。我们曾经提到的安禄山、史思明所出自的"昭武九姓"，实际上就是中亚粟特人，是以中短途贸易为主的族群。因此，如果现在姓穆、刘、陆、贺、楼、于、嵇、尉，或者姓康、安、曹、石、米、何、史的人，祖先都有可能是有胡人血统的。今天的汉族,部分人的祖先就是来自北方、西北的少数民族,胡汉融合的后裔则更多。

当然还有其他地方的不同民族,如安史之乱时守潼关的将领高仙芝,后来遭宦官边令诚陷害被杀,他是高句丽人。再如平定安史之乱的朔方军的一员骁将叫仆固怀恩,是疏勒人,属于西域的一个部族。还有中兴第一功,即平定安史之乱位居首功的李光弼,唐朝最精锐部队西北朔方军的统帅,是契丹人。可以说这是一个民族大交融时期,不同血缘和族属的交融是普遍现象。统治集团本身血缘关系的交错和多民族的性质,也使得唐朝从观念上、民族成分上,以及各项制度和措施上都更具开放性和兼容性,这也是唐朝之所以被称为开明盛世的原因之一。

二、日常:胡食与胡服

开元、天宝时期胡风尤盛,国都长安城乃至洛阳、扬州、广州几有全盘胡化之嫌。首先是因为这些城市中聚集着大量的胡客,这样,胡食首先不可避免地流行起来。所谓胡食,就是对中原地区汉族人民传统的饮食结构及饮食习惯产生影响的外来食物。《旧唐书·舆服志》云"开元以来……贵人御馔尽供胡食"。如饆饠(或吉饽饽)、烧饼(无芝麻者)、胡饼(有芝麻者)等,这些胡食在民众中都很流行。安史之乱中,玄宗逃亡到咸阳的望贤宫,无物可吃,杨国忠于是自购胡饼献给玄宗。唐朝新引进的蔬菜品种有莴苣、菠薐菜(菠菜)、甜菜、西瓜、胡萝卜等。调料中的胡椒、胡葱等都来自域外。

西域龟兹的葡萄酒在汉魏之时已进入中国,唐破高昌之后,得其所产马乳、葡萄及酿酒之法。唐太宗更亲自调配,制成八色,京

唐彩绘泥塑骑马仕女俑（美国大都会艺术博物馆藏）

师人始食其味。随着葡萄开始在各地推广种植，葡萄酒也成了各地酒肆中的上品。波斯产的"三勒浆酒"——由庵摩勒、毗黎勒、诃黎勒制成，其酿造方法也传入中原，成了极为名贵的饮料，可惜其原料及酿造方法均已失传。唐长安西市及城东、曲江一带颇多胡姬所设酒肆，充满异域情调，成为一般学子、士大夫宦游者和京城年轻人买醉之所，所以才有了李白的这句"落花踏尽游何处，笑入胡姬酒肆中"。

烧酒始于何时，众说纷纭。烧酒是蒸馏酒，制作关键是蒸馏器。过去一般认为蒸馏器是阿拉伯人研究炼金术时发明的，而蒸馏器在元朝时从阿拉伯输入，所以元朝的阿剌吉酒即烧酒。但现在从文献及最新考古成果看，辽朝及宋朝均已有蒸馏器，唐诗中也不乏白酒之类烈性酒的记载，因此有学者认为中国烧酒的制作至少可以追溯到唐朝，但其制作技术也属于舶来品。

胡食的引入，首先是满足了外来胡客的饮食需求，其次丰富了唐朝的食品种类，使唐朝餐饮业有着浓郁的多元文化因子。

胡风在唐朝人日常生活中的另一个显著体现，就是衣装。唐朝人衣装大致分常服和法服。常服又称公服，是日常生活和公开场合穿的服装；法服即礼服。太宗时，长安市民流行"胡着汉帽，汉着胡帽"（唐·刘肃《大唐新语·从善》），胡汉几乎浑然不分。太宗所废太子承乾，日常即着胡服、住穹庐（帐篷），说明上层乃至皇室人士都追逐胡风。当时贵族妇女骑马者多着幂篱，即笠状帽，帽檐四周下缀布帛，长可过膝，以遮盖头部和全身，据说是从西域传入的风俗。高宗以后贵族妇女则多着帷帽，类似幂篱，但下缀布帛或网纱长仅至脖颈，类似现在的风帽。或用披肩、长窄袖，仿效的是古代波斯和吐火罗（中亚和今新疆地区最初的定居族群）的服饰。玄宗以后流行的着胡帽，劲装露面不再障蔽，应效仿的是西域和吐蕃的风俗。士庶之家又竞相仿效，帷帽不再流行。安史之乱后，时人又多兴回纥装、两高髻、吐蕃装。白居易的诗《时世妆·儆戎也》："时世流行无远近，腮不施朱面无粉。乌膏注唇唇似泥，双眉画作八字低""圆鬟无鬓堆髻样，斜红不晕赭面状"，结果是"妍媸黑白失本态，妆成尽似含悲啼"。这首诗写的即是宪宗元和时长安城妇女中流行的时妆，是源自吐蕃的风尚。这是妇女的风尚。男子则普遍着短衣、皮带、皮靴、裤子。五代后蜀花蕊夫人有"明朝腊日官家出，随驾先须点内人。回纥衣装回纥马，就中偏称小腰身"（《宫词·其一〇七》）的诗句，说明至少在晚唐五代时，回纥装也曾流行一时。敦煌莫高窟的壁画、雕塑以及墓葬出土的唐俑中有大量胡人汉服、汉人胡服的形象，表现了胡汉交融的情景。

三、建筑与起居

中国古建筑中的楼、台、亭、榭、轩、坊、殿、堂、廊等，都是出自中原的建筑形式。最能体现胡风的，应是随佛教传入中国的与宗教有关的建筑物，如石窟、塔、塔窨（地宫），受古代印度影响很深。尤其是塔，随着佛教东来，一路糅合各地的文化因素，成为唐朝建筑物中唯一不是原产而又最流行的建筑形式。现在我们所能看到的塔，主要有五种形式：窣堵坡式（冢形）、金刚宝座式、庭式、单层密檐式、楼阁式。前两种来自古印度，并流行于晚唐，在敦煌石窟的北周壁画上可以看到中国最早的金刚宝座塔造型。后来，塔在造型、材质、形制、布局等方面都逐渐中国化了，所以后三种都是中国风格，用于木质塔。唐朝建于长安城内的大、小雁塔，经历代改建、修缮，逐渐由印度的窣堵坡形制（圆冢）演变为具有中原建筑特点的砖仿木结构，成为可登临的楼阁式塔，正是古印度佛教建筑艺术传入中国并逐渐中国化这一过程的具体体现。此外，唐朝很多建筑明显吸取了西亚的风格和某些形式，如玄宗曾起凉殿，"四隅积水成帘飞洒，座内含冻"（宋·王谠《唐语林》卷四），权臣王鉷宅内亦有"自雨亭"（《新唐书·王鉷传》）。这种自喷泉建筑发明于拂菻国（东罗马），后传入中国，成为唐朝皇室贵族追逐的时尚。

起居方面，胡床对中原汉族有很大的影响。胡床，源于北方游牧民族随身携带的马扎，可折叠挂在马鞍上，取用方便，坐下时可避免草原的露水打湿衣裤。有种说法是胡床是交椅的前身，"今之交椅，古之胡床也"（宋·张端义《贵耳集》）。敦煌石窟中的北魏和西魏的壁画上，已经有了坐在椅子和凳子上的人物像。唐及五代，椅子的使用逐渐多了起来。家具的变化正是人们生活习惯变化的反映，唐朝可以说是人们从跪坐（榻）向立坐（椅）转变的重要时期。我们现在的坐姿一般采取大腿平搁在齐膝高的椅子上，双膝弯曲，小腿下垂，足可蹬地，这种坐姿古时即称"胡坐"，正是从北方游牧民族那里传过来的。

器物和纹饰等的胡化更为常见，如唐镜海兽葡萄纹有明显的西域风格。此处就不一一列举了。

四、胡音、胡语对汉语的渗透

所谓的胡音、胡语，主要是指西北民族和北方民族的语言，在汉语中留下很多痕迹。很多汉语词是由少数民族语言直接音译过来的。如祁连山的"祁连"二字,是匈奴语中"天"这个词的音译,《汉书·匈奴传上》曰:"匈奴谓天为撑犁。""撑犁"即"祁连",属于一音异译。再如"可汗"二字,原是北方民族对其首领的称呼的音译。佛教传入中国以后,梵文的佛教名词逐渐流行,有意译,也有音译。如"Buddha",本义是觉悟,属于释迦牟尼十个称号中的一个,渐渐演变为通行乃至唯一的称号了。"Buddha"有各种汉译,如佛、佛陀、浮屠等,属于音译。之所以翻译成"佛",是因为中国古音中的 f 和 p、b 不分。"僧"和"沙门"这两个词也是梵文音译,就是"大众"的意思。"比丘""比丘尼""沙弥""沙弥尼"同样如此,"比丘"在梵语里就是乞丐的意思,因为他们不事生产,以化缘为生。再如"菩萨""菩提""涅槃""阿修罗"等,都属于梵文的音译。前面提到的印度建筑"窣堵坡",也是从梵文"Stupa"音译而来的,之后逐渐简称为"塔婆""塔"。这些外来词,后来都成为地道的汉语词了。

佛经的翻译大大增加了汉语词的数量,可以说佛教的传入对汉语的丰富性功不可没。除了以上所举的例子,我们现在常用的词语,如世界、唯心、实际、真如、法界、微尘、相对、绝对、意识、解脱、刹那、庄严、慧眼、如意、精进、众生、境界,以及成语中的水乳交融、飞蛾扑火、瞎子摸象、天花乱坠、顽石点头、天女散花、一丝不挂、恒河沙数、镜花水月、百尺竿头等,都出自佛经。可知,中国文化和中国哲学从佛教中汲取了丰富的元素。所谓儒、道、佛三教合一,正是指这种文化的交汇与交融。

变文是唐朝兴起的一种说唱文学形式,也与佛教的传播及发展密切相关。变文中韵文和散文交错,说唱兼有,并配以图解(图像),属于通俗文学。变文一方面继承了汉魏六朝的文学传统;一方面又融合了佛教僧徒宣讲佛法的"唱导"形式，将讲经与民间说唱结合。最早的变文主要为佛经故事，随着佛教的中国化和世俗化，内容也扩大到历史故事、当代人物、民间传说、逸闻逸事等，称为"俗讲"，如《大目乾连冥间救母变文》《伍子胥变文》《张义潮变文》等。讲唱者最初为僧人，后来民间出现了专门的职业讲唱艺人，讲唱场所也从寺庙转到民间。变文对后来的讲唱文学、杂剧等都有重要影响，其丰富的内容也为戏曲文学提供了大量素材。

五、"胡风侵染竞纷泊"

隋唐时期作为中国历史上最为开放的一个时期，外来文化的影响可以说是全方位的，医药、科技、艺术、运动、风俗……不能一一尽数，在此仅举几例。

中国医药历史悠久，但也受到外来医药的影响。隋唐以降，对中国影响较大的是印度医学。印度的医疗技术和医方曾用于临床实践，如金针拨瘴术、麻醉术、按摩术、水蛭吸血术和放血疗法。印度医生还曾为太宗制长生药。刘禹锡有《赠眼医婆罗门僧诗》："三秋伤望眼，终日泣途穷。两目今先暗，中年似老翁。看朱渐成碧，羞日不禁风。师有金篦术，如何为发蒙。"金篦术即金针拨瘴术，婆罗门僧为诗人治疗的是白内障。《新唐书·拂菻传》还有"开脑出虫以愈目眚"的记载，也就是通过头颅开刀治疗双目失明，拂菻即东罗马，这可能与欧洲新石器时期的原始颅术有关。此外，《唐本草》中记载的外来药物达四十种以上。

印度的天文学对唐朝影响也很大。朝廷曾令印度天文学家翻译印度历法并为大唐制定历法。现存《开元占经》一书即印度裔天文学家瞿昙悉达所著。

隋唐时期，引进及欣赏域外音乐的风潮也达到鼎盛。据《新唐书·礼乐志》记载，宫廷乐队可以演奏十多种域外音乐，分别是来自东边的高句丽、百济（包括日本），南面的扶南（东南亚古代王国）、天竺、南诏及骠国（今缅甸），北面的鲜卑，西边的吐谷浑、高昌、龟兹、疏勒（今新疆域内）及康国、安国（今中亚地区）。唐朝流行的胡舞有健舞、软舞两大类。著名的"胡旋"与"胡腾"都属于健舞类，顾名思义，分别以旋转和腾跃为特征。胡旋舞来自康国，史载，安禄山善舞胡旋，旋转如风，受到玄宗赞赏，杨贵妃还曾向其学习。白居易《胡旋女》诗生动描绘了其舞姿："胡旋女，胡旋女。心应弦，手应鼓。弦鼓一声双袖举，回雪飘飘转蓬舞。左旋右转不知疲，千匝万周无已时。人间物类无可比，奔车轮缓旋风迟。曲终再拜谢天子，天子为之微启齿。胡旋女，出康居……"

著名的《霓裳羽衣曲》乐舞中也有胡乐、胡舞的元素。来自域外的乐舞和乐器丰富多样，敦煌壁画中随处可见。

唐太宗时由西域传来菠萝球，即马球，骑马以杖击球，或称击鞠，据说发源于波斯，为达官贵族所特爱，宫内亦设有球场。玄宗尤擅此技，曾打败自负甚高的吐蕃名手，一时传为佳话。宋人诗中就有"三郎沉醉打球回"（宋·晁说之《题明皇打球图》）之语。一般士人亦喜爱马球，打球甚至成为时尚。新及第进士在慈恩寺题名后，即赴曲江宴会及月登阁的打球之会，此时长安城内外的士女从四面蜂拥而来，观者如堵，摩肩擦踵，有时达数千人，场面宏大。元宵观灯在开元之后成为节庆的重要内容，就可能与西域灯彩大为流行有关。

元稹《法曲》云："自从胡骑起烟尘，毛毳腥膻满咸洛。女为胡妇学胡妆,伎进胡音务胡乐。火凤声沉多咽绝,春莺啭罢长萧索。胡音胡骑与胡妆,五十年来竞纷泊。"八个"胡"字集中地展现了唐朝的胡化景观。

胡汉之间,不论是族群还是文化,始终是双向交流和融合的,在历史的长河中,变得你中有我、我中有你。故此,也应该看到,胡化的另一面,则是大唐盛世的文物典章广受周边和域外民族的仰慕,否则,何来如此盛大的胡风和胡化?唐人墓中曾出土一组胡人乐队俑,其中一人呈站姿,手搭凉棚,仿佛遥望着盛唐长安的雄伟宫阙,盼望着早日到达那繁华的大都市,可谓"商贩胡客,日奔塞下"场景的生动体现。

唐三彩釉陶骆驼载乐俑（中国国家博物馆藏）

出塞二首·其一

王昌龄

秦时明月汉时关,万里长征人未还。
但使龙城飞将在,不教胡马度阴山。

  王昌龄(698—757)是著名的边塞诗人。这首诗是王昌龄二十七岁赴西域时所作。开元、天宝年间,边疆战事频仍,男儿有志立功报国,正所谓"宁为百夫长,不作一书生"(杨炯《从军行》),参军赴边成为热潮。年轻的王昌龄就在这股热潮之中奔赴西域。边疆的磨砺使他的边塞诗气魄雄浑、意境深远。

  "飞将"一说指的是西汉名将李广。在汉与匈奴的战争中,李广因英勇善战建立了卓越的功勋,因此被称为"飞将军"。从汉朝开始,阴山就是中原王朝与北方草原民族相争的生死线,历史上阴山南北发生过大大小小不计其数的战争。诗中明确点出了阴山的战略意义,或许正是这首诗被誉为"唐人七绝压卷之作"(明朝李攀龙语)的重要原因吧。

第十七讲 为何"不教胡马度阴山"：北方游牧民族的南下

除了《出塞》，《从军行七首》也是王昌龄边塞诗的代表作，"黄沙百战穿金甲，不破楼兰终不还""前军夜战洮河北，已报生擒吐谷浑"，均高度赞扬了边疆战争的胜利和将士们英勇无畏的精神。无论是《出塞》里的阴山，还是这两句诗中的楼兰、洮河，都是唐王朝与周边民族和政权争夺的关键地域。如果说洮河和楼兰是唐开拓和经营西北乃至西域的战略要地，阴山则是中原政权与北方游牧民族相争的第一前线，是双方势力此消彼长的晴雨表。哪方控制了阴山，就会在战略和战术上占据优势和主动。所以这一讲的历史眼就是"但使龙城飞将在，不教胡马度阴山"，阴山南北胡汉的此进彼退与更广阔视野下的民族关系是我们关注的核心。

一、阴山的历史地理意义

阴山是今内蒙古自治区中部的一条横亘东西方向的山脉，一直延伸到今河北省最北部，全长一千二百多公里。阴山也是一条天然的分界线，隔断了北部蒙古高原与广大的河套地区及中原地区。

组成阴山山脉的狼山、乌拉山、大青山等，山势并不高。那么为什么诗人以表达将士们执意将胡马阻击在阴山外，来暗喻这样可以保障中原地区人民获得安定的生活呢？

首先我们来看看中国的地理格局。

中国所在的东亚大陆可以划分为六大区域：东部、东北、北部、西部、西北、西南。人口集中的东部地区，东北到燕山长城，北到阴山山脉，西边一线则是贺兰山、六盘山、四川盆地西部、云贵高原东部，南则直至国境线。六大区域中的东北地区，包括现在东北三省的范围。北部地区即蒙古高原。西北地区就相当于现在的新疆。西部地区即青藏高原。西南地区即云贵高原。研究中国历史时所使用的地理分区，基本以这六大区为主。

东部地区，包括黄河流域、长江流域、珠江流域，是中华民族形成和发展的核心地区。历史上，从民族与政权关系来讲，与东部地区关系最为密切的是北部地区。阴山南北两个区域，其自然景观、民族构成、经济生活都有明显的差异。阴山以北，人们以游牧为主要的生产、生活方式；阴山以南，人们则是以农耕为主要生产方式。

北部草原上的民族，其游牧生活的主要特点是逐水草而居，不断寻找可以满足大规模畜群生存需要的地方。尤其在天气转冷时，他们就会南下，寻找优质的水源和草场。阴山南坡直接连接的就是河套平原，这是一片水草丰美的牧场，因此北部草原的游牧民族会经常越过阴山进入河套。大青山有一条著名的白道，道路很长，土是白灰色的，远远望去就像是一条白线，因此得名。白道是从北方草原南下的重要通道，可以过商队，可以过马队，可以走驼队。在持续南下的过程中，游牧民族接触到中原人丰富的物质生活和文化，

张骞出使西域图（转引自《中国敦煌壁画全集·05 初唐》，天津人民美术出版社 2006 年版，图版一二四）

就产生了掠夺财富和人口的欲望。游牧民族的另一个特点是军事与生活是一体的，基本上全民皆兵，于是，阴山南面冲突不断。

由此可知，对于东部地区的民族和政权而言，阴山在地理上就具有重要的防御意义了，他们需要不断抗击南下的北方游牧民族。

二、"断匈奴右臂"

在西汉武帝时，北方的匈奴是对汉朝威胁最大的民族，他们多次南下。想要阻止匈奴，就必须守住阴山。因此，汉武帝曾经发动多次战役，以解决匈奴的骚扰、侵袭，其中有三次重大战役：第一次是河南之役，收复了被匈奴占据的河套地区；第二次是漠北战役，汉军越过阴山打到漠南，打得漠南无王庭，把匈奴的势力从漠南驱逐出去了；第三次是河西之役，就此控制了河西走廊，这样就斩断了匈奴右臂。所谓右臂，是指匈奴立于北方草原西南，则西北地区正位于其右。

"断匈奴右臂"这种说法出自《汉书》。汉武帝曾派张骞出使西域，他真正的目的就是断匈奴右臂，防止匈奴联络西域各国也就是天山南北甚至中亚地区的各绿洲王国，从西面和北面夹击汉朝。虽然张骞出使西域的目的没有达成，但是汉武帝通过第三次战役的胜利解决了河西问题，也就打通了中原和西域的交通之道，同时解决了都城长安的边患，使得关中地区成为较为安全而又纵深的腹心之地，可谓意义重大。

有一首北朝民歌《敕勒歌》，传诵很广，歌词是："敕勒川，阴山下。天似穹庐，笼盖四野。天苍苍，野茫茫，风吹草低见牛羊。"赞叹阴山下河套平原这样一片优良的牧场。关于敕勒川的地理位置，有不同的说法，一说为阴山地区，一说为今山西北部，一说为今内蒙古土默川平原，认同阴山说者为多。敕勒人最早生活在勒拿河至贝加尔湖附近，在冒顿单于（前234—前174年，匈奴首领，首次完成北方草原的统一）时臣属于匈奴。南迁入中原后，两晋、南朝时被称为"丁零"，北朝人称之为"高车"，漠北人则称其为"敕勒"。虽然是北朝敕勒人传唱的民歌，却真实反映了阴山及河套平原对北方游牧民族的重要意义。当汉武帝发动河南、漠北、河西三次战役以后，匈奴人因失去阴山，"过之未尝不哭也"（《汉书·匈奴传下》）；

又感叹道:"失我祁连山,使我六畜不藩息;失我焉支山,使我妇女无颜色。"(汉·佚名《汉乐府诗集·匈奴歌》)可谓伤心欲绝。因为对于匈奴来说,失去了河西之地、河南之地,就等于失去了优良的牧场,失去了南下进攻的前沿阵地,失去了与东部地区民族和政权相争的主动权。

回顾历史,我们会注意到,为了防御北方游牧民族的南下,春秋战国时,就有诸侯国筑起长城。不过当时各国修建长城主要还是为了防御别国,因此长城并不都是东西走向的,这与后来专门用来防御北方草原民族南下侵扰的长城有所不同。

秦始皇统一中国以后,长城就成为防御北方游牧民族的重要工程,绵延万里的明长城仍然如此。中原政权在阴山上其实也修建了一些防御设施,比如挡马墙,为的就是挡住试图越过阴山南下的骑兵。在位于河北滦平境内的金山岭长城我们就可以看到这种挡马墙。这是实实在在的"不教胡马度阴山"了。

历史反复证明,如果中原政权的势力将防御体系推进到阴山北面,就在与北方草原民族的争夺中占据了优势;北方草原民族如果越过阴山,占领了河套,中原门户洞开,则南下的铁蹄将势如破竹。阴山确实是攸关中原王朝生死的地理界线。所以,不管是在诗歌当中,还是在政论文章中,阴山在军事上的重要性都以不同方式被反复强调,中原民众才热切期冀和反复呼唤着李广那样的杰出将领再次出现。

三、滚雪球与波浪式:胡马南下的浪潮

不过,从历史总体来看,北方游牧民族不断南下进入中原地区

是一个大势。整体上，北方民族的发展，不论是在西部的阿尔泰山地区，还是在东部的大兴安岭地区，他们往往首先从山间兴起，然后向山下广阔的草原地带发展。最早兴起的是阿尔泰山地区的民族。秦汉魏晋南北朝时期，阿尔泰山一系先后发展起来的民族，如匈奴、柔然，主要是从阴山及阴山以西的地方南下，所以往往与西北地区的民族有更多的联系。稍后，大兴安岭地区的民族从山间南下到草原，逐渐发展、壮大，继续南下。他们主要从东北方向进入中原，从辽河中下游到燕山，再进入今天的河北、山西北部，如唐中期以后到北宋的奚、契丹，后来的蒙古、女真等。

不论是从西北方向还是东北方向，北方游牧民族总是前赴后继，呈波浪形态，一波一波地向南涌去。而且在持续不断南下的同时，也有集中爆发期，即每隔一段时间，就会出现一股大的、迅疾的南下浪潮。根据竺可桢先生的研究，中国五千年来的气候变化和北方民族南下之间有紧密关联。往往是到了显著寒冷的时期，这些民族会密集地大批南下，追逐水草丰沛之地，形成较大规模的迁徙浪潮。而他们原来活动的地区就变成空地，这种真空地带往往又会有新的民族来填补。如原生活在漠北草原的民族迁徙到漠南，再继续南下，漠北地区就可能出现真空地带。在草原两侧的山地，早期是阿尔泰山一系，后来是大兴安岭一系生活的民族就会从山间下来走到漠北，再从漠北向漠南。而早些时候南下的民族此时可能已经进入中原，或建立政权，或与当地汉民族融合。

除了南下，北方游牧民族中也有部分选择了西迁，如回纥。西迁的民族和部落，有的到了河西走廊，有的到了天山南北，仍然与其他民族和政权有千丝万缕的联系。但也有的一直向西迁到更远的地方，不再出现在中国历史记载的范围内。

东部的民族、政权以及政治经济生活的演变与北方游牧民族完全不一样。东部地区历史上曾经形成若干核心地区，这些核心地区可能是块状的，可能是条状的，也可能是线性的。它们发展的模式是向四周辐射性地扩展。东部地区内不同区域的文化差异也很显著。如黄河流域、长江流域、珠江流域、巴蜀地区等，都有各自的文化特征。而且在文明早期，各区域内部也散布着不同的文化源头，如黄河流域有仰韶文化、龙山文化、二里头文化等；长江流域有河姆渡文化、屈家岭文化、良渚文化、巫山文化等。这些流域不同的文化区域又慢慢会在自身扩展的过程中和不同文化区域衔接、重合、渗透并互相影响，就像滚雪球似的越滚越大，最终共同构成多元的中华文明。

四、胡马南下后

北方民族的南下，可以说对东部民族、东部地区，乃至整个中华民族的文化和文明都产生了巨大的影响。我们可以列举一些具体表现。

最早中原地区打仗的方式是车战，后来战国时期赵武灵王胡服骑射，即学习和效仿北方游牧民族，改穿便于骑马、便于马上做动作的服装，并积极训练骑兵部队。骑马打仗，效果明显优于车战，骑战这种作战方式就逐渐传入了中原。

作战方式的转变引起了一系列的变化。中国很多传统兵器是北方游牧民族在战争当中发明，然后才传至中原的。传统车战中，进攻的马队和马车上的武士使用的是矛、戈等长兵器，或者是剑这种方便进行一定距离刺杀的兵器。当战争的主要形式由车战变成骑战和步战后,利于骑兵和步兵使用的兵器也随之传入中原,戈和剑等就逐渐被刀取代了。刀可以用来砍和劈,对主要进行近距离搏杀的骑兵和步兵而言,是更为理想的武器。同时,防护装备也随之发生变化,比如盔甲和盾牌,主要用于步战。后来出现了防御性能更强的重装铠甲,则用于骑兵。重装铠甲由于全套装备的重量过重,步兵是无法承受的,但很适合骑兵,因为马上作战冲击力非常大,需要非常坚固的全身防护。

中原地区是传统的农耕区,畜牧业并不发达,但在和北方民族的交往中,不论是通过战争也好,经济生活往来也好,马匹都变得至关重要,养马也成了中原王朝重大的国策。中央政府在西北适于养马的地区设置了很多牧监,即专门养马的机构,并建有大型养马场,制定了不少与养马相关的制度。政府的养马场养有大批良马,用于武装骑兵。同时也推行养马于民的政策进行辅助,如唐朝和宋朝,均鼓励和支持民间成立马社,即多户联合养马,国家给予一定优惠政策,战事爆发后,则征调这些马匹以满足军队和国家征伐的需要。

由于大量北方民族进入中原,东部地区民族在生活习惯上也发生了许多变化。如前一讲提到的游牧民族从草原带来的"胡床",它的出现带来了坐姿的变化。中原人最早的坐姿,是席地而坐、跪坐;但坐胡床,就必须像草原人那样,交脚而坐,这种坐法就是"胡坐",也就是我们现在的一般坐法。后来家具中出现的交椅,也是从胡床发展演变而来的,人们就逐渐不再席地而坐,而是坐在椅子上了。

更重要的是,南下的北方民族逐渐融入中华民族的核心族群——汉族中来,这些民族的名字就逐渐地消失于历史中,如匈奴、鲜卑、羯族这些历史上曾经显赫和活跃一时的民族，在长时段的历史发展过程中，不论血缘还是文化都已经逐渐与汉民族融合了，今天我们已经看不到他们的身影了。

可见，阴山并未成为阻挡北方游牧民族铁蹄南下的屏障，也未成为东部汉族与北方游牧民族交往的阻碍，中原也毫不犹豫地融合了大部分北方南下的民族。阴山东边的燕山，阴山西边的焉支山、祁连山，同样如此，既具有地理分界线的意义，也有民族交往、民族融合的意义，都是我们需要用更开阔的视角去审视的具有战略意义的山脉。此时，我们重温王昌龄的《出塞》，对中国历史上的民族关系和经济文化交流应该有更深入的思考。

凉州词·其一

王之涣

黄河远上白云间,一片孤城万仞山。
羌笛何须怨杨柳,春风不度玉门关。

　　王之涣(688—742)虽出身望族,但自曾祖辈以下,仕途均不显,他则以诗名世。尤其是这首《凉州词》被清初诗人王士禛誉为七绝压卷之作,在梨园歌姬心目中,胜过王昌龄和高适的名作,遂有"旗亭画壁"的佳话流传至今。据推测,这首诗应该创作于诗人赋闲在家的开元年间(727—741),诗人是否到过凉州史无明文,诗句却有令人身临其境的感觉。有人认为此诗属讽喻诗,有感于对君恩不及边塞,不识边地之苍凉开阔,不知常年驻守边疆将士思乡之怨而发。

　　历史上的西域,有广义和狭义之分,广义的西域可一直延伸到中亚、西亚、南亚和欧洲。张骞通西域被称为"凿空"之举,但内地与西域的联系和交往并非始于汉朝。陆上丝绸之路是唐中叶以前内地与域外交流的主要通道。而西域本身,既是民族交往的舞台和枢纽,也是唐朝经略开拓西北、捍卫腹心关中的重点区域。

　　联想另一首"西出阳关无故人"之句,内地和西域是否真因两关之隔而春风不度呢?

第十八讲 春风是否不度玉门关：关之内外

王之涣《凉州词》的历史眼在最后两句——"羌笛何须怨杨柳，春风不度玉门关"。

这首诗也会使我们联想到另外一首诗，就是王维的《渭城曲》："渭城朝雨浥轻尘，客舍青青柳色新。劝君更尽一杯酒，西出阳关无故人。"两位诗人和两首诗，由此引出玉门关和阳关。两关外是否真如诗人所描绘的那样，春风不度，再无故人？

一、南北两关

阳关和玉门关位于今甘肃敦煌再往西，阳关在南，玉门关在北。

出关以后实际上就是历史上的西域。诗人的咏叹，无不令人感到玉门关和阳关以西，黄沙、大漠、孤城、人烟稀少，绝无故人，可能是经济很不发达的地方，甚至是很苍凉的荒漠。历史上的西域实际是什么情况呢？

我们所说的西域，狭义是指玉门关、阳关以西，葱岭即今帕米尔高原以东，巴尔喀什湖东、南及新疆广大地区，主要是今天的新疆地区；广义的西域则是指包括今天的新疆地区在内一直往西，越过帕米尔高原甚至到更远的地域,中亚、西亚、欧洲都可以包括在内。

此前我们谈到东亚大陆,以中国的东部地区为核心地区,其他还有五大区域,一共六大区域,"不教胡马度阴山"一讲重点讲了六大区域的北部地区,以及北部地区和东部地区的关系等问题,也涉及西北地区,以及西北地区和东部地区的关系等问题。阳关、玉门关以西就是西北地区。西北地区的北面是阿尔泰山,南边是昆仑山、阿尔金山,这两座山脉的东边是祁连山,它可以构成西北地区的南缘,并与青藏高原交界。西北地区的西边到巴尔喀什湖和帕米尔高原,东面是阳关、玉门关。狭义的西域地区即新疆地区有一条天然的界限就是天山,把整个的西北地区分成了两部分——天山南麓和天山北麓。

天山、阿尔泰山和昆仑山之间夹着两个盆地,北边是准噶尔盆地,南边是塔里木盆地。狭义的西域地区也就是今天的新疆地区与中原地区之间有一条狭长的通道,就是地理位置至关重要的河西走廊。这里的河,指的就是黄河,黄河大拐弯下来以后以西的地区,形成一条狭长的走廊地带,因此被称作河西走廊。

河西走廊东起乌鞘岭,西至玉门关,是夹峙于南北两组山脉之间形成的走廊地带。南边的一组山脉统称为祁连山、阿尔金山(古代也称作南山),北面是一组低矮的山脉即马鬃山、合黎山、龙首山等。走廊地带全长近一千公里,宽数公里至近百公里,呈西北和东南走向。如果沿着河西走廊,坐大巴车沿公路一路走过去,可以看到南边的祁连山连绵不断,山顶白雪皑皑。祁连山山脉基本的高度都在四千至六千米,均在雪线以上——此地雪线为四千米,因此常年积雪。北边的一组山脉都比较低矮,这组低矮的山脉北边是巴丹吉林沙漠和腾格里沙漠，强劲的朔风通过各个山口吹进河西走廊地带，形成巨大的沙丘，由此也形成了河西走廊的独特景观。

从河西走廊出玉门关或出阳关是广阔的天山南北地区。河西走廊和今天的新疆地区，历史上曾经活动着众多民族，他们的经济生活特点都有相同之处，都是绿洲农业，也就是靠山上的雪水来灌溉农田。如河西走廊地区，依靠的就是祁连山的雪水。祁连山山顶是皑皑的白雪，随着积雪的不断下沉，到山腰形成无数条冰川，冰川下坠到山坡下边，就会形成无数条河流，河流流到山的边缘，往外扩展到戈壁边缘，渗透到戈壁滩下形成巨大的水源，然后会在戈壁的另一边冒出来，冒出来的水又形成河，河两岸就会形成绿洲。绿洲的面积与水势的多少有直接关系，水势大、水量多，绿洲的面积相应就大，反之则绿洲的面积会相应缩小。每个绿洲都是独立存在的，各个绿洲之间的距离远近不一。历史上的河西四郡中，敦煌到酒泉的距离最近，约400公里；敦煌到武威的距离最远，约832公里。这些一个一个相对独立的绿洲，形成绿洲农业，这些绿洲农业正是河西走廊及天山南北的新疆地区经济生活的重要特色。

天山北麓最大的绿洲是今乌鲁木齐地区。上述的河西走廊，位于今天的甘肃，在汉唐时期都设置有历史上著名的河西四郡：武威、张掖、酒泉、敦煌。河西四郡恰恰也是四个比较大的绿洲。那么，历史上的河西走廊以及阳关、玉门关以西地区到底是什么情况呢？是不是如诗人所描述的"春风不度玉门关""西出阳关无故人"呢？北宋著名政治家和史学家司马光在《资治通鉴》中，有一段话描述了唐玄宗天宝年间西北地区的情况："是时中国强盛，自安远门西尽唐境万二千里，闾阎相望，桑麻翳野，天下称富庶者无如陇右。"唐朝都城长安没有安远门,安远门后来在明朝的时候才正式成为西安城墙的北门,长安的西门叫开远门,所以这里可能是史书传抄时发生的错误。司马光所说的自长安城西门的开远门以西的12000里,都是桑麻翳野、人口繁密、天下富庶地区。这里就涉及陇右地区,及再往西到更远的今天的新疆地区。今天西安到乌鲁木齐的路程是2500多公里,而司马光所说的12000里,如果换算成今天的长度,会比6000公里少些。因为古代各朝的度量衡不同,这里只能概略换算,并不准确。但可以知道,司马光所说的安(开)远门以西,似乎应包括今新疆地区。

二、"九九八十一难"的背后

"九九八十一难"是吴承恩在创作中国四大古典名著之一的《西游记》时,为唐僧、孙悟空、猪八戒和沙和尚师徒四人再加白龙马在赴西天取经路上设置的种种磨难的约数,强调次数之多。很多磨难都发生在他们所经过的一个一个不同的国家,一路也遇到了各种妖魔鬼怪。每一个国家都各具特色,其实也是反映了多个民族依托绿洲农业而建立的相对独立政权的风貌。《西游记》作者用这样的写作手法表现了西北绿洲农业的特点。

整个西北地区的经济生活其实是绿洲农业以及山坡草原游牧业交织在一起的特色经济生活。有一首歌的名字是《我们新疆好地方》,歌词开头就是"我们新疆好地方啊,天山南北好牧场",歌颂的正是这种山坡草原、山地或者叫山地牧场,以及山地草原畜牧业的美丽景象。

据《晋书·张轨传》记载,"凉州大马横行天下",是说凉州(今甘肃武威）的马名冠天下，足以说明当时的西北地区畜牧业非常发达，尤其是养马业，这也是包括新疆地区在内的西北地区的一大特色。

连接中国的东部地区和西北地区也就是今天的新疆地区这两个大区的就是河西走廊，河西走廊的绿洲农业是很发达的。敦煌地区党河的河床非常宽，在敦煌文书中有记载，每到春季的时候，南山（祁连山）雪开始逐渐融化，党河水汹涌澎湃，从南山奔涌而下，形成巨大的水流，一直流下来，不仅是敦煌绿洲存在的基础，还灌溉着敦煌的农田。敦煌在唐朝时已经制定有详细的农田水利灌溉的规则来规定用水的原则。根据敦煌文书的记载，唐朝的敦煌地区已经修建有完整的覆盖全境的水渠网，在特定的位置建有大水母，即大的蓄水池以调节供水。各渠水流经大水母的时候，按照自下而上的原则行水，即先浇低洼的农田，并通过各个渠和各个水母来调节水势。唐代文书中展示了非常完整的灌溉规定细则，适应绿洲农业，适应生产发展，适应敦煌全县的更有利的灌溉。细则中对春水、秋水、冬水等都有具体而详细的行水规定，正说明水对敦煌地区的重要性。

正如前面所讲到的，西北地区的经济生活特色其实是绿洲农业和山地或者山坡畜牧业的结合，西北地区的各个民族，各个政权，实际上处于相对独立和相对分散的状态。汉武帝为了断匈奴右臂，曾经派张骞出使西域以联络相对分散的各绿洲政权和民族。东汉又有班超出使西域。有说西域三十六国，有说西域四十八国，其实这些国家都是以绿洲农业为基础的民族建立的政权，很分散，彼此之间有一定距离。处在这样一种分散的民族以及分散的势力基础之上建立的各个政权，它们往往不能够形成一种集中的势力，也很难形成一个统一的集中的政治军事力量或政权，因此西北地区不容易像北方草原游牧民族一样很快就可以聚集成一个强大的、相对集中的军事力量，从而南下或者西征，侵扰中原相对安定的农业生活，严重威胁到中原地区的政权。历史上的西域各民族聚合成集中的军事力量而东征中原的情况并没有见到史书记载，应该是没有发生过。

三、钟楼的昭示

据记载，张掖（今甘肃张掖）市市中心有一座钟楼，东西南北延伸出四条大街。钟楼四面曾悬挂着四块匾：东面的匾写的是"东望华岳"，即向东望可以望到华山；北面的匾写的是"北抵大漠"，就是说北边可以通往大漠——腾格里沙漠和巴丹吉林沙漠，都在河西走廊的北边；西面的匾写的是"西抵伊吾"，伊吾就是今天新疆的哈密；南面的匾写的是"南望祁连"。从这样一组流传下来的匾文我们可以看到，一个南来北往、东进西出的民族经济文化往来交流的国际舞台，在西北以河西走廊为枢纽延伸到今天的新疆地区。

还应该考虑到，草原地区虽然有漠南、漠北的区别，但是漠南和漠北之间并没有巨大的天然障碍，大规模的游牧部落很容易集中、迁徙、活动、作战、南下、西征。但是西北地区以绿洲农业为基础的这些民族和政权，虽然各国（政权）之间没有巨大的自然屏障，相互之间也有联系，却因绿洲的距离而处于相对独立和分散的状态。

由此也联想到贯通西北的道路，即从洛阳或长安走河西走廊，再出玉门关、阳关的这条我们称之为"丝绸之路"的重要通道。

唐朝诗人张籍有一句诗，"无数铃声遥过碛，应驮白练到安西"（《凉州词》），即是描述这条路上来来往往的商队驼队，他们贩运的主要商品或者说最有特色的商品是丝绸，白练指的是一种丝织品——

绢。这句诗正展现了丝绸之路上的商贸活跃的景象。虽然西北地区以绿洲农业为基础，各民族和各政权是相对分散的，但西北地区又是民族迁徙、民族活动、商业往来、文化交流的历史大舞台，也可以说是具有国际交往性质的大舞台，河西走廊则是这个大舞台、大通道中的重要一段。我们熟知的大诗人李白，一说出生在碎叶地区，即唐朝在西域设立的安西四镇之一，位于今吉尔吉斯斯坦共和国境内。再如新疆地区从拜城到吐鲁番，沿途众多规模宏大的石窟寺，点缀在丝绸之路，跨越阳关和玉门关，与敦煌莫高窟交相辉映，构成中西交流的历史和文化艺术的殿堂。可谓春风劲吹，故人东来。

唐玄宗后期爆发了安史之乱。此前，整个东部地区政权即中原王朝的核心是在西北地区，即重心偏在西北，在安史之乱之后，无论是中原王朝的政治中心、军事重心，还是对外的交通路线，以及中原和西北的联系，都发生了变化。这一变化也影响到东北亚政治和民族格局随之发生巨大变化。有关这一点，会在下一讲中展开讲述。中原地区与包括河西走廊在内的西北地区的交往，也因为地缘和民族格局的变迁，在很长的一段历史时期确实"春风难度"。

隋唐彩绘骑骆驼俑（美国克利夫兰艺术博物馆藏）

送元二使安西

王维

渭城朝雨浥轻尘，客舍青青柳色新。
劝君更尽一杯酒，西出阳关无故人。

王维（701？—761）和王昌龄、王之涣都生活在盛唐时代，边关风物与战事是这个时代诗人歌咏的主题。王维进士及第后，曾于玄宗开元二十四年（736）出任河西节度使判官。这首诗应创作于他任职前后，此时安史之乱尚未爆发。这是一首送朋友元二去西北边疆的诗，但这场离别并不沉重，对春光的描写，透露出轻快而富于希望的情调，似乎也充溢着诗人的理想；劝对方"更尽一杯酒"，也令人感受到西北的辽阔与遥远。这位朋友从渭城出发，即将通过河西走廊去往阳关，此时这条道路还是顺畅的，但安史之乱后，通往阳关的道路变得障碍重重，边塞诗也从盛唐的创作顶峰跌落下来。

第十九讲 西出阳关：丝绸之路如何从陆路到海路

王维的《送元二使安西》这首诗，涉及的仍然是中原与西域的问题，历史眼在最后两句："劝君更尽一杯酒，西出阳关无故人。"从长安去西域，可从渭城（今陕西咸阳）出发，然后经河西走廊出阳关或玉门关，再由此通向更远的西方，这也就是我们所熟知的陆路丝绸之路。在诗人创作活跃的盛唐，这条通道也迎来了它的鼎盛时期，但安史之乱后，西北地区的政治格局、民族格局发生了巨大变化。西出阳关的景象依旧，但历史性的大变故，却已使得人事全非了。

一、安史之乱后的西北

唐代宗广德元年（763），历时八年的安史之乱被平定，但遗留下一个很大的问题。隋唐两朝，统治集团以关陇军事贵族为核心，政治重心和中心、经济重心、文化重心、军事重心都在帝国的西北部，因此以长安为首都，经营河西走廊和西域是其重要的战略布局。唐前期一直致力于向西北扩张，开拓领土，其原因和同样立足关中的秦朝、西汉王朝等一样：拓展了西北，实际上就是保护住了腹心地区。

所谓腹心地区就是指关中地区。随着有效控制区的延伸，唐在西域设立了两个重要的大都护府，即安西都护府和北庭都护府。安西都护府治所屡次变更，辖区最大时包括天山南北地区。北庭都护府的遗址在今天新疆维吾尔自治区的吉木萨尔。唐朝可控辖的地方，包括从河西走廊以西，到天山南北两麓，向西越过帕米尔高原的各个山口，再往西一直达到中亚，到达咸海，甚至再西到里海的周边地域。出玉门关可以从吐鲁番走天山南麓然后西去，出阳关则可以走至楼兰、罗布泊。所以在与西北地区的关系上，控制了河西，就掌握了主动权，战略上就占据了优势。

可是在安史之乱爆发以后，为了平乱，驻守塞北的边军朔方军的精锐部队，由李光弼、郭子仪统领，悉数内调，由此京畿和西北门户洞开，唐王朝重心偏在西北的边防军事格局被破坏。河西地区首先成为唐朝势力的真空地带，于是正处于上升阶段的吐蕃势力趁机东来，甚至打到渭桥，兵临长安城下。吐蕃在东进的过程中侵入到整个河西走廊，然后转而西向进入今新疆地区，把唐朝管控天山南北的安西都护赶走了，安西都护府被迫将其管辖区内缩。吐蕃遂控制了河西走廊和塔里木盆地。还有另外一支力量到了帕米尔高原。这时候中原王朝的势力就退到了黄河大河套地区的东边。这种情况延续了大约八十年，直到敦煌地区的豪酋张义潮率领当地民众从吐蕃手中陆续夺回包括敦煌在内的河西走廊地区，唐王朝才重新成为河西名义上的管控者。但是，唐王朝在民族关系中已经处于被动、退守的局面，失去了对吐蕃、回纥等周边地区少数民族的控制主动权。

到了五代、宋朝初年，西北又兴起了另外一股力量，就是党项人建立的西夏。在西夏控制河西走廊近二百年后，蒙古人开始管辖

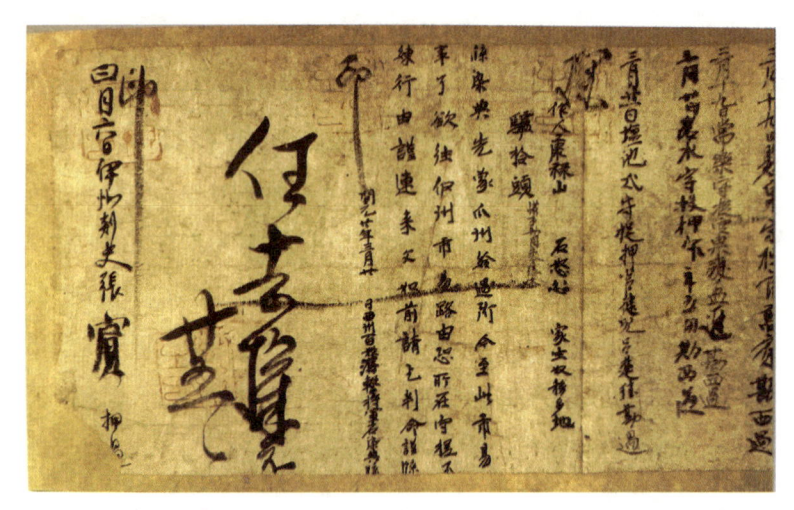

石染典过所文书（新疆维吾尔自治区博物馆藏，转引自国家文物局编《丝绸之路》，第129页）

这个地区。在河西走廊，东部地区的势力或民族与西北、西部地区的势力或民族，力量此消彼长，其地位和作用类似北部的阴山、河套。中原王朝控制了河西走廊就可以继续向西北开拓和发展，如果其他势力如吐蕃控制了河西走廊，就可以阻断中原王朝的西北交通，并以此为跳板，继续东进。

此后，蒙古人建立了地跨欧亚的大帝国，并建立了严密的驿站制度，东西交通联系很方便，内陆的南北交通则通过疏浚从大都（今北京）到江南的运河，开辟海运运输线得以解决，河西就失去了原本的战略意义。西北地区重心和中心地位的跌落，甚至导致曾为唐朝北都的太原地区也失去了原有的战略地位。

二、驼铃与船帆的转换：从陆路到海路

上一讲提到过张籍的《凉州词》描述了西北陆路丝绸之路的繁忙与遥远："边城暮雨雁飞低，芦笋初生渐欲齐。无数铃声遥过碛，应驮白练到安西。"但这条陆路交通路线最终却让位于海上丝绸之路。

安史之乱后，吐蕃占据了河西走廊，就切断了中原地区与西域的联系，并造成很长时间内中原地区与包括河西走廊在内的整个西北音信隔绝，政令不通，交往受阻。当然，民间的小规模交流还是存在的，但是曾经正式的、繁忙的、顺畅的通道实际上就此逐渐衰落了，这条我们称作丝绸之路的中西交通路线从此不再作为中原王朝与外界交通最主要的路线了——此前，中原王朝与中亚、西亚、南亚、欧洲，主要都是通过这条陆路道路进行文化贸易往来的。曾经辉煌的陆路丝绸之路的衰落，在很大程度上也改变了中国与域外交往的形式和格局。随着西北丝绸之路的衰落，经济重心的南移，政治中心的东移并逐渐东北移，东南地区的海路，即海上丝绸之路在唐中叶以后逐渐发展起来。

北方还有被称为草原之路的欧亚大陆大通道，匈奴西去、回纥西迁、蒙古西征等，都是通过北部大草原这条大通道实现的。这条民族大迁徙的通道，有人亦将其视作陆路丝绸之路的一部分。明朝前期，主要精力用来对付北方的蒙古；中期以后，东南又兴起在沿海地区和海上进行劫掠侵扰的倭寇；到了后期，主要威胁来自东北方向、日渐强大的女真，西北地区实际上被明朝放弃了，陆路丝绸之路彻底衰落。明嘉靖朝（1522—1566）以后，包括敦煌在内，河西走廊四镇都衰落了，甚至成了"化外之地"。明王朝基本放弃了对

河西地区的管控，军事布防仅固守在嘉峪关地区。因此，我们看到明朝所修的万里长城的西端不是在玉门关和阳关，而是在两关以东一百多公里的嘉峪关。此后的清朝又全部控制了河西走廊，统治势力达到了巴尔喀什湖。清朝虽然恢复了汉唐的西部疆域，但是这条通过河西走廊一直进入天山南北、可穿越帕米尔高原的陆路丝绸之路，对中国统一王朝的重要性已经大为降低了，海路交通的作用已经超过了陆路。

海上丝绸之路的兴起与造船技术和航海技术的发展密切相关，也与商品结构有关系。陆路丝绸之路最繁盛、作为最主要的交通通道时，进口内销的大宗货物主要是香料、奇珍异兽、奢侈品等，而海上丝绸之路的外销商品则以瓷器、茶叶和丝绸为主。

对于商人来讲，海运的利润空间远比陆路运输大。由于戈壁、沙漠等不利的自然环境，西北陆路交通商品运输从规模到品种都受到限制。丝绸等奢侈品价格相对较高，重量也较轻，所以陆路运输是适宜的。但是从唐后期到宋以后，通过长途运输的外销大宗商品除了丝绸外，还有大量的瓷器、茶叶，载重多、损耗少的水运、海运显然更加适宜。

三、沟通文明的历史通道

西北陆路丝绸之路虽然在唐中叶以后逐渐衰落，但是在世界历史上，它对文明、文化、科学技术的传播，对经济交流和民族交往，都起到了非常重要的作用。

经由这条通道，陆续传入了迥异于中原的建筑形式、音乐舞蹈、服饰食材、语言风俗，也就是我们详细介绍过的胡风。各种宗教也先后进入，尤其是佛教，对中国社会影响很大，不仅渗透到民众的日常生活，也与中国本土的思想文化相融合。

经由陆路丝绸之路，中国对外的输出也很多，四大发明除了指南针以外，其他的三大发明都曾通过这条通道西传。如造纸术，据史书记载，唐玄宗天宝十载（751），唐朝和东来的大食在中亚的怛罗斯（今哈萨克斯坦共和国塔拉兹）交战，唐著名将领高仙芝率领的军队被打败，阿拉伯人俘虏了很多中国的士兵和工匠，其中就包括造纸工，这批造纸工人就把造纸术传到了阿拉伯。阿拉伯人又把造纸术传到了欧洲，时间在11—12世纪，这时正好是欧洲文艺复兴的前期，造纸术的传入对文艺复兴及其传播起了重要的作用。此前欧洲人的书写材料有三种：羊皮纸，产量有限，价格昂贵；芦草纸，原材料是埃及的一种芦草，虽然很便宜，但是很脆，不容易保存；书写板，往铁板上浇蜡而成，用铁笔写，古希腊就用这种方法写字，当然很方便，可以重复使用，但是字迹没法保存。也就是说文艺复兴前期文化的传播遇到了技术上、工具上的困难。造纸术传来以后，可以造出轻薄而容易保存的纸，书写还很方便，成本也降低了。此前，知识、文化、科学技术主要掌握在教会手中，会读会写的都是神职人员，一般平民是不会书写的。即使是贵族等上层人物，书写也有一定的困难，据说著名的查理曼大帝就是文盲。造纸术传入以后，文化就不是宗教僧侣所能够垄断的了，普通人也能读书和出版书籍了。所以，造纸术对欧洲文化、对欧洲近代社会的发展贡献是非常大的。同样，活字印刷术和火药，也是经由陆上丝绸之路传出去的，对整个世界文明，尤其是对欧洲文化和经济发展起到了重要作用。

海船遇难图（转引自《中国敦煌壁画全集·06 盛唐》，图版六三）

    因此，丝绸之路不仅是西方文化向东传播的通道，同样也是中国古代文化向外传播的通道。希望诗人笔下的"西出阳光无故人"不要误导后人，忘却了当年鼎盛时期这条漫长通道的驼铃、白练和商旅带来的喧闹与繁华。

阴山道·疾贪虏也

白居易

阴山道,阴山道,纥逻敦肥水泉好。
每至戎人送马时,道旁千里无纤草。
草尽泉枯马病赢,飞龙但印骨与皮。
五十匹缣易一匹,缣去马来无了日。
养无所用去非宜,每岁死伤十六七。
缣丝不足女工苦,疏织短截充匹数。
藕丝蛛网三丈余,回鹘诉称无用处。
咸安公主号可敦,远为可汗频奏论。
元和二年下新敕,内出金帛酬马直。
仍诏江淮马价缣,从此不令疏短织。
合罗将军呼万岁,捧授金银与缣彩。
谁知黠虏启贪心,明年马多来一倍。
缣渐好,马渐多。
阴山虏,奈尔何。

白居易与元稹共同倡导新乐府运动,世称"元白",又与以犀利的讽喻诗见长的刘禹锡并称"刘白"。白居易的讽喻诗强调"一吟悲一事"(《伤唐衢二首》),这首《阴山道》就是他针对唐朝与回鹘之间的绢马交易给政府财政和百姓带来很大负担,招致质疑而作。唐中期以后,唐、回之间进行的绢马贸易历经九个皇帝,长达八十余年,褒贬不一。到底是互通有无、维系和平之举,还是"缣去马来"相互贪诈之为?还需从西北政治、民族格局之变迁等诸多层面进行考量。

第二十讲 "缣去马来无了日"：
备受诟病的唐回绢马贸易

这一讲将借白居易的《阴山道》这首诗，谈一谈唐与回鹘（回纥）绢马贸易的问题，历史眼在最后两句——"五十匹缣易一匹，缣去马来无了日"。

白居易在诗中提到的"回鹘"，是唐朝时分布在北方至西北地区的少数民族。事实上，为了购买回鹘运送来的马匹，唐朝政府支付了大量的绢帛，给财政造成了沉重的负担，但为何这种"不平等"交易又矛盾地长期维持了下来，历代学者对此各抒己见，褒贬不一，使得这个问题成为民族关系史及经济史研究中的困惑和难解之题。

一、唐与回鹘

回鹘是中国北方逐水草而居的游牧民族，北魏及隋唐之际居于色楞格河（流经今蒙古国和俄罗斯中东部）一带，与薛延陀等同为铁勒十五部之一，皆臣属突厥。唐太宗贞观初年，东突厥颉利可汗败亡后，薛延陀、回鹘成为当时草原上最大的部落。贞观二十年（646），回鹘部落酋长击败了薛延陀可汗，兼并其领地，把自己的领土扩展到了贺兰山阙，并由此兴盛起来。太宗于其地置六府七州，且于漠南置邮递六十八所，以便对北方进行控制。唐朝经常借助回鹘强大的骑兵，征服北方及西北的一些部落、部族。玄宗时，其首领骨力裴罗自立为可汗，统一漠北，击杀突厥乌苏米施可汗，统一回鹘九姓诸部及周围部落，势力范围西起阿尔泰山，东到黑龙江附近，取代突厥称雄大漠南北。玄宗封骨力裴罗为"怀仁可汗"。此后，回鹘助唐平安史之乱，收复两京。前面我们曾提到，安史之乱后唐西北边防空虚，有效控辖区域内缩，失去了对包括河西走廊在内的广大西北地区的控制和主动权，西北成为吐蕃、回鹘、吐谷浑以及后兴起的党项、黠戛斯等争夺的战场。肃宗李亨曾将亲生女、名副其实的公主宁国公主送与回鹘英武可汗和亲，期冀延缓其南下势头。代宗（李豫）永泰元年（765），因受唐叛将仆固怀恩鼓动，回鹘与吐蕃、吐谷浑、党项等联手进攻长安。被临时任命为副元帅的郭子仪利用吐蕃与回鹘之间的矛盾，单骑入回鹘营，说服其与唐结盟，共击吐蕃，遂大破吐蕃。之后德宗李适采纳宰相李泌的北和回鹘，南通云南，西结大食、天竺，共同夹击吐蕃的外交策略，缓解了四面受敌的窘迫局面。可见唐与周边各种政权和势力之间错综复杂的连环关系。此后，唐、回之间虽然有战有和，但结好回鹘，抗击吐蕃，稳定西北一直是唐的基本国策。

　　除了政治上紧密关联，回鹘汗国与大唐在经济上也素有往来。以农耕为主的中原地区畜牧经济受到局限，普遍缺少马匹，而回鹘统治的游牧地区正以畜牧业为主，当地民众驯养着数量众多的马匹，但缺少粮食、布帛和金属工具，因此经济贸易交往是出于双方的需要。其重要的渠道是互市贸易，这是一种互惠的经济往来。

回鹘王族供养像(伯孜克里克石窟壁画,转引自新疆维吾尔自治区文物局主编《西域文物考古全集·精品文物图鉴卷》,新疆美术摄影出版社2014年版,第173页)

二、"缣去马来"之溯源

唐中期，唐与回鹘的绢马贸易中就出现了"马价绢"这样一种称呼，至少说明这一贸易在当时已是经常性的，而且唐廷府库中贮存的绢帛有相当一部分用来支付回鹘马价。经常性的官方绢马贸易，可以追溯到安史之乱。

安史之乱的爆发给鼎盛的唐王朝以致命的打击。安史叛军从今天的北京地区南下横扫河北，然后攻下洛阳，再打到潼关，玄宗皇帝匆忙逃跑，叛军进入长安。太子李亨即后来的肃宗北上灵武（今属宁夏）组织抗敌，一直到彻底平叛，相持了有七八年之久。在平叛过程中唐廷还借助了回鹘的军队，他们拥有彪悍的骑兵，对收复长安和东都洛阳起了重要作用。肃宗承诺，如回鹘出兵助唐收复洛阳，则"土地、士庶归唐，金帛、子女皆归回鹘"。此外，肃宗为了酬谢回鹘，赠绢七万匹，并约定绢马互市，正式的绢马贸易就此拉开帷幕。因出兵平叛而立了大功的回鹘，在之后双方的贸易中似乎取得了至少心理上的优势，屡次遣使，以马换绢帛，每岁都来。虽然打着朝贡的名义，但实际上是有偿的互市。贸易初始时四十匹绢换马一匹，是当时比较优惠的价格。据记载，代宗大历八年（773），回鹘遣马一万匹，如按四十匹绢一匹马计算，则需付出四十万匹绢。当时安史之乱初平，国库窘迫，主管财政的官员上言现有资金只能收购一千匹马，郭子仪主动提出可捐献一年俸禄权充马直，以弥补资金短缺的困境，舒缓可能给回鹘造成的不满情绪。此后，回鹘送来互市的马匹并没有相应的记载，但通过唐朝付出的马价绢数量，可知数量不少。据《旧唐书·回纥传》，德宗贞元六年（790）"赐回纥马价绢"三十万匹，贞元七年（791）七万匹。到了宪宗元和年间，涨到五十匹绢换一匹马,就是这一讲作为历史眼的"五十匹缣易一匹,缣去马来无了日"这一句所揭示的问题。此后,穆宗长庆二年(822)付马价绢十二万匹,文宗太和元年(827)为二十万匹,太和三年(829)为二十三万匹。

对这种交易,很多史家是不以为然的,如《旧唐书·回纥传》的作者站在唐朝一方的立场上说:"蕃得帛无厌,我得马无用,朝廷甚苦之。""蕃"指的是回鹘,意思是他们以马换绢换帛,觉得这种交易很有利,于是滋长了贪婪之心;但唐朝得到这么多马,在一定程度上是用不上的,造成巨大的财政负担,很窘困。唐后期,均田制、租庸调制已经崩坏,各地藩镇林立,朝廷的财政非常窘迫,经常入不敷出,有些藩镇叛乱,朝廷需要派兵镇压,都拿不出多少钱来做军费。在财政如此拮据的情况下,依然用大批绢帛去换取大批的马,显然是加剧了负担。所以至少传统史家认为,马价过高,唐廷和回鹘在绢马交易中处于不对等的地位,是受害的一方。

陈寅恪先生却不完全赞同这种看法,他写的《元白诗笺证稿》一书中也涉及这个问题。他认为,过去的史书由于多是引用唐人的记述,所以都是"只言回鹘之贪,不及唐家之诈"。所谓"唐家之诈",就是朝廷向百姓征收绢帛用来偿付回鹘马,但绢帛的质量非常差。《阴山道》这首诗里也反映了这种情况:"疏织短截充匹数,藕丝蛛网三丈余",也就是把质量不好、不合尺寸、织得像蜘蛛网一样粗疏的丝织品来充马价绢,因此"回鹘诉称无用处"。

按照白居易《阴山道》中的说法,在唐回双方因绢马贸易发生争执的关键时刻,咸安公主起到调节双方矛盾的作用:"咸安公主号可敦,远为可汗频奏论。"据《资治通鉴》的记载,德宗贞元三年(787)

回纥向唐请求和亲，德宗以亲生女咸安公主妻之，并酬还马价绢五万匹。贞元四年，咸安公主远嫁回纥。回纥可汗得唐许婚，非常高兴，专门派遣人迎亲，并恭敬地表示，过去回唐是弟兄，现在为子婿，相当于半个儿子，吐蕃如果敢来侵犯，作为儿子当为父亲除患，后上表请求改"回纥"为"回鹘"。咸安公主按回鹘风俗，历嫁四可汗，居回鹘二十一年而逝。此外，为了平息回鹘的抱怨，宪宗于元和二年（807）下敕出内库金帛以保证马价绢的质量，这就是《阴山道》"元和二年下新敕，内出金帛酬马直"这句诗所讲的事情。但回鹘并没有因此就停止对唐北境和西北境的侵扰，甚至陈兵催要马价，如果所送马匹唐廷不能尽数购买，送马的使者就滞留在鸿胪寺，继来者不绝，迫使唐廷不得不"命尽市之"（《资治通鉴》卷二二四"大历八年"条）。唐廷也不断以各种方式包括赐粮、赐物以安抚之。"缣渐好，马渐多。阴山虏，奈尔何"，白居易在诗中发出的感慨正是基于这样的状况而发。

对于绢马贸易，不少当代历史学者有不同的观察视角。绢马贸易中，唐廷方面以次充好，绢帛质量低劣；而回鹘一方，病弱马匹充于其间，正如白居易诗中所说"每岁死伤十六七"。双方都有欺诈行为，都使对方陷入困境，但为什么绢马贸易还能持续、长久地进行呢？综合学者们的观点，可以归纳如下：一方面，唐朝军事上是需要大批战马的。原本西北是唐廷养马的重地，但随着西北地区政治、军事及民族格局的变化，官养马业整体走向衰微，作战需要的马匹往往供不应求，购买游牧民族的马匹来充实军用，就成为唯一的有效措施。唐朝名将王忠嗣为陇右节度使和河东节度使时，逢边境开互市，即抬高马匹收购价，诱使周边各族竞相来贩马，来者不拒，悉数买下。于是周边民族的马更多地通过互市而进入唐境，而周边民族自身拥有的马匹却相应减少，唐军因马多而壮。中晚唐的时候，唐廷如果不买回鹘的马，也得买其他游牧民族的马，绢马贸易实际满足了唐军对马匹和骑兵相关装备的需要。另一方面，回鹘通过绢马贸易，满足了本民族生活的需要，也刺激了自身畜牧业的发展，还发挥了居间贩卖丝绢的作用。可以说，在东西方的贸易中，回鹘在一定程度上充当着中间商，并从中获取了高额利润。因此，绢马互市贸易不仅是唐与回鹘友好关系的继续和发展，而且是对双方均有利的贸易形式。绢马贸易还有一个作用，就是利于唐朝联合回鹘防御吐蕃，同时还可以防止其与河朔藩镇结盟。如回鹘可汗得到许婚后，以辱骂吐蕃使者的方式与之绝交，此后多次助唐共击吐蕃。唐和回鹘通过绢马贸易，在一定程度上也达到了保证边境安全和国内稳定的目的。尽管唐政府为此财政更加窘迫不堪，但仍然长期坚持绢马互市，也是基于以上原因。

有学者还对马价进行了深入探讨。一些论者认为贸易初始时的四十匹绢比市场实际马价可能高数倍，但也有学者指出，玄宗开元时买突厥马的价钱基本与之持平。后来马价涨到五十匹绢换一匹马，确实比开元时高了，但在讨论马价的时候，也要考虑到马的运输和路程远近，也就是成本问题。回鹘人长途跋涉，将马运到唐的北部边境出售，成本很高，损耗也很大，必然影响到马价。如果唐朝人到回鹘产马地去买马，价格当然低于唐朝市场上的回鹘人运来的马。所以常有唐朝出使回鹘的官员私自带一些丝织品到回鹘市场上买马，然后带回中原以牟取差价，有的可能会获得暴利。另外，唐中期以后回鹘马的价钱表面看来确实高于河陇一带的马，但河陇马常常是被唐政府就地收购，经长途跋涉到中原，死亡率很高，而且相比北方游牧民族的马匹，质量还是稍逊一筹，代价也不小。因此，通过绢马交易既可以控制回鹘，又可以在军事上增强自己的实力，唐朝宁肯在经济上吃些亏也是可以理解的。

"五十匹缣易一匹，缣去马来无了日"，反映了唐廷因财政窘迫而时感无奈的境况，但持续了八十余年的唐回绢马贸易，也是出于双方关系的现实需要。换个角度看，从朝贡贸易到互市贸易，应该算是历史的进步。可以说，白居易的《阴山道》也只是反映了历史事实的一个侧面。

伍

江南春

杜牧

千里莺啼绿映红，水村山郭酒旗风。
南朝四百八十寺，多少楼台烟雨中。

  杜牧的这首《江南春》是其代表作之一，写作时间不详，推测是他在任职江南时有感而作。杜牧在唐朝的文宗、武宗、宣宗三朝，先后赴扬州、宣州、黄州、池州等地任职，断断续续在江南生活了八年左右。这首诗虽然是描述江南景色，但也有人穿透烟雨，揣测诗人是否咏古叹今，目的是讽喻统治者不要重蹈梁武帝佞佛误国的覆辙。

  佛教自汉朝传入中国，至唐朝时已历经约七百年，在传播过程中，不断与中国本土文化相互影响和融合，同时也受到王权和民众需求的影响，在世俗化的过程中，融入了中国社会的方方面面。

第二十一讲 烟雨中的楼台：走向人间的佛教（上）

在中外文化交流史上，佛教作为外来文化之一种，无论是普及的程度还是深入民众生活的力度，对中国的影响都最为深远。从杜牧的一句"南朝四百八十寺，多少楼台烟雨中"，我们已经可以感受到南梁佛教之盛。到了唐朝，就不仅仅是四百八十寺了，仅都城长安内外就有大小寺院一千多座。广大的国土上，从西到东，从北到南，处处香火缭绕。可以说，这是佛教在中国的鼎盛发展时期。那么，作为一种外来宗教，佛教为什么能够在中国兴盛并最终成为最流行的宗教？佛教东渐究竟是一个怎样的过程？我们选取敦煌莫高窟为切入点，深入浅出地谈谈这个问题。

一、佛教的中国缘

佛教的东传引发了从西域一直到河西走廊，再延伸到内地的开凿石窟拜佛、崇佛的热潮。莫高窟则是其中最负盛名的石窟群，俗称千佛洞，始建于十六国的前秦时期，据专家考证，第一座石窟开凿于公元344年。经过十六国、北朝、隋、唐、五代、西夏、元等历朝兴建，共有洞窟735座、壁画4.5万平方米、泥质彩塑2415尊，是世界上现存规模最大、内容最丰富的佛教艺术集中地,犹如佛教东来路上的一颗明珠。

今天我们去莫高窟,看到的是由735座洞窟组成的石窟群。石窟其实是寺庙的组成部分,是寺庙最重要的佛殿,窟前原有的木构寺庙建筑,历经千年岁月的磨蚀和风雨的侵袭,均已不存。在西北陆路丝绸之路衰落后,伊斯兰教东来,佛教渐渐退出了河西走廊,后人也没有修缮和重建之举,因此,只有不易毁坏的石窟得以保存下来。"南朝四百八十寺"一句,是诗人暗喻寺庙数量之多,而仅敦煌莫高窟一处,作为寺庙的洞窟就有375座,其余基本是生活区的建筑。

回到开头的问题,作为外来宗教,佛教为什么在中国能被广泛接受呢?为什么即使在比唐朝早三四百年立国江南的梁朝,已经出现"四百八十寺"的宏大规模?佛教为什么能得到朝野的认可而逐渐本土化,成为中国第一大宗教?我们需要从佛教和中国社会两方面的特点去考虑这些问题。

首先,佛教信仰门槛低。佛教虽然在中国形成了多种宗派,有"十宗"之说,但广泛流传和普及的主要是大乘佛教的禅宗和净土宗,尤其是禅宗,成为主流宗派。"乘",往往解释为车或船,意思是通过信仰佛教可以渡到彼岸的天国世界。最早传入的小乘佛教注重个人修行,笃信者往往抛妻别子,到深山老林去自省自修,这对于一般百姓来讲很难做到,也没有必需的经济条件。而大乘佛教强调内心的修养,不需要读懂诘屈聱牙的佛经,没有复杂的仪式,只要一心向佛,就可以修得菩萨行。对普通民众来讲,简便易行,似乎只要持之以恒就可以求得来生的幸福,去往理想的天国世界。因此佛教信仰非常容易被接受。

其次,中国人的泛神信仰。中国人从君王到百姓,大都不持一神信仰,往往是多神或泛神信仰。这种风俗也是建立在中国占最大多数人口的农民所普遍具有的实用主义思维上的。佛教的菩萨、道教的神仙、自然神灵,只要灵验,都有可能被民众所信仰所追捧。在普通民众看来,这些神灵各有神力,彼此之间并不冲突,可以尽量最大限度地发挥它们各自的作用。因此,不管是与道教有关的五岳,即东岳泰山、西岳华山、北岳恒山、南岳衡山和中岳嵩山,还是佛教四大菩萨显灵说法地的四大名山,即五台山(文殊)、峨眉山(普贤)、九华山(地藏)和普陀山(观音),沿途进山,都会发现多种信仰痕迹并存。所以中国普通百姓对接受一种外来信仰并无心理障碍。

在以上两点的基础上,佛教还解决了以下几个问题。

第一,实用性问题。佛教最初传入中国时,因为佛经比较晦涩难懂,所以主要是在文人士大夫中传播。这一阶层接受和研习佛教经典,更多是出于精神层面的追求。但是中国古代的普通百姓文化程度普遍不高,而且重视经验、讲求实用是农业民族的特性,所以他们信仰某种宗教,最主要的目的是解决生活中的实际问题,如祛病免灾、寻觅良缘、子嗣兴旺、升官发财、旅途平安等。因此,若要流行于民间,宗教就必须有实用功能,必须能解决百姓的实际问题。历史上无论是外来的佛教,还是本土的道教,都在演变过程中增强了实用性。佛教方面,菩萨信仰最为典型。观音菩萨的标志印象就是"大慈大悲,救苦救难",还被冠以如"送子观音"这类头衔,观音信仰遂成为信众最广泛的信仰。道教符箓派一定程度上也可以说是为满足人们的现实需要而发展起来的。

唐代彩绘漆金夹纻阿弥陀佛像（美国大都会艺术博物馆藏）

第二，与王权的关系问题。在中国，神权从来没有大过王权，不像西欧罗马教廷，神权可以与世俗王权对峙、并列，可以分享权力，甚至在某些时候或某种程度上，教会的权力和势力拥有压倒性的优势。如果看过19世纪法国最著名作家之一的大仲马所写的《三个火枪手》，可以了解在当时的欧洲，红衣主教与国王之间的权力争夺中，主教一方常常处于优势地位，双方的博弈此起彼伏。而佛教在进入中国的过程当中一直依附王权，始终在王权的控制之下，诸如寺院的数量、每座寺院僧人的编制、寺院的地位和佛教与道教、儒家之间的关系等，最终都是由朝廷来决定的。如果王权给予佛教更大的发展空间，那它的普及和发展就会很迅速，势力变得很大，甚至僧侣也跨入了大地主的行列，广占良田，拥有数量众多的奴婢和依附人口，也可以参与政治，出入宫廷。唐朝设有专门的机构管理宗教事务，还建立了一套严密、完备的僧官制度。

第三，与世俗伦理道德的关系。中国的传统是"万事孝为先"，其他伦理道德很大程度上都是从"孝"延伸出来的。孝道是中国传统社会的根基，道德的核心。但佛教僧尼属于"出家人"，如何处理与父母的关系也成为佛教能否深入中国传统社会和普通民众人心的关键。佛教在中国化、本土化的过程中，也调整了自己的观念。比如，莫高窟及其他石窟群中的很多经变画都是以《佛说父母恩重难报经》为题材创作的。经专家考订，这部经属于伪经，但在民间流传甚广，得到广泛的推崇与认可。通过这种方式，社会上下阶层信仰佛教就不会与传统的伦理道德发生冲突，在最重要的"孝"的层面上，宗教与世俗达到高度的价值认同，是不是伪经似乎也就不重要了。

总之，中国化、本土化、世俗化，是佛教能够盛行而历久不衰的原因所在。

二、离人越来越近的佛与菩萨

佛教进入中国后迅速地在各个阶层中流行起来，上至皇帝、贵族、公卿百官、文人士子，下至农夫工匠、贩夫走卒，信徒众多，在唐朝发展到鼎盛。其间也遭遇了唐武宗的灭佛运动，这是佛教历史上的大法难之一。但整体来讲，从宫廷到民间，佛教在有唐一代都是很风行的，相应的是，敦煌石窟的开凿也在唐朝达到高峰。

陆路丝绸之路是佛教东来的主要通道，对应于江南寺院的"楼台烟雨"，丝路一线则可谓"西北绿洲星罗布，多少石窟黄沙中"（自撰）。敦煌是丝路重镇，也是佛教从西域进入中原的第一站，兴盛数百年，由此形成了包括莫高窟、西千佛洞、安西榆林窟在内的大片石窟群。这里可谓是佛教与中国本土文化接触的前沿，留存下无尽的文化宝藏，有形制各异的洞窟、斑斓多彩的壁画、栩栩如生的雕塑、大批经卷文书等，为中西文化在历史长河中交流、交融烙下深刻而丰富多彩的印痕。

到莫高窟参观游览的游客，可能大多数人的主要关注点在洞窟内绚丽斑斓的壁画和神采各异的雕塑，并没有太注意洞窟。其实敦煌的洞窟所蕴含的历史文化信息也是非常丰富的。492个洞窟形制各异，在不同的历史时期主流形制都不一样，并不是窟的主人即出资修窟的人或承担修凿任务的工匠，在建窟时随意开凿的。北朝流行的是中心塔柱窟，唐朝流行的主流形制可以称为覆斗顶窟或殿堂窟，到了晚唐和五代，流行的则是背屏窟。洞窟形制的变化正是佛教中国化、本土化和世俗化的具体表现。

我们可以先走进中心塔柱窟，窟顶分为前室和后室。前室窟顶又分为前披和后披。从前室再进去是后室，对应着的窟顶是平的。在后室与前室中间，凿有一长方形柱子。这根柱子象征顶天立地，实际上也象征着一座塔，所以叫塔柱窟。塔柱四面开龛，正面是主尊，即所供奉的主佛或菩萨，其他三面一般都是上下开龛，龛呈阙形或者圆券形，然后窟内的两侧壁上部又开有四个小龛。

中心塔柱窟为什么在北朝成为主流窟型呢？据研究，因为莫高窟所依建的岩壁质地比较疏松，立一根塔柱直接伸到窟顶可以起到支撑的作用，防止洞窟坍塌。这也是因地制宜而形成的窟型。石窟代表了天国，信徒进入石窟以后，会围绕着塔来进行礼拜。这样的一种以塔为中心的形制，在中原佛教寺院的布局上也有所反映。杨炫之所著《洛阳伽蓝记》里，就记述了北魏洛阳一座著名的寺庙永宁寺，寺的中心就是著名的永宁寺塔。塔高几十丈，周围几十里甚至百里都能看见。这说明在佛教东来的早期，宗教建筑和宗教活动都是以塔为中心的。

唐朝敦煌的主流窟型是覆斗顶，顾名思义，就是窟顶类似一个倒扣的斗，正中间是方形的藻井，藻井延伸出四面坡，即四披。我们走进这样的窟，会发现早期北朝流行的塔柱不见了，整个窟的内部类似一座大殿，正面开龛，所以这种形制也叫殿堂窟。显然，比起中心塔柱窟，在这样的石窟里，人的活动空间扩大了，在窟内礼佛，人就成了主角，这也是一种变化。当然这种变化各地并非完全同步，我们在西北的其他地区的石窟群，会看到隋唐时期仍然存在塔柱窟。如宁夏固原西南的须弥山石窟，属于中国十大石窟之一，在那里就可以看到唐代的一些洞窟仍然保有塔柱形制。

到晚唐、五代，窟型仍然是覆斗顶，但是正面墙壁已经不开龛了，而是在窟内中后部建起一个坛，尊像都会立在坛上，坛后面是一座背屏，这样的窟内布局就与我们现在进入寺庙大殿所见很相似了。不同的是，石窟内的背屏一直延伸到窟顶，"背屏窟"因此而得名，而现在常见的寺庙大殿尊像后面的屏没有那么高。另外，石窟所建的坛比现在一般寺庙主殿的坛要低些，神像似乎触手可及。这意味着人和佛、菩萨之间的距离越来越近了。此前，佛和菩萨都在高高的塔柱之上，后来又独自在龛里，现在到了坛上，人在礼佛时可以近距离地感受它们了，似乎人与神有了近距离交流的可能。

除了以上几种主要窟型，在莫高窟我们还可见到大佛窟、卧佛窟、禅窟等。其他地方的石窟群在不同时期也有窟型的变化，但相较而言，敦煌的洞窟形制演变脉络是比较清晰的。从中我们可以观察到，随着时代的变迁，进入中国后的佛教，其人神关系中人占有越来越大的空间，也越来越占有主动地位。

三、中西交融，人神互感

敦煌石窟群不仅有造型各异的洞窟，它所留存的举世无双的雕塑和壁画，形式和内容更是丰富多彩。

在中国著名的三大石窟群中，龙门石窟开凿于石灰岩山壁，云冈石窟的石质是花岗岩，两者所依建的石壁都比较坚固，可以直接进行石雕，造像生动。

敦煌石窟群则是开凿在砾岩之上，砾岩岩质松散，不宜直接进行石雕，这反倒使敦煌成为彩塑的宝库。彩塑的做法是，先做一个木料或石料的胎心，再敷上泥做好造型，涂上大白，然后进行彩绘。

主要雕塑形式是圆雕,也就是立体雕,还兼有浮雕、悬雕。莫高窟彩塑有几千余身,早期彩塑均为尊像,即佛、菩萨之类,后来内容越来越丰富。如北朝洞窟,早期洞窟正面的龛中只塑造一位主尊,随着时间的推移,后来的洞窟主尊两旁会出现一些菩萨,这一组被称为"一铺"。后来一铺的组合就越来越复杂了,如盛唐时期的第45窟(敦煌研究院编号,下同)窟内龛中,就塑有一佛、二弟子、二菩萨、二天王、二力士。有的组合中还出现了供养菩萨及供养人等。据考察,一铺彩塑最多可达十几身。窟内的雕塑,从技艺、风格上来看,可以说是中西交融。来自西方的绘画技巧、人物形象、表现手法沿着丝绸之路而来,首先会到达敦煌;而中原的风格、技艺也会随着内地工匠的到来融入敦煌,并继续西传。

与洞窟一样,敦煌的雕塑也在历史中不断变化着。观察不同时期的雕塑造型,我们至少可以看到以下几点。

第一,人物形象的变化。北朝的雕塑,尊像面容带有很多西域等地非汉民族的特点,如高鼻、深目、鬈发等。佛陀大弟子迦叶早期形象就是一个胡僧,瘦骨嶙峋,牙齿残缺,手持破钵,穿着简陋。可是第45窟内的迦叶,已经变成了一个慈祥而智慧的老者,饱经世故,完全是汉僧的形象。这是佛教在东来过程中本土化、中国化的重要表现之一。神佛形象上的人种的变化,使得百姓在礼拜时感到更亲切,产生更多的认同感。壁画里人物形象的变化和雕塑是同步的。

第二,雕塑组合及职能的变化。前面所提到的一铺的雕塑从单身变为多身组合,是一个重要的变化。这不仅仅是直观的数量上的变化,还包含有职能变化的重要因素。这一变化对应的就是信众崇拜的对象日趋多样化和群体化。一铺的雕塑,实际上是各司其职的。

如主尊，一般是释迦牟尼佛、弥勒佛，被塑造成威严而慈悲的形象，实际上代表了天子，象征着人间的帝王，主宰一切，关爱民众；主尊的两边，如盛唐第45窟，站着的是佛陀的两位大弟子，老者是迦叶，年轻者是阿难，迦叶代表了饱经沧桑、充满智慧的老者，阿难代表的则是充满活力、聪颖伶俐的年轻人形象。迦叶、阿难外侧各是一位菩萨，其中一位有"东方维纳斯"之美称，不仅因其面容端庄、体态婀娜，还因其历经千年岁月后，手臂已有残缺，与卢浮宫内的断臂却依旧迷人的维纳斯雕塑相似。两位菩萨外侧又各矗立着一位天王，犹如运筹帷幄的大将军。天王外边各有一位力士，仿佛驰骋疆场的将士。这样一组造像，可谓各有其位，各司其职，信众们在世俗社会都可以找到组合神像中对应的角色，正是佛教走向人间的体现。

　　三是人神之间的双向交融。佛教走向人间，意思就是佛、菩萨（各类尊像）与人间发生的交流、交汇越来越多，而且这种交流与交汇是双向的。佛教的世俗化使得人间的很多元素渗入各类造像中。在雕塑组合中，我们逐渐看到供养人的形象。所谓供养人，就是出资或出力修凿石窟的人。云冈石窟和龙门石窟内，很多大型石雕是帝王的形象，似乎人神一体。而莫高窟内的供养菩萨，则是供养人依自己的形象塑造的，也进入了雕塑组合。20世纪初被美国人华尔纳盗掠的初唐第328窟的供养菩萨像，就是典型代表，现收藏于美国哈佛大学赛克勒博物馆。

供养菩萨像(敦煌莫高窟第 328 窟,美国哈佛大学赛克勒博物馆藏)

慈恩塔下题名处，十七人中最少年。

白居易于唐德宗贞元十六年（800）中进士，时年二十七岁，"慈恩塔下题名处，十七人中最少年"这句诗是他在进士及第后于长安慈恩寺大雁塔所题（仅此一句）。慈恩寺乃唐太宗贞观二年（628）太子李治为追念母亲长孙皇后所建。太宗特命从天竺（古印度）取经回来的高僧玄奘在此统领弟子僧众译经。唐高宗时期，为安置保存经像和舍利，彰显佛迹，玄奘亲自主持修建三十丈高仿西域形制砖塔，成为慈恩寺标志性建筑——慈恩寺塔，也即大雁塔。那么，大雁塔作为佛教寺院标志性建筑为何会成为新科进士的题名处呢？

第二十二讲 "慈恩塔下题名处"：
走向人间的佛教（下）

唐朝的进士科堪称"士林华选"，新及第的进士会举行一系列庆祝和聚会活动。他们在长安城东南的曲江池参加宴饮后，齐聚大雁塔下，推举善书法者将及第者的姓名、籍贯和及第时间题在墙壁上。清静无为的佛国世界与喧嚣尘世的功名利禄，在"雁塔题名"的空间似乎呈现出"天人合一"景象，真实反映了佛教在都城长安和遥远的敦煌石窟，几乎同步地以多种方式融入人间社会。

一、佛国与世俗并存

壁画是与雕塑并驾齐驱的莫高窟珍贵宝藏，壁画里人物形象的变化和雕塑是同步的。莫高窟的壁画，不计叠压的、尚未统计的部分，约4.5万平方米。很多保存较完好的洞窟自上而下绘满了壁画。不同时期的壁画，可以与洞窟的形制和雕塑的变化联系起来分析和考察。

最早的壁画主要画尊者，也就是佛、菩萨，以及衍生出的弟子、天王、力士等。有些窟内，一个一个小佛绘满了墙壁和窟顶，不啻"千佛""万佛"。尊者像之外，壁画的内容和题材也逐渐丰富起来。

早期北朝壁画主要是本生故事画。佛教主张轮回,宣扬前世来生,所谓本生故事画,即描绘佛祖释迦牟尼前世求法、弘道等事迹的画。佛传故事也是重要内容,描述的是佛祖的一生:求学、求法、菩提树下顿悟、创立佛教等。另外还有因缘故事画。所谓因缘故事就是佛祖在行走、弘法的过程当中化度尘世中的俗人,劝导他们皈依佛教的种种事迹。

故事画逐渐取代单纯的尊者像,这一变化在莫高窟壁画中非常明显。本生故事画之所以成为北朝时的壁画主题,与当时小乘佛教在中国的流行有关。"小乘"的意思是一车(船)一人,即通过个人的修行使自己能过渡到佛国之彼岸世界。体现小乘佛教精神的壁画,宣扬的都是忍辱牺牲、放弃肉体甚至生命以弘法或者获得来生幸福,所以描绘的内容往往是佛祖在前世舍身饲虎、割肉贸鸽这类故事,以及身钉千钉、割头挖眼等悲惨的、血淋淋的场面。如经常绘制的壁画主题"萨埵太子舍身饲虎",就是佛经中的故事:印度宝典国国王的三个儿子一同到山中打猎,见到一只母虎带着数只小虎因饥饿难耐而奄奄一息。三太子萨埵见此情景,毅然跳下山崖用自身血肉饲喂母虎与小虎。萨埵太子就是佛祖释迦牟尼的前世。

小乘佛教和本生故事画在北朝的流行,也与时代背景有密切关系。北朝时期,中原地区战乱频仍,兵火连绵,普通民众处在水深火热之中,面对灾难别无他法,只能通过信奉佛教,忍辱负重,期冀以此生痛苦换得来生幸福。

进入隋唐时期,壁画的题材明显变了,本生故事画淡出,经变画成为主角。所谓经变画,是指用绘画的形式解释经典,阐发经典。"变"作何解释,有不同的看法,我个人的理解是指通过另外一种直观的形式阐述经典，如变文、经变画等。

经变画大都表现的是佛国辉煌的景象，画面中心是佛陀在说法，坛下有倾听的众生，有普通信徒，有百官公卿，还有各国来宾使者和载歌载舞、弹奏乐器的伎艺人等。画中还有乐池、亭台楼阁、菩提树、天女等，色彩斑斓绚丽，内容丰富多彩，人物林林总总。

为什么会有大型的经变画出现呢？首先，这与洞窟形制的变化有关。从北朝到隋唐，主流洞窟形制从中心塔柱窟变为殿堂窟和背屏窟，四周墙壁不再开龛，从而给绘制大型壁画留下了足够的空间。但更重要的原因是，进入唐朝后，社会经济从战乱中恢复和发展，逐渐走向繁荣，经变画虽然描绘的是信徒们向往和想象中的佛国世界，实际上也体现了他们生活在盛世当中的欣悦与现实的幸福感，而不再是本生故事画中反映的忍辱牺牲。所以，从本生故事画到经变画，其实是反映了时代的变迁。画面色彩也从本生故事画的黯淡阴晦转而变为经变画的靓丽斑斓。画面构图则从连环画式的或连缀或分图等构图而变为整幅图画表现一个集中的主题，多人、多佛同时处于同一时空的宏大场面。

供养人是莫高窟壁画中的重要组成。供养人在壁画中的变化也反映了佛教东来过程中的演变。早期的壁画，有供养人就把自己的名字写在壁画的下方，用一个长条的方块框起来，表明某位人士为此洞窟的供养人，或因出资，或因出力。早期留下的只是名字。随着时间的推移，供养人在壁画中的位置和表现形式都出现了变化，逐渐有了具体形象，而且高大起来了，这与雕塑中出现供养菩萨是一致的。值得注意的是，壁画当中出现了彼时代的重要人物。如莫高窟第156窟，是张氏家族的洞窟，就是驱逐了吐蕃势力的豪酋张

第二十二讲 "慈恩塔下题名处"：走向人间的佛教（下） 233

《张义潮统军出行图》局部（转引自《中国敦煌壁画全集·08 晚唐》，图版二）

义潮所在家族。张义潮陆续收复了瓜、沙等十一州，又派遣使团赴长安，献上瓜、沙等十一州图籍，使河西地区从名义上重新归入唐的统辖范围，朝廷则封张义潮为归义军节度使，因此敦煌的这段历史也被称作归义军时期。张氏家族无疑是当地的大族，所以有能力开凿专门的家族洞窟。第156窟是殿堂窟，正面墙壁开的龛里并没有十分值得重视的雕像，保存情况也不佳，但左右两壁的壁画具有非常高的历史价值和艺术价值。南面壁画名为《张义潮统军出行图》，表现的是敕封节度使后张义潮的出行仪仗队，马、车、人浩浩荡荡，场面宏大。北面壁画是主角为张义潮夫人的《宋国夫人出行图》，同样香车宝马，气氛热烈。

当时敦煌还与其他的一些绿洲政权有联系，其中于阗是和敦煌政权关系比较密切的。于是我们在第98窟东壁上看到了一个与真人一般大的人物形象，旁边的题记为"大朝大宝于阗国王大圣大明天子"。据学者研究，这是于阗国王李圣天以供养人的身份让工匠把自己画到了洞窟中。此画高2.28米，是莫高窟现存的供养人画像中最大的一幅，人物形象星眉剑目，气宇轩昂。这幅画像不仅在窟内占据重要的位置，也具有极高的历史与文化价值。

无论是第156窟的张义潮及其夫人，还是第98窟的于阗国王李圣天，都是以供养人的身份出现在壁画中的，在壁画里他们作为"人"的代表，实际上占据了主要地位，人成了洞窟的主人，而尊像，即应该礼拜的佛或菩萨则被边缘化了。

这个变化，同样反映了佛教东来过程中人神关系的逐渐转化。莫高窟中目前可见的范围内绘有九千多身供养人画像，有独立出现的，也有穿插在各个壁画之中的，上自帝王将相、高官显贵、高僧硕德，下至普通僧尼及民众，各民族人物形象交错其间，丰富而生动。

敦煌洞窟的开凿是因为佛教的传播，无论是雕塑还是壁画，抑或神采各异的供养人，大都是展现与佛教相关的内容。但其实莫高窟中还有大量佛教以外的反映现实的壁画，如商人贸易、农夫耕作、历史故事等，可谓佛国与世俗并存，壁画的内容即是真实世界的反映。此外，上古神话和道教的内容也出现在壁画上，如伏羲与女娲、东王公和西王母等，这也是中国社会多种信仰并存这一特点的反映。从这个角度，我们也可以看到人及人的活动逐渐占据了更主要的地位。

莫高窟还有很多具有很高学术研究价值的壁画。比如，第61窟有一幅五代时期的壁画《五台山图》，有学者认为反映了自安史之乱后，已与中原久断音讯的河西民众怀念故国家园的心情。《五台山图》描绘的众多重要寺院中，有一座位置非常显著的寺庙"大佛光寺"，引起了建筑学家梁思成、林徽因伉俪的注意，他们夫妇为此特地赴山西考察，但在五台山寺庙集中的台怀镇及附近人们常去的地方都没有发现这座寺庙。梁思成想到"大佛光寺"可能并不在台怀镇中，但肯定属于五台山寺庙群，如果是位于五台山周边地区，就有可能避开战乱，保存得更好，于是沿着这条线索继续查找。1937年，在五台山附近的豆村听当地老百姓说起当地有一座大殿，两人循迹而去，从殿后爬到梁上，看到梁上刻有上梁时间"宣宗大中十一年"。而殿前一座经幢，也推定为大中十一年所立。大中是唐宣宗在位时的年号，大中十一年即857年，这就证明主体架构是唐朝的。因此，在《五台山图》的指引下，他们寻找到了大佛光寺。大佛光寺历时一千多年，整体建筑保持完好，这是一个极其重要的发现，对中国建筑史研究具有重大意义。之后，二人又发现了附近诸多的唐代建筑遗存。建国后，大佛光寺附近的唐代完整的木构建筑南禅寺也被发现。

二、菩萨形象变化的背后

敦煌莫高窟的雕塑和壁画中，有大量菩萨的形象。随着佛教东传的进程，菩萨的形象也在发生变化。中国石窟艺术的起点——新疆克孜尔石窟壁画中的菩萨形象，小胡子圆脸，身材粗壮，显然是中亚或者西亚的男性形象。从克孜尔一路东去走到敦煌，莫高窟中的菩萨有的还蓄着小胡子，仍然具有西域人的特点，但是主流形象已经是端庄、美丽、丰腴的中原汉族女性。唐朝的洞窟中，环肥燕

引路菩萨图（绢画，敦煌莫高窟第 17 窟，大英博物馆藏）

瘦的"环肥"成为经典的菩萨形象,尤其是盛唐时期的雕塑和壁画,丰腴的美丽女性菩萨比比皆是。这当中值得关注的有两点:一是人种的变化,二是性别的变化。除菩萨外,其他佛国中的人物,如佛弟子、天王、力士等也都取材于当代人物的形象。这当然也是佛教中国化、世俗化的表现。

佛教的世俗化,还表现在僧人介入社会生活的各个领域。僧人与上层皇室、权贵的交往很密切,皇族中佛教信徒或佛道兼修者为数不少。东晋高僧慧远法师住持的白莲社,邀集"息心贞信之士"一百二十三人,既有中外高僧,又有达官贵人,还有学者隐士。僧人和文人在精神文化层面的往来是非常频繁的,有些僧人本身即拥有相当高的文化素养,诗、书、画、文皆擅长。

三、寺院的空间延伸

在城市社会公共空间缺乏的情况下,寺院在很大程度上就承担了公共文化及娱乐场所的功能,这也可以认为是佛教流行、普及的原因之一。

中国古典城市在隋唐两朝达到鼎峰,最重要的表现就是坊市制的严密与规整,尤其是都城长安更为严格。但这样的城市存在一个致命缺憾,就是缺乏公共空间。隋文帝修建大兴城(后为唐长安城)时,负责设计的是当时著名的建筑家宇文恺,他把东南角低洼地区设计成一个人工湖,即曲江池,成为君民可以同乐的游赏场所。到了玄宗时期,新科进士在放榜后都会赴曲江池举行宴会,热闹非凡,是城内一大盛事。除此之外,大兴城、长安城并没有像古希腊和古罗马那样,规划有公共图书馆、公共浴池、公共剧场等公众空间,弥补这一缺陷的就是寺院。长安最多时有一百多座著名的大寺院，占地宽阔，环境优美，遍种名花异草，林木掩映，房舍充裕，书画精妙。如白居易"雁塔题名"的大慈恩寺，共十余院，近一千九百间房；假山、池水相映。园林、花卉也是寺院靓丽的风景线，牡丹盛开时节，各寺院花团锦簇，京城士女观赏者趋之若鹜。这些著名寺院，对普通民众开放，俗讲、斋会、法事、节庆等活动不断，聚众效应非常显著。唐长安城内设有戏场的寺院目前见于记载的有晋昌坊的慈恩寺、新昌坊的青龙寺、开化坊的荐福寺、永乐坊的永寿寺、平康坊的菩提寺等。虽然主要观众以皇室和官僚权贵为主，没有普遍对公众开放，但也属于相对开放的场所。各地也有依托寺院的聚众活动，如唐江南东道上元县（治今江苏南京市区西北部）的瓦官寺，商人经常选择在此举办大规模的无遮斋（一种法事活动，设有斋饭，普施僧俗信众），往往聚集上万人。又如位于淮扬运河入淮河触动枢纽之地的楚州，有龙兴寺，"寺前素为郡之戏场，每日中，聚观之徒通计不下三万人"（《太平广记》卷三九四《徐智通》）；再如越州（今浙江绍兴）的宝林寺，观察使皇甫政因其妻陆氏入庙求子报验，遂亲设大斋，富商云集，又择日"率军吏州民，大陈伎乐"，僧俗聚集达"百万之众"，"鼎沸惊闹"（《太平广记》卷四十一《黑叟》）。

除了文化功能，寺院还具有经济功能。寺院的经营范围很广泛，诸如借贷业、旅店业、仓库租赁业、农业及加工业等，均有涉及。前文提到过，北宋开封府大相国寺每月会举办若干次盛大的庙会，成为全国商品的集散地。其实，唐朝各地寺庙也举办有类似的庙会活动。在严格的坊市制度下，一般民居是不允许向主要街道开门的，而寺院却无此规定，大门外往往形成比较开阔的广场，所以寺院还会被朝廷借用来进行一些规模比较大的活动。如唐后期伪劣钱币泛滥，扰乱了正常的经济秩序，政府采取的措施之一就是以官府贮藏的优质标准货币兑换民间的伪劣货币，收回恶钱重铸，以恢复市场正常秩序。这类兑换货币的事务牵涉人数众多，一般会选在一座较大寺院前的广场来进行。

自东汉以来，佛教传遍大江南北，长城内外，黄河上下。以敦煌莫高窟为线索，以长安城的公共空间为延伸点，佛教东来后中国化、本土化、世俗化的"三化"轨迹清晰可见。无论是南方的楼台、烟雨，还是西北的壁画、雕塑；无论是大雁塔的题名，还是慈恩寺盛开的牡丹，映照的都是人心的感悟，最终回归到人本身的佛教，才能走向人间。

相和歌辞·估客乐（节选）

元稹

求珠驾沧海，采玉上荆衡。

北买党项马，西擒吐蕃鹦。

炎洲布火浣，蜀地锦织成。

越婢脂肉滑，奚僮眉眼明。

通算衣食费，不计远近程。

经营天下遍，却到长安城。

《估客乐》为乐府歌名，包括李白在内的许多唐代诗人都以此为题作诗，但元稹这首最为人所称道。诗作文字充实而丰满，对商人从事商业活动的描写具体真实。中国是一个以农业为主的社会，重本抑末、重农轻商不仅体现在制度和各种政策上，也深刻影响了人们的价值观。但正如《汉书·食货志》所言："今法律贱商人，商人已富贵矣；尊农夫，农夫已贫贱矣。"唐朝城市商业的发展使农商关系也发生了很多变化。诗人笔下，抑扬褒贬交错其中，正是现实社会的反映。

第二十三讲 "经营天下遍,却到长安城":唐朝的商人

元稹的《估客乐》最后一句"经营天下遍,却到长安城",是这一讲的历史眼。这首诗将商人南上北下,到处搜求珍奇物品,长途贩运,最后汇聚到长安城来兜售或寻找更多商机的场景呈现在我们眼前。这种场景的背后,是以长安为代表的唐朝城市商业的兴盛,城市广阔而具有辐射性的市场为商人提供了无限机会。商人势力的壮大也在慢慢改变着社会阶层的结构。

一、商人何时"富可敌贵"

《太平广记》是宋人把截至宋初的历代笔记、小说汇集而成的一部大集子,共五百卷,其中收入了大商人王元宝的故事。王元宝是唐玄宗开元时长安城的巨商,算是具有典型意义的城市商人。玄宗皇帝闻知王元宝家财万贯,便直接召他进宫,询问其拥有的财产到底有多少。王元宝对曰:"臣请以绢一匹,系陛下南山树,山树虽尽,臣绢未穷。"南山是长安城南的山脉,林木茂盛。王元宝的意思是,南山树虽然很多,但他所拥有的绢更多。绢在当时是一般等价物,

也就是可以作为货币使用和流通。甚至出使的官员，朝廷给他们的路费都是用绢，因为绢比金属货币更易携带，也比较好分割。还有一次，玄宗登上大明宫的含元殿，遥望南山，看见一条白龙横亘山间，他问左右近侍的大臣，大臣们都说什么也没看见。于是玄宗急召王元宝，王元宝答："见一白练横在山顶，不辨其状。"意思就是隐隐约约地看见一条丝织物缠绕在山间。于是大臣们都感到很奇怪，说："为什么我们就看不见呢？"玄宗说："我闻至富可敌贵，朕天下至贵，元宝天下至富。"以此解释为何只有他和王元宝能见到这种奇异的景象。在这里，玄宗就提出了"富可敌贵"这样一个观念。但是，据书中的描写，即使像王元宝这样的大商人、长安巨富，对待权贵的态度依然是非常谦恭的，纵然"富可敌贵"，也没有因富而贵，取得一官半职。

唐末五代人王仁裕写有一本追述唐朝玄宗年间逸闻遗事的书，书名为《开元天宝遗事》，当中记录的"扫雪迎宾"之事，也是关于王元宝的："巨豪王元宝，每至冬月大雪之际，令仆夫自本家坊巷口扫雪为径路"，"躬亲立于坊巷前，迎揖宾客就本家"，赴"暖寒之会"，并以酒宴来招待。至于宾客，应该是以名士、贵族为主。这足见他逢迎和交好权贵的谦恭之态。

《太平广记》的记载中，另一位大商人邹凤炽（因为身体畸形，所以绰号"邹骆驼"），也为了结交朝士而大摆宴席，同样谦恭逢迎。

商人的这种姿态与中国古代长期奉行的以农为本、以商为末的思想有关。从统治者的政策到社会普遍的价值观，都对商人有诸多限制、压抑。比如，我们曾提到的唐朝就规定商人和商人子弟不能做官，不能参加科举考试。而当财政收入窘迫时，因为商人家财丰厚，国家经常以借商、征商为名义，强制剥夺商人的财产，把他们积累的财富征为国有。

到了晚唐，情况发生了一些变化。南唐人尉迟偓写的《中朝故事》记载了一个生动的故事。商人王酒胡（名字带"胡"字，可能是胡人，抑或是"壶"字的谐音）主要经营酒业，"居于上都"，即居长安，拥有巨额财产。黄巢起义军曾攻陷长安并建立政权。黄巢兵败撤出长安后，整个长安城残破不堪，很多建筑遭到破坏，包括皇城正南门的朱雀门。王酒胡纳钱三十万贯，助修朱雀门。僖宗皇帝又下诏重修安国寺。安国寺位于宫城和皇城东、大明宫南的长乐坊，具有皇家寺院的性质。僖宗皇帝在寺内设大斋，并铸了一口新钟，自己亲自撞钟，舍钱一万贯，率先带头号召官民捐修安国寺。僖宗表示，舍钱一千贯者可以敲钟一锤。书上记载，"斋罢，王酒胡半醉入来，径上钟楼连打一百下"，后令人到西市运钱十万贯入寺。王酒胡的气势和心态显然已经完全不同于王元宝和邹骆驼，他已经财大气粗到可以助修朱雀门和安国寺，但是，"径上钟楼"中一个"径"字就充分表明了此种心态变化又并非仅仅是因为财大气粗。这一点很值得我们注意。

二、"以末致富"却未"以本守之"

窦乂是唐德宗至唐文宗时期活跃在长安的商人，《太平广记》收入的关于唐朝商人的文章中最长和最完整的一篇，就是描述窦乂的发家史的。

《窦乂》属于典型的传奇小说，追述了窦乂在闯荡长安的过程中发家致富，与城市共进退，获得了巨额家产的过程。窦氏家族属于北朝以来的高门大族，曾经长期因外戚的身份在政治生活中显赫无比。入唐以后的窦氏家族，虽然也有不少人位列高官，也有一些女性和皇族联姻，甚至成为皇后、皇妃等。但相较于北朝，无可讳言，整个家族已经走向衰落。《太平广记·窦义》所记述的主人公窦义，不见正史记载，或因家道中落，或因只是窦氏家族的一个旁支、疏支而被忽略，也可能只是同乡而攀附门第，甚至可能只是文人综合所闻而杜撰出的人物。但对于我们了解唐代城市商人的历史却不无裨益。

　　文中的窦义最初以习业为名，即以准备复习功课参加科举考试为名，投奔长安任检校工部尚书的伯父（可能是远房伯父）。伯父允许他借住在家庙里，这使他在京城有了落脚之地，从此开始了自己的创业之路。

　　窦义利用京城人口众多，生活需求量大的便利条件，从小做起。他先把亲友赠送给窦氏子弟的丝履，就是丝做的鞋卖了，卖得的钱用作种植榆树的本钱。树长成后，先卖榆条，一束卖十余钱，卖了百余束。第二年卖了二百余束，盈利数倍。五年后榆树长大了，可以做屋椽了，又到市场上去卖木材，利润更加丰厚。

　　经济实力增加了，窦义又转战其他领域。此前的木材生意放下，开始生产京城百姓所需的日用品，比如蜡烛、法烛。他雇来工人，以破麻鞋、槐子、碎瓦等为原料，简单分工，流水作业。每根蜡烛售价百文，获利更多。这种经营活动就类似简单的手工业作坊了。

　　然后窦义又把经营方向转到房地产领域。他用三万钱在西市的低洼处买了十几亩空地，把洼地填平，在上面建了二十余间房屋，用于开店，号"窦家店"，可以供客人住宿，也可以囤积货物。房地产正是城市发展以后兴起的产业。

窦乂还涉足高档奢侈品的经营和销售。他曾通过购买宅子得到一块好玉,又通过加工玉器得到钱数十万贯。这也是因为窦乂看准了随着财富的日益聚集,京城奢侈品的消费市场逐渐旺盛这一点。

窦乂又看到京城娱乐之风很盛,于是进军娱乐市场,开设陆博局,计利百余倍。

对于商人而言,改善政治地位和社会地位是一种必然需求。窦乂寻找时机,贿赂太尉李晟,投其所好,为数名巨商的子弟谋求一些官职。李晟许给了这些商人子弟位置比较好、待遇比较丰厚的官职,而窦乂从中又得到中介费数万贯。

可以说,作为商人的窦乂,非常有眼光,既能发现依托城市发展的商机,又能抓住商人以富求贵的心态。因此,在长安城长袖善舞,求风得风,求雨得雨。

三、商人与城市生活服务业

还有一位可以与窦乂形成鲜明对比的商人是罗会,《太平广记》也收入了他的故事。罗会专注经营淘粪业,并凭此业成为富甲一方的豪族,家财巨万,家人衫衣极鲜,居室华丽,一应物品无所不有。有自诩清高的士人说:"你已过得如此快活富足,为什么不离开淘粪业这种属于恶事、污秽的产业?"罗会解释说:"我也曾停业了一两年,但是一停业'奴婢死亡,牛马散失',整个家业就破落了,因此只能重操旧业,'复业以来,家途稍遂,非情愿也,分合如此'。"意思是自己也是不得不从事这一行。

罗会的选择其实有更深刻的社会背景。城市日益发展,人口增加，生活服务业则不可或缺，淘粪业就属于其中一类，有着巨大的市场需求。有人推测，罗会可能垄断了这个行业，或者至少部分实现了垄断。他的经营对象准确地说应该是城市垃圾，离开了这个行业，罗会之流也就失去了生财来源，家道必然要衰落。其实类似罗会这种以经营城市生活服务业为主的商人，不在少数。

窦乂与罗会的商业模式两相比较，一方是多种经营，一方是专业化经营，但都是围绕城市日常生活的需要而展开的。说明城市生活服务不仅市场需求日益增加，行业种类也随之丰富，专业化程度也不断提高。

四、"商人重利轻别离"中的世家子弟

魏晋南北朝以来持续发展而走向鼎盛的世家大族，在进入隋唐时期后，已经处于"乌衣巷口夕阳斜"的没落境况。故而，在经商的大潮中，世家子弟的纷纷下海也是毋庸置言的。但我们在正史中很少看到专门记载这些转型下海的世家子弟的篇章。

白居易的千古名篇《琵琶行》中，有一句对商人的描写："门前冷落鞍马稀，老大嫁作商人妇。商人重利轻别离，前月浮梁买茶去。"白居易生活在唐朝已经由盛转衰的时代，虽然也有宪宗时期"元和中兴"的回光返照，但放眼望去，并没有挽救国运的大势。不过商业的发展并不一定与政治形势的走向同步，这句诗就是仍然如火如荼的茶叶贸易的反映。唐后期，饮茶之风兴起，使得茶叶成为市场交易和转输的大宗商品，利润丰厚，尤其是上市季节，抢得先机，就是抢得了市场，商人趋之若鹜，轻于别离。浮梁，即今江西景德镇地区，盛产茶叶，为当时重要的茶叶贸易重镇。

在中国古代，城市始终是最大的商品集散地。各级市场主要是以各级城市（镇）为中心，周边形成集市和草市，或者像北宋都城开封府，在城关区形成批发市场。进一步发展，则出现南宋临安城那样的从城内到城外的一条龙经销服务。商人群体的内部，就有行商、坐贾之分。坐贾更依赖城市本身的发展，如前述的王元宝、邹凤炽、窦乂、罗会等，就是依托于城市的城市商人。而元稹《估客乐》中所描绘的商人则与城市商人不同，是走南闯北的行商。

随着商人势力的增长、财富的积累、社会地位的提高，唐后期商人的类型和出身也起了变化。不少人弃农经商，弃政从商，或政商结合，甚至世家子弟的"下海"也可见诸记载。

据《太平广记》，德宗时的宰相赵憬之子赵操性格疏狂不慎，屡教不改。赵操因盗小吏之驴，惧罪，被迫潜逃入山中，不想在山中遇到了两个老头，教他烧炼黄金，后来他学习经商，投身于商业，游于江湖。《太平广记》还记载有唐懿宗咸通年间的宰相于琮的侄子于涛的故事。于涛南游，到了今天的浙江湖州一带，得到神仙的帮助后，多游于江湖间，往来贾贩，经商规模不小。但他最终还是步入官场，做到泗州（治今江苏泗洪东南）、歙州（治今安徽歙县）刺史。

史书上对于涛是有记载的，对赵操却没有。赵操的父亲赵憬正史中有传，按惯例，父亲身份地位显赫，传后附子孙传，但《赵憬传》只附了四个有官位的儿子的传，赵操不在其列，则一种可能是赵操此人为笔记小说杜撰，一种可能是因为其行为不符合家族的标准而有意不记。但无论如何，《太平广记》的这两则记载都是世家子弟转型经商的反映。这些世家大族子弟显然游离于政治中心之外，从而

商人遇盗图(转引自《中国敦煌壁画全集·06 盛唐》,图版六四)

也就离开了史臣的视线,成为游宦文人笔下的人物了。应该说窦义、赵操、于涛都不属于世家子弟的典型或者是主流,而是疏支或另类。

没有入仕的世家子弟选择经商,毫无疑问与社会风气和观念的转变有关。下面一个故事同样记载于《太平广记》。长安有荥阳郑又玄,因荥阳郑氏是大姓,门望清贵,又玄因此很轻视寒贱者。他在长安读书的时候,就看不起出身商贾的同学闾邱氏子,导致闾邱氏子郁郁寡欢。数年以后闾邱病故,应该说与此很有关系。后来郑又玄调补唐安郡(今四川崇州)参军,他的同僚仇生是大贾之子,家产万计,并屡次资助郑又玄。但是因为仇生所属家族并非士族,所以郑又玄与他交往时并不以礼相待,还不止一次辱骂他说,你就是个市井之徒,就知道赚钱,为什么还要"僭居官秩"?意思就是,你怎么配走仕途呢?仇生因此抑郁自闭,终致弃官病死。故事到这里并没有结束,笔锋一转写了郑又玄此后的遭遇。他想学道,却遭到断然拒绝。道童说:"汝以性骄傲,终不能得其道。"意思是你太骄傲了,最终是修不成道的。可见,作者的目的是为受到轻视的商贾子弟伸张。故事出自晚唐人张读的《宣室志》,而张读却出身官宦世家,这也反映了社会观念的转变。

值得注意的是,世家子弟转型经商一般都在江淮地区,如前述的于涛活动地点就是在湖州(今属浙江),而《琵琶行》中的浮梁(今属江西),同样也在江南。这也说明了在唐朝后期(安史之乱后),经济重心正在从西北向南方、东南转移,最有商机的地方当然是南方,如扬州、益州。"扬一益二"这个说法其实出自宋人洪迈《容斋随笔·唐扬州之盛》:"唐世盐铁转运使在扬州,尽斡利权,判官多至数十人,商贾如织,故谚称'扬一益二',谓天下之盛,扬为一而蜀次之也。"记述的是唐后期的扬州和益州,繁盛程度已经超过了北方的长安和洛阳。连踞守在今北京地区的节度使安禄山都看到了南方的商机,他特地派遣诸道商胡到各处经营,主要去的就是南方。商人把赚得的丰厚利润送给安禄山,"每岁输异方珍货计百万数",极为可观。每当商人来"献宝",安禄山就着胡服坐重床,烧香列珍宝,击鼓歌舞至暮而散,场面极热闹。

元稹诗中描写的"经营天下遍,却到长安城"的商人,诗句中列举的经营内容五花八门,海珠、美玉、党项马、吐蕃鹦、火浣布、蜀地锦、越婢、奚僮等都属于各地特产和奢侈性消费品。商人为牟取暴利，通过长途贩运，在长安城的东西市从事交易。但唐代的商品结构其实并不限于上述的土特产品和奢侈品。元稹诗中还提到了商人经营的木材、盐卤，这才是我们要关注的对国计民生更重要的商品。并且，从以上讲述也能看出来，"经营天下遍"的商人也有各种类型，来源和背景也各不相同。

渭城少年行（节选）

崔颢

万户楼台临渭水，五陵花柳满秦川。
秦川寒食盛繁华，游子春来不见家。
斗鸡下杜尘初合，走马章台日半斜。
章台帝城称贵里，青楼日晚歌钟起。
贵里豪家白马骄，五陵年少不相饶。
双双挟弹来金市，两两鸣鞭上渭桥。
渭城桥头酒新熟，金鞍白马谁家宿。
可怜锦瑟筝琵琶，玉壶清酒就倡家。
小妇春来不解羞，娇歌一曲杨柳花。

  崔颢（704？—754），盛唐诗人，《旧唐书·文苑传》将他与王昌龄、高适、孟浩然并提，一首《黄鹤楼》，相传曾使李白再欲题诗而却步。但崔颢仕途不顺，虽中进士，却始终沉沦下僚，漂游各地，因赴举入长安，任职吏部司勋员外郎，做了京官后回到长安定居。这首诗就是他对京都世风的观察。清明时节，长安城里一片繁华，纸醉金迷，金鞍白马的贵族子弟在金市（西市，长安的国际市场）逍遥玩乐。他们刚出了喧闹繁华的金市，就直奔长安西北的渭城。渭城桥头的酒肆头酒新熟，分外吸引人，这群五陵少年要落宿哪家呢？

第二十四讲 "金鞍白马谁家宿"：京都少年的沉浮

清明时节，诗人崔颢眼中的长安城内，最活跃的群体莫过于"贵里豪家"的五陵子弟。满城都是他们恣意的身影，给怀才不遇、抑郁不得志的诗人留下了深刻印象。他们无疑是盛唐时期都城长安这座城市最有代表性、最意气风发的一群人，所以我们选取的历史眼就是"渭城桥头酒新熟，金鞍白马谁家宿"。"金鞍白马"可以说是这群少年的标配。但随着长安城市的发展，社会的变动，这一群体逐渐淡出，让位于神鬼不惧的市井恶少。遗憾的是崔颢壮年即逝，对唐后期长安社会的新变化无从知晓了。

一、狂放不羁的五陵少年

五陵，是指渭河北岸咸阳原上分布着的五座汉帝陵墓，包括汉高祖的长陵、汉惠帝的安陵、汉景帝的阳陵、汉武帝的茂陵和汉昭帝的平陵，所以咸阳原又被称为五陵原。唐朝时，这一带是权贵聚集之所，所以世人把这些富贵人家的子弟称为"五陵少年"，"五陵""五陵年少"也逐渐成为约定俗成的代表纨绔子弟的名词。

很多诗里都出现过"五陵少年"，除了崔颢的这首外，还有如白

唐仪卫图（章怀太子墓壁画，转引自陕西省文物局、上海博物馆编《周秦汉唐文明特集·壁画卷》，上海书画出版社2004年版，第415页）

居易的长诗《琵琶行》描写的琵琶女"自言本是京城女，家在虾蟆陵下住。十三学得琵琶成，名属教坊第一部。曲罢曾教善才服，妆成每被秋娘妒。五陵年少争缠头，一曲红绡不知数"。最有名的当数李白的《少年行》："五陵年少金市东，银鞍白马度春风。落花踏尽归何处，笑入胡姬酒肆中。"这些与五陵连称的少年，为何会引起如此关注，而屡屡出现在诗人笔下呢？让我们再次将目光聚焦于都城社会。

从历代史家、文人对以都城为代表的大都市的描述中，我们都能读出一种复杂的心情。比如，《史记·货殖列传》描述战国时齐国都城临淄的情况,"甚富而实,其民无不吹竽鼓瑟弹琴击筑,斗鸡走狗"。东汉王符作《潜夫论》,谈到东汉都城洛阳,"今举世舍农桑,趋商贾,牛马车舆,填塞道路,游手伪巧,充盈都邑,治本者少,浮食者众……浮末者什于农夫,虚伪游手者什于浮末"。表现的都是奢靡之风充溢都市,游手好闲、不事农桑者众多,浮末虚伪、奸邪之人充斥京城。北魏洛阳的京兆尹也曾上表,言及洛阳当时豪强纵横,盗贼不尽,大量去农从商的人聚集在都城,一片乌烟瘴气的景象。可见,京城社会历来鱼龙混杂。

在唐朝都城长安这一国际性的大都市,人口达百万之众,成分更为复杂;而五陵少年就是其中一个很活跃的群体。无论是崔颢笔下的"双双挟弹来金市",还是《琵琶行》中琵琶女所说的"争缠头",或是李白眼中的"银鞍白马度春风",这个群体的形象都被描述为个性张扬和举止轻狂。唐代另一位著名诗人张籍也有一首描写这些少年的诗,名为《杂曲歌辞·少年行》,其中有"少年从出猎长杨,禁中新拜羽林郎。独到辇前射双虎,君王手赐黄金铛。日日斗鸡都市里,赢得宝刀重刻字"几句。长杨,指的是秦汉旧宫,皇帝行猎之处。诗里这些随皇帝出猎的豪门少年,日日斗鸡,逍遥于京城,同样也是一副轻狂模样。但是,这首诗也提示了五陵少年的另一个特点:这些权贵子弟靠着门荫,多从军充当皇帝的侍卫,拜了羽林郎。中唐诗人王建的《羽林行》对这种现象进行了揭露,并直接称这些纨绔子弟为"恶少":

长安恶少出名字,楼下劫商楼上醉。
天明下直明光宫,散入五陵松柏中。

百回杀人身合死，赦书尚有收城功。
九衢一日消息定，乡吏籍中重改姓。
出来依旧属羽林，立在殿前射飞禽。

一边风光地侍卫皇帝，一边宿娼斗鸡、寻恩报仇，自然成为长安城的焦点人物。韦应物的《逢杨开府》就描绘了一个典型权贵子弟的形象："身作里中横，家藏亡命儿。朝持樗蒲局，暮窃东邻姬。司隶不敢捕，立在白玉墀。骊山风雪夜，长杨羽猎时。一字都不识，饮酒肆顽痴。"其实这个人就是韦应物自己。韦应物出身世家大族京兆杜陵韦氏，曾祖父是武则天时的宰相韦待价，祖父韦令仪官至宗正少卿。他以门荫入仕，起家右千牛备身，十多岁时就当上了唐玄宗的侍卫，狂放不羁，横行霸道，是典型的纨绔公子。安史之乱后，流落失职，才开始立志读书，后应举中进士，官至苏州刺史。

五陵少年的出行标配是金鞍或银鞍、白马，他们的行事方式是"笑入胡姬酒肆中"，应该说是社会风气使得这些少年追逐时尚，斗鸡炫富，风流宿娼，快意恩仇。但其中也有不少人是渴望建功立业的，也有如韦应物幡然醒悟走向正途者，所以诗人对他们的描述，也不乏欣赏的一面。

二、挑战阴阳两界官府的市井恶少

五陵少年（或五陵年少）大部分活跃于唐朝前期。到了玄宗时期，京城有影响力的少年群体的构成发生了变化，真正的五陵少年逐渐淡出，市井子弟开始活跃。到唐中后期，轻薄公子的张扬与轻狂，变成了街肆恶少的猖狂与嚣张。

当然，轻薄公子和街肆恶少，二者是有交集的，但是不能混为一谈。最早的五陵少年，社会层次较高，家世背景比较显赫，如前述的韦应物。一些没落家族的子弟追随权贵，自然也追随这群少年，加入五陵少年的群体。他们张扬于京城社会的时候，往往会纠集一些社会层次比较低，滋事于京城的少年，这个群体的成分就变得更复杂了。在这个过程中，活跃于京师的少年，其实已经从权贵和豪族子弟转为一般城市平民子弟和市井之徒了，他们用来炫耀和展示自身的方式也更加市井化和低俗化。

据《新唐书·李绅传》记载，唐文宗时，洛阳恶少非常猖狂，危帽散衣，击大球，挡住官道，车马都不敢前进。唐武宗时，京兆尹（京城的最高长官）曾经把这些坊市恶少的行径上报中央，奏文中写道："两坊市闲行不事家业，黥刺身上，屠宰猪狗，酗酒斗打，及傱构关节，下脱钱物，捋蒲赌钱人等。"（《唐会要》）黥刺文身，横行两市，哗众取宠，力图成为人们关注的焦点，这是唐后期街肆恶少的显著特征。文宗太和年间出任京兆尹的杨虞卿，曾惩治过一个叫三王子的街市恶少。这个三王子浑身都是刺青，几乎没有一处空白部位。最典型的是，长安大宁坊还有一恶少名叫张干，左胳膊上刺的是"生不怕京兆尹"，右胳膊上刺的是"死不畏阎罗王"，公然挑战阴阳两界的官府。还有一个叫王力奴的人，花钱五千招札工给他刺青，胸腹的部分全部刺上亭院池榭、草木鸟兽。还有一被称为无赖男子的人，把白居易、罗隐二人的诗将近百首都刺在身上。薛元赏与杨虞卿先后在文宗太和时出任京兆尹，对这类恶少深恶痛绝，悉杖杀之，坚决清除。

从三王子、王力奴等人的名字推测，这些人应该都属于社会较低层的人物，无非"屠钓关析之流，鸡鸣犬吠之伍"（崔沔《应封神岳举对贤良方正策第二道》，见《全唐文》），即使有正当职业，也是屠夫、打更、守夜之类比较低端的工作，或是从事体力劳动，游手好闲者更占多数。唐后期，这类人"集于都邑，盖八万计"。"八万"这一数字如何统计而得，不太清楚，但足可知数量之多。唐人段成式的《酉阳杂俎》里还记载了不少这类人物。比如，宪宗元和初，长安东市有恶少李和子，性格非常残忍，经常杀狗杀猫，捕食之，为坊市之患。长安之外的例子，如元和末成都有市人叫赵高，好斗，曾经下过监狱，堪称坊市之害。犯事后，官府的差役准备对他行以杖刑，掀开衣服看见他背上刺满了毗沙门天王像，就不敢下杖了。

三、城市化进程中的"潜流"

从五陵少年到街肆恶少的变化，是与德宗以后城市各种新兴势力活跃、社会生活世俗化紧密相关的。

唐朝是中国古代城市化进程的关键时期，经济和文化的发展，社会财富的快速增长，加剧了城市内部阶层和贫富的分化，边缘群体逐渐扩大。同时，城市与乡村差距拉大，人口不断地拥入京城，逐渐改变了原有的人口结构。外来人口和流动人口迫于生活所需，往往联合其他下层群体，在城市当中寻求生存和发展的空间。随之而来的住房紧张、就业困难、城市基本建设不足等问题没有得到妥善解决，也就是管理的滞后，使得恶势力在京城有了形成和施展的空间。

与此同时，权贵群体也发生了变化。唐后期，随着宦官势力的膨胀，宦官统领的神策军成为禁军的主要力量，权力很大，成为京城的一股强大势力。禁军军士违法，地方政府无权处置，只能由所属军府来管，结果自然是包庇、纵容。很多人就利用各种途径把自己的名字挂靠在禁军军籍（主要是神策军）当中，他们并不一定是军事人员，也不一定参加军事训练、从事军事活动，就仅仅是挂名在军队，然后倚仗这个身份嚣张于坊市。

在宦官专权的体制下，京城当中还出现各种"小儿"，也就是在宦官所属的内诸司系统中执役的青少年，也被称作小使。他们往往打着充使的名义，横行于坊市，甚至敲诈勒索普通商贩和居民。与此类似，中央官署和京兆府的各级各类低级胥吏和杂职人员，也在京城翻云覆雨，为非作歹，成为都城坊市当中比较活跃而且影响很大的一个群体。不过因为史书记载比较零散，也不是京城治安的主要管理对象，所以一般不将他们划在街肆恶势力一类。

需要进一步指出的是，我们所说的街肆恶少并不局限于个别的或固定的群体，而是城市化进程中的"潜流"，会分化和重组，发生经常性的流动。

在城市化进程中，类似街肆恶少这样有负面影响的社会群体的出现难以避免。他们实际属于边缘群体，并会长期存在。对此该如何治理，是历朝历代都曾面对的问题。唐朝长安城中"银鞍白马度春风"的五陵少年淡出，屠钓关柝、鸡鸣犬吠之徒兴起的过程，就为我们直观地提示出了这一点。

别董大·其一

高适

千里黄云白日曛,北风吹雁雪纷纷。
莫愁前路无知己,天下谁人不识君。

唐玄宗天宝六年(747)春,诗人高适(702—765)与著名琴师董庭兰相会于睢阳(今河南商丘南)。此时高适尚处穷困不达之境地,董庭兰则因门主遭贬而被迫离开长安。高适特写此诗,既表达短聚后依依惜别之情,也流露和张扬了其志在高远,不惧前路艰险之气魄。

高适以边塞诗著称。边塞诗,是诗人于亲赴边塞的行走中创造出的佳作。边塞诗的盛行体现、营造了一种开阔氛围。唐朝诗人和他们的诗作常常走在路上,诗随心动。他们或主动出游,或被动历险,但诗永远伴随着他们远行。

第二十五讲 "莫愁前路无知己"：走在路上的诗人

为何"莫愁前路无知己"，正是因为"天下谁人不识君"。高适的《别董大》这首诗，历史眼正在这最后两句。从这句诗我们联想到，唐朝的士人兼诗人中很多人足迹遍及大江南北。唐诗中这类为送往迎来而作的诗不在少数，往往涉及各地的风物山川，可想而知诗人的游历极其丰富。那么，为什么在唐朝诗人们会有这么频繁的出游经历？为什么在这样的游历中可以诞生那么多流传千古的诗歌？

一、如此前路

唐朝著名的诗人中，李白、杜甫、韩愈、白居易等，都有丰富的游历经历，这其中有很多原因。

第一个原因，是水陆交通的便利为诗人、文人的游历提供了基本条件。杜佑曾做过唐德宗朝的宰相，他编撰了一部论述典章制度沿革的书，即《通典》，书中记述了唐玄宗开元年间陆路交通的便利，说："东至宋、汴，西至岐州，夹路列店肆待客，酒馔丰溢。……南诣荆、襄，北至太原、范阳，西至蜀川、凉府，皆有店肆，以供商旅。远适数千里，不持寸刃。"宋，相当于今天河南的商丘一带；汴，就是今天河南开封；岐州，就是今天陕西的凤翔（今属陕西宝鸡）；荆、襄，就是今天湖北的江陵、襄樊；范阳，是今天的北京；蜀川，是今天的四川；凉府，是今天的甘肃武威。这句话意思是，东南西北皆交通便利，店铺夹路，食宿不用担心，而且不管是商人还是普通旅客，旅途当中都十分安全，可以不持寸刃。杜佑只提到陆路，但主要分布于南方的水路交通也很方便，淮河、长江、运河等钩织的水道网，四通八达，正所谓"千里江陵一日还"（李白《早发白帝城》）。

《新唐书》记载了以两京为轴心，通往国外的七条主要道路，东西南北的辐射性道路都有所论及，非常详细。历史地理学家史念海先生在《隋唐时期的交通与都会》这篇文章中，归纳出唐朝的国内道路，以两京（长安和洛阳）为中心可以放射出去十四条，通往东西南北各处。在大一统的王朝体制下，水路、陆路交通中，人为的障碍会减少很多。交通的便利使得士子、诗人在游历各地时比前朝要方便得多。

第二个原因，是科举制使得应考的举子不得不来往于家乡和京城之间。有一个典故叫"破天荒"，就是有关荆南考生的故事，荆南相当于今天的湖南地区。荆南考生刘蜕，参加科举考试及第，这在荆南地区历史上是头一回，所以被称为"破天荒"。刘蜕曾经如此表述：他的家在江之南，去长安四千里，日行六十里，如果到京城参加考试，每次花在路上的时间就要半年。当时的科举考试，考生一般在秋季聚集到京师，次年春季开考。如果没有考上，很多人只能选择在京复习，继续备考。因为如果第二年再考，返乡再来，像刘蜕这样的情况，就太远了。虽然被迫在路上，但赶考一定程度上也增加了考生们的阅历。

第三个原因，是铨选制使得士人和官员来往于京城、家乡和赴任之地。我们已经知道，铨选考试相当于今天人事部举行的公务员考试。已经取得做官资格的人（包括新及第的进士），以及以其他途径如门荫、流外入流（从吏入官的途径）等想要获取正式官职的人，都要参加铨选考试，通过后，才能获得正式的官职。隋文帝继位之后废除了九品中正制，"一命之官悉归吏部"，即所有的官吏任免、调动全都在中央，所以任职到年限（一般是三或四年）的官员，也要回到中央参加吏部的铨选。铨选考试内容是"身言书判"，也就是四方面的考察。身，要求的是体貌丰伟；言，要求的是言辞辩证，能说会道；书，要求的是楷法遒美，能写一手的好字；判，要求的是文理优长，能写判词。铨选年年有，凡参加者，都要到京城去，这使得士人和做官的人来往于京城、家乡和赴任之地。因为规定了做官要避原籍，所以如果多次任官，就有可能来往于各地，这也丰富了那些为官的诗人的经历。

二、天下何人会识君？

上述的三点原因，会形成与诗人和文人有关的群体性流动。根据每个人的具体情况，还有其他很多种原因，使得诗人常常在路上。

接续上述的三点原因，第四个原因是觅举，使得士子四处奔波，丰富了游历。科举竞争激烈，考生尽可能寻找一切机会去投奔有名望、有地位、有影响的人，这就是"觅举"。除了在京城到处寻找机会以外，也有考生和士子会到各地去投靠地方大员，因为唐朝的很多官员会辗转在中央和地方任职。很多高官虽然在地方任职，但因为有在京师任职的经历，在政界和社会上也有很大影响。可以说参加科举考试的举子们为觅举，历尽艰辛，为的就是让主考官和当时的名人能了解自己，得到推荐，引起关注。

另外，进士科虽然要求考生在地方报名获得推荐后，才能赴京参加考试，但报名地点并不要求一定是考生的原籍。所以很多考生会到京城或京城附近的州（如同州、华州）报名，因为这些地方的录取名额会比其他州府多。这也使得考生离开家乡，奔波于外。

第五个原因是入幕。每年中央会放出一些官职，也就是官缺，供应铨选。正常情况下，每年的官缺是三四千个，这还是唐前期。到了唐后期，由于各种各样的原因，很多官缺早已被占据，中央控制的官缺数越来越少，有资格参加吏部调选的选人却不断增加，武则天时期选人最多达到了五万。由于往往是多人竞争一官，甚至有十几年、几十年待选的选人，大批才俊之士沉寂下僚。部分选人最后只得选择入幕这一途径作为辗转的跳板或暂时栖身之处。

唐后期形成藩镇割据局面，藩帅可以自行招聘幕僚，所以很多具备了做官资格的人会选择入幕，这也是一条进身（录用、提升）之路，甚至可作为入仕升迁及入京的便捷途径和跳板。像韩愈就辗转于各幕府之间，最后终于回京当上了吏部侍郎。当然，入幕也是有规律可循的，比如安史之乱前后的"北走河朔"，河朔即当时藩镇割据性比较强的河北地区。因为这一地区具有相对的独立性，机会更多。投奔各地藩镇的士人为数众多，都是出于选择入幕以求发展。

入幕的士人中，不乏著名的诗人，如晚唐著名诗人李商隐。李商隐于唐文宗开成二年（837）进士及第后，大概觉得进身的机会不多，就选择了入幕，被天平军节度使令狐楚聘到山东。后来令狐楚病死，李商隐又接受了泾原节度使王茂元的聘请。泾原节度使在众多节度使中不太引人注意，其实泾原军是西北重要军事力量，主要防御吐蕃。李商隐于是去了泾州（治今甘肃泾川北），做了王茂元的幕僚。王茂元对李商隐非常欣赏，还把他招为女婿。过了若干年，桂林观察使郑亚又邀请李商隐赴桂林入幕，他几乎没有犹豫又去了。不到一年，观察使郑亚就被贬官了，李商隐没有了机会，又回到长安，经过铨选考试成为盩厔县（属京兆尹下辖县）县尉。盩厔县位于长安西北，是秦蜀古道上的一个重要地方，但就京畿地区而言，它还是边缘地区。第二年，李商隐又得到武宁军节度使卢弘止的邀请，前往徐州入幕。后来四川地区的东川节度使柳仲郢又向李商隐发出了邀请，于是李商隐又在四川入幕。这样合并统计，李商隐多次入幕，入幕的时间甚至比任职朝廷的时间还要长。也因此，山东、甘肃、桂林、京城、四川，一路走过，游历经历之丰富不言而喻。其他与李商隐有类似经历的诗人，也有很多。

三、愁心伴明月

"杨花落尽子规啼，闻道龙标过五溪。我寄愁心与明月，随君直到夜郎西。"李白这首诗创作于唐玄宗天宝年间（742—756）。天宝七载（748），时年51岁的王昌龄自江宁（今江苏南京）丞贬为龙标（今湖南省黔阳，一说为贵州锦屏县隆里）尉。李白闻知好友再次被贬，距离政治中心更远，愁闷之情浸润于字里行间。《旧唐书·文苑传中》记载王昌龄因"不护细行，屡见贬斥"，个中实情未能窥知一二。王昌龄因仕途多舛，屡次遭贬，交游丰富，从岭南到塞北，从中原到江南都留下他的足迹，甚至有人认为他还到过碎叶（在今吉尔吉斯斯坦）。

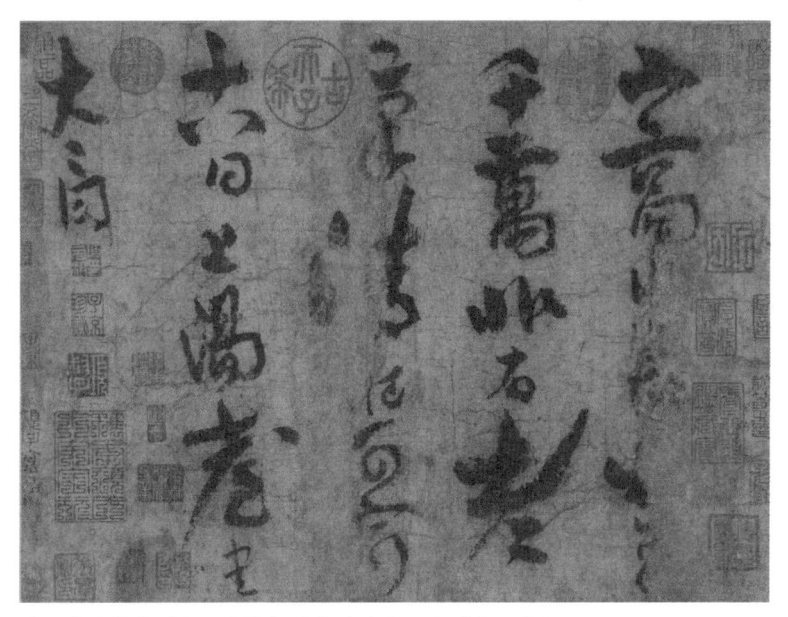

唐·李白草书《上阳台帖》局部（北京故宫博物院藏）

在此我们也可以找到唐朝诗人游历丰富的第六个原因，就是唐朝经常发生的非制度化的贬官。在这种经常性的相送场景下，诗人就会因离别和自身或友人不幸的遭遇而感伤，流露真情。李白所作的这首诗就是个中翘楚。王昌龄进士及第后在京城任职，与李白、高适、王维、王之涣、岑参等人都有交往，后因遭人诽谤而被贬到岭南。开元末年时他返回了长安，后来又被贬到了龙标，职龙标尉，因此才有李白这首《闻王昌龄左迁龙标遥有此寄》。诗中提到五溪，狭义的五溪是指湖南怀化，广义则包括湘黔渝鄂，也因此有"龙标在贵州还是湖南"之争。不管何地，都比其前职江宁丞离政治中心长安更远。李白通过这首诗表达了对友人被贬远州的不舍与忧愤。

走在路上的诗人虽然境遇迥异，但贬斥远州荒地，身处逆境和困境，无疑使有贬谪经历的王昌龄、李白、杜甫、刘禹锡、白居易等著名诗人的诗作内蕴更丰富、情感更悠长。实际上，贬到四方的诗人，往往将当地的风情人物融合到其所创作的诗歌中，他们的到来也对当地的社会经济文化产生了重要影响。这些流散四方的士子之间的迎送往来和互相怀念，也成为诗歌创作的动力，丰富了诗歌的内容。

四、"云横秦岭家何在"

战乱和避难，可以被列为第七个原因。韩愈的"云横秦岭家何在，雪拥蓝关马不前"（《左迁至蓝关示侄孙湘》）虽然是在抒发遭贬后的愤懑之情，但也代表了那些因种种原因被迫离开政治中心而流散四方者的心情。

杜甫在安史之乱时，为避战乱就选择携家从北方的关中辗转流离向南寻求安宁之地。其实杜甫的游历经历很丰富，他在京兆出生，出游山东，游历五岳，又回乡参加乡贡，后在洛阳参加进士考试。又赴兖州省亲（父亲在兖州任职），顺带在山东和河北一带游历。然后又到洛阳，还和李白相遇，二人同游河南。后来又回到山东，在兖州与李白相会，"醉眠秋共被，携手日同行"（《与李十二白同寻范十隐居》），两人结下了深厚的友谊。然后杜甫又回到长安，参加了调选，即铨选，获授河西尉，但是他不愿意赴任，又改任比较低品的京官留在京城。后来又回到奉先（今陕西渭南）的家，小儿子饿死，于是又到了洛阳。从洛阳返回华州的途中，正值安史之乱，见到战乱给百姓带来的深重灾难，于是写下了史诗级作品"三吏""三别":《新安吏》《石壕吏》《潼关吏》《垂老别》《无家别》《新婚别》。写作完毕,整理诗稿时"满目悲生事,因人作远游"(《秦州杂诗二十首·其一》)。

安史之乱平定以后,杜甫就写下了著名的诗篇《闻官军收河南河北》,"剑外忽传收蓟北,初闻涕泪满衣裳",他希望能够再次北上,而北上路线在诗中也有反映,"即从巴峡穿巫峡,便下襄阳向洛阳"。现实中,杜甫乘舟初下到湖北江陵,又到了公安,又辗转到了湖南岳阳,最后再由岳阳到潭州,又由潭州到衡州,复还潭州后,又逃亡到衡州,最后由耒阳到郴州,这都是在湖南境内。但他一心要北归,又折回潭州,最后在由潭州前往岳阳的一艘船上病逝。

杜甫并没能回到魂牵梦绕的两京。这似乎也是很多南下北人的经历,虽然一直将再度北上作为人生目标,但终究越走越南,终老南方。

五、"万里写入胸怀间"

李白曾饱览祖国大好河山,留下"黄河落天走东海,万里写入胸怀间"(《赠裴十四》)的豪迈诗句。李白的很多诗,就是在他恣意行走,饱览大自然的山水风光过程中即兴作成的。正如李白一样,有很多诗人出游四方,就是专门出去寻访和游走的。王昌龄的游历不仅是贬官的遭遇,进士及第前他也曾赴西北边塞。他的边塞诗尤为著名,如《塞下曲》:"饮马渡秋水,水寒风似刀。平沙日未没,黯黯见临洮。昔日长城战,咸言意气高。黄尘足今古,白骨乱蓬蒿。"再如《闺怨》:"闺中少妇不知愁,春日凝妆上翠楼。忽见陌头杨柳色,悔教夫婿觅封侯。"这都是他出游西北时的有感之作。不过,这种纯粹的游历很大程度上受到经济条件的限制。

除上述政治因素及个人原因以外，城市的发展对诗歌的影响往往被忽略。城市发展的最基本原因是社会经济的发展。长安和洛阳，作为两京，商品经济活跃，物质生活富足，文化繁荣，成为士人向往和汇聚之地。一些地方中心城市也为诗人的交往和创作提供了物质基础和文化氛围。

有人专门对诗人、士人的游历地和贬官之所做过一些研究。诗人们主要游历于京畿地区、重要的藩镇所在地和文化名人聚集地，贬官之所则包括巴蜀、江淮、四川、江西、湖北、湖南、岭南等，留下诗篇的地方主要在中原和南方地区。唐后期出现藩镇割据的局面之后，选官格局和入仕途径有所变化，使得诗人游历的地区向东北和西北扩展，边塞诗的数量随之增多。总之，诗人们游历的范围相当广阔。

唐朝的很多诗人，都有着丰富的游历经历，可能是因为科举，可能是因为铨选，可能是因为投靠，可能是因为觅举，可能是因为贬黜，可能是因为战乱，也可能是因为纯粹的游玩。这样的经历对他们的诗歌创作有着重要的影响，对各地的经济、文化之间的交流也有着促进作用。所以，唐朝成为诗歌的黄金时代，是有深刻的历史原因的。

"莫愁前路无知己"，走在路上的诗人，视野开阔，有丰富而坎坷的经历，展现了"万里写入胸怀间"的气魄，挥洒出人文情怀与自然情景完美交融的诗句，这才是"天下谁人不识君"的底蕴。

陆

汴河怀古二首

皮日休

万艘龙舸绿丝间,载到扬州尽不还。
应是天教开汴水,一千余里地无山。

尽道隋亡为此河,至今千里赖通波。
若无水殿龙舟事,共禹论功不较多。

皮日休(约834—约883)一生经历文宗、武宗、宣宗、懿宗四朝,正是唐朝由相对平稳到巨大震荡进而走向全面崩溃的时期。其文学成就与陆龟蒙齐名,时人以"皮陆"并称。他们生活与创作的重要时期都处于晚唐风雨飘摇、动荡不安的年代,仕途坎坷。陆龟蒙从实学转而向道避世隐居,皮日休则在黄巢起义军建立的大齐政权中任翰林学士。

皮日休的诗作多与白居易有异曲同工之妙,极具现实主义批判色彩,又能审时度势分析历史大势,隋亡的教训也成为诗人歌咏的主题。他的诗作在颓靡之风炽盛的晚唐,正如鲁迅所言,恰如唐末"一塌糊涂的泥塘里的光彩和锋芒"。

第二十六讲 "尽道隋亡为此河"：运河抚昔

即使在今日看来，大运河都称得上一个巨大的工事，被列入中国古代三大工程之一，成为世界上最长的人工运河。因开凿运河工程浩大，涉及面广，又征发无度，费时弥久，人们往往将其视为盛极一时的隋朝快速灭亡的直接原因。这首《汴河怀古》却并未囿于成说，而是用类似今天历史辩证法的眼光，对隋炀帝和他主持开凿的大运河进行了历史的比较与分析，充分肯定了大运河在唐朝发挥的巨大作用。"尽道隋亡为此河，至今千里赖通波"正是这首诗的历史眼。

一、东西与南北：水情与国情

作为世界上最古老、最长、规模最大的运河，2014年6月22日，包括隋唐大运河、京杭大运河、浙东运河在内的三大部分十段河道被列入世界文化遗产，成为中国第四十六个世界遗产项目。当然，隋唐大运河和今天我们经常提到的京杭大运河既有联系又有区别。这一讲涉及的主要是隋炀帝开凿的大运河。

我们可以带着以下几个问题，进入到本讲的内容：为什么隋炀帝要开凿大运河？其修造过程是怎样的？为什么这项耗费了大量物力、财力的伟大工程，世人会认为它是隋亡的一个重要因素？它在隋唐两朝的历史进程中，又分别起到了什么样的作用？

首先，我们来了解一下中国的地势及水道、河流的情况。中国的自然地理条件，处于东亚大陆板块的中心，总体来看，地势西高东低，呈阶梯状，河流大多为自西向东流向。黄河和长江两条主要河流几乎贯通东西，流域长而广阔，支流多而曲折，下游形成冲击平原。东部是核心农业区，属于大陆季风气候，降水集中在夏季，暴雨频至，水流宣泄不畅，河流改道以及为防洪而修筑的人工堤防溢决时有发生，容易造成大面积的水患，尤以两大流域的中下游地区为甚。黄河中下游的冲击面自古有"九河"之称，其原因正在于此。

其次，我们需要关注中国历史上的经济重心南移这一历史大趋势。东汉末年，经济重心逐渐向东南转移的势头已经呈现，到了隋朝，此一趋势就已经更明显了。隋朝时，不仅经济重心在移动，还产生了政治中心、军事中心和经济重心逐渐分离的趋势。因为关中自西魏、北周以来长期是首都所在地区，人口众多。除了皇族、官僚、军队和本地民众外，四方而来的外来人口、流动人口数量也很多，务工的、经商的、出差的、探亲访友的、到京城来寻求机会的、赶考的，都聚集在这里。关中虽然凭八百里秦川有"天府之国"的美称，但所产难以满足需要，成为缺粮地区。与此同时，南方的经济发展使得江南一带成为隋唐两朝重要的物资供应地。但粮食陆路长途运输不易，运载时重量沉、体积大、费人工、损失重，成为困扰统治者的难题。

为了解决关中的缺粮问题，迫切需要把关中的政治军事中心与南方尤其是江南地区的经济重心连接起来。面对大部分水系自西向东流的自然状况，如何解决南北之间的交通运输，其实是先秦以来历代君主都在考虑的问题。

如果向前追溯，春秋战国时期就修有各种局部的渠道、运河，或者利用旧有水系，或者全新开凿。从先秦时期到南北朝，各地区、各政权陆陆续续开凿了众多的运河，分布很广，西到关中，南到广东，北到华北平原都有。这些人工运河与天然的河流连接起来，就可以由河道通达中国的大部分地区。隋炀帝在开凿大运河时就利用了原有的河道和运河，解决南北运输上的问题。

隋朝开国皇帝、隋炀帝的父亲隋文帝杨坚，先后在河南、陕西的运渠沿岸设置了很多转运仓来储存、转运粮食，如黎阳仓、河阳仓、兴洛仓、广通仓（后改为永丰仓）等，征发招募上百万民夫运粮。攻打南朝陈之前主要运河北、山西、山东等地的粮食，平陈以后，全国统一，长安的粮食大部分就由江淮来输送了。隋炀帝即位后，又置洛口仓、回洛仓，再加上原有的广通仓、黎阳仓、河阳仓，河道沿线建起了官仓系统中的转运仓体系。主要的几个大仓都围绕着东都洛阳而建，据史载，储量可以达到两千六百万石。

隋朝开凿运河是分段、分时间进行的，每次都动用了大量的民力。隋文帝的时候已经开始疏通漕运，开漕渠。隋文帝开皇四年（584）开凿广通渠，自大兴城西北引渭水，沿着汉朝的漕渠故道，自潼关入黄河，这条渠对关中物资供应作用非常大。仁寿四年（604），广通渠改名永通渠。开皇七年（587），又开山阳渎，沟通今江苏淮安到山阳、江都之间的河道，使得淮河可以入长江，这是为停船做准备的。隋炀帝即位以后，大业元年（605），开始营建东都，也就是洛阳，这是一项重大的举措，也是一个庞大的工程。营建洛阳是为了经营关东（函谷关以东的广大地区），这当然也需要沟通从洛阳到江南的运输线。为此，他征发了河南、淮北的老百姓，男女都征，共计百万余人来开凿通济渠，引洛水入黄河，工程浩大。之后又征发淮南的民工十多万人，疏浚改造邗沟来取代山阳渎。通济渠和邗沟，往往被认为是大运河最重要的一段路线，"水面网四十步，通龙舟"（唐·杜宝《大业杂记》），渠道比较宽。隋炀帝乘着巨型龙舟，率领着浩浩荡荡的队伍，就是通过这道运河线来往于洛阳和扬州之间的。

大业四年（608），又征发河北地区男女百余万人开凿永济渠。永济渠就是隋唐大运河向东北走的那条线，引沁水通黄河，一直到北京，全长两千余里。如果说修建通济渠、山阳渎，沟通中原关中延伸往西北，沟通关中与江南，以便于把江南的物资运到中原、运到洛阳、运到关中，是为了解决首都地区的物资和粮食的供应问题，那么修建向东北走的永济渠又是为何呢？其实，这条渠道也很重要，它是一条把政治中心、经济重心和东北的战略要地连接起来的战略性运输线，主要目的就是更好地控制东北，以及为征高句丽做准备。有了永济渠，就可以运兵运粮运物资到前线基地。隋炀帝征高句丽，并非简单的穷兵黩武、好大喜功，而是有深远战略考虑的，所以开凿运河并非仅为了贯通南北。

二、唐运河——国之命脉所系

唐初，通过水路、陆路运抵关中的粮食分别仅十万石、二十万石左右。高宗至玄宗前期，粮食运输也很困难，因为河南至关中这一段的漕运、水运艰险。尤其是三门峡一段水路，相传是大禹治水时三挥神斧，将高山劈出的三道峡谷，"三门"即"人门""神门""鬼

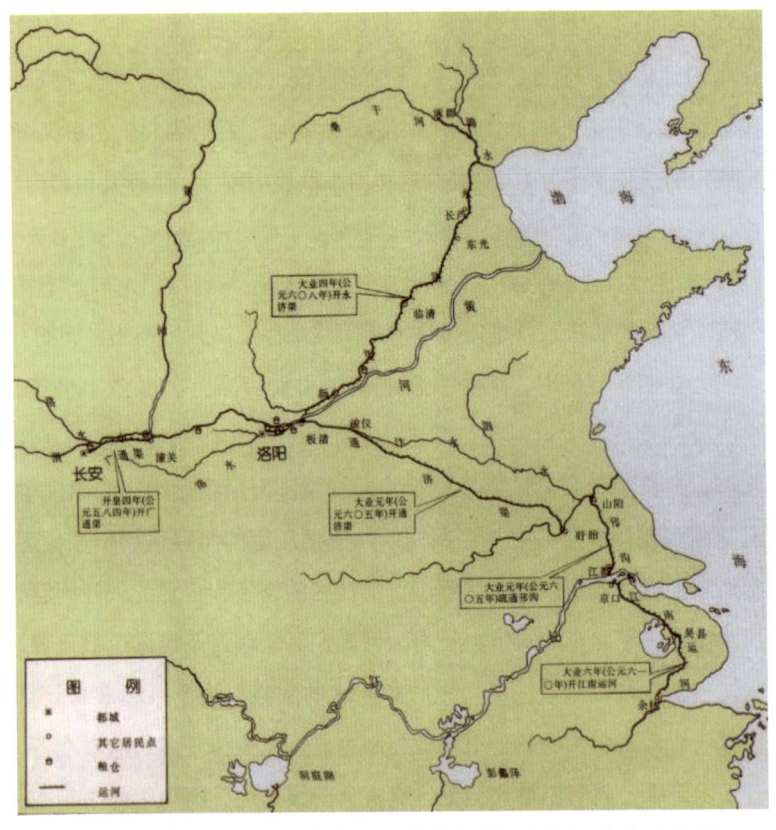

隋运河图（转引自中国历史博物馆编著《华夏文明史》，朝华出版社2002年版，第19页）

门"。函谷关即矗立其中，沿途异常险要，且常年失修，多有船只倾覆，运输不便。所以高宗到玄宗时期，皇帝常驻东都洛阳，或率后宫、公卿、关中百姓等到东都洛阳就食，以缓解关中缺粮的困境。

玄宗朝中期，官僚机构膨胀，官员人数是建国初期的几十甚至上百倍，官俸支出随之大为增加。而此时，府兵制也瓦解了。原来府兵是亦兵亦农，府兵本身是农民，授田后在有战事需要时出征或者戍守，国家免他们的赋役；出征的时候自备粮食、装备，不需要国家供应。府兵制解体以后，实行募兵制，士兵的所有物资与装备全都由国家来负担，粮食的需求量也随之增长。开元时，边境屡生事端，粮食需求剧增，江淮地区的物资供应更为重要了。唐廷需要组织数千艘船，每年运百余万石江淮的租粮北上，供应关中。所以运河对中央政府的稳固和国家机器的运行的重要作用更为凸显。

隋朝修建、唐朝继续利用和完善的大运河，以洛阳为中心，北至涿郡（今北京），南至余杭（今浙江杭州），后来又通过浙东的运河延伸到今天的绍兴、宁波。运河全长几千公里，沟通了海河、黄河、淮河、长江和钱塘江五大水系，解决了南北运输的问题。隋唐大运河勾连起一个近乎三角形的区域：（1）以洛阳为中心；（2）通济渠，自河南荥阳的板渚出黄河，经鸿沟、蒗荡渠、睢水，沟通了江苏盱眙境内的淮河，河道呈西北—东南的方向；（3）永济渠，南引沁水通黄河，北通涿郡，并向南延伸，河道呈西南—东北的方向。隋唐运河可以看成一个整体，包括广通渠、通济渠、山阳渎（邗沟）、江南河、永济渠，它们分段连接在一起，形成一条完整的漕运线。

为了把关东、江淮物资运往长安，唐政府曾多次修浚三门峡附近水道，便利漕运及组织运输。一是裴耀卿于开元末所实行的分段运输的办法，即各河船只各自负担本段运输，按段交换，大大节省等待水涨缩的时间，且不致因航道水情不熟而失事。至于三门峡一段，则改开陆路十八里。不久，开元二十九年（741），陕郡太守李齐物在三门凿山开路（之前曾有杨务廉主持开凿，纤夫多死），拉纤过滩，又近了一步。天宝元年（742），韦坚根据隋关中漕渠旧迹，在渭水之南开一平行运河，船只可从黄河一直行至长安城北的广运渠。长安与山东水路交通大大改进。

德宗时，藩镇叛乱，形成五镇联兵，运河漕运为之断绝，唐政府的衣粮供应都发生了恐慌。据史书记载，入京勤王的泾原兵发生叛变，德宗被迫逃至奉天（今陕西乾县），时任镇海军节度使（辖今江苏、浙江部分地区）的韩滉将江南米运至陕。德宗对太子说："米已至陕，吾父子得生矣！"（《资治通鉴》卷二三二）又速告军士，皆呼万岁。可见江南及漕运对唐中央政府的重要性。

唐末，农民起义大军控制了运河，江淮路绝，三司转无调发之所，切断了中央政府财政物资赖以支持的漕运线，唐朝国运也就猝然而崩。

回想诗人皮日休的诗句"尽道隋亡为此河"，虽然没有点透隋亡的致命原因，但隋唐两朝的国运确实都与运河有着密不可分的关系。唐朝以后，经济重心和政治中心的转移，不仅改变了后世运河的走向，也改变了运河及运河相关地区的命运。

卖炭翁

白居易

卖炭翁,伐薪烧炭南山中。

满面尘灰烟火色,两鬓苍苍十指黑。

卖炭得钱何所营?身上衣裳口中食。

可怜身上衣正单,心忧炭贱愿天寒。

夜来城外一尺雪,晓驾炭车辗冰辙。

牛困人饥日已高,市南门外泥中歇。

翩翩两骑来是谁?黄衣使者白衫儿。

手把文书口称敕,回车叱牛牵向北。

一车炭,千余斤,宫使驱将惜不得。

半匹红绡一丈绫,系向牛头充炭直。

　　《卖炭翁》是白居易《新乐府》组诗五十首中的第三十二首,作于唐宪宗元和元年(806)。安史之乱后,藩镇坐大,宦官专权,社会矛盾激化,有识之士呼吁改革、改良,针砭时弊的讽喻诗成为创作的主题。《卖炭翁》正是针对当时的宦官专权导致内财政体制形成,大小宦官借为内廷采购即"宫市"的名义进出市场,巧取豪夺,扰民不已的现象而创作的。《卖炭翁》的题注即"苦宫市也",这已成为自德宗朝始最受诟病的弊政之一。在抨击宦官专政的黑暗和腐败,鞭挞执政者的巧取豪夺之外,借助此诗,我们还能探寻到哪些隐藏在诗句背后的历史真相呢?

第二十七讲 "黄衣使者白衫儿"：
内廷走向市场的背后

白居易的《卖炭翁》描述了这样的场景：在一个寒冷的大雪纷飞的冬日里，一位满面灰尘、两鬓苍苍的老翁穿着单薄的衣服，赶着牛车到长安城中卖炭。他上南山伐木烧炭，只为勉强糊口。所以尽管衣衫单薄，冻得瑟瑟发抖，他却因为害怕自己的炭卖不上好价钱，而盼着天气能更冷些。不料，手持文书的宫使拦住牛车，宣称是为宫中采买，于是老翁辛辛苦苦拉来的约千斤重的一车木炭，只得到"半匹红绡一丈绫"的可怜报酬。其中的历史眼在"翩翩两骑来是谁？黄衣使者白衫儿"这一句，通过服色可知，这句描述的是宫中的宦官。为何本应在内廷执役的宦官会进出市场呢？在诗句的背后，又可以发掘出哪些历史真相？

一、宫市与内廷采买

这首诗实际上描述的是"宫使"到市场上为内廷进行采买一事。在白居易生活的德宗时代，主持内廷采买的"宫市使"为宦官所担任，属下有数百人，号称"白望"，专门在长安的东西两市压价采买，还强迫商人缴纳入门费和脚价钱（运输费），经常有商贩被强征空手而归。因此，每当看到宦官从宫廷奔市场来了，商贩们都望而生畏，关门撤摊。更有甚者，一些并非承担采买任务的宦官也借机游走于市场，诈称宫市，多方掠夺，百姓怨苦。内廷出外采买成为德宗朝最受人们抨击的弊政之一，《卖炭翁》揭示出的仅是冰山一角。

这首诗激发起人们对宦官当道的沉痛感慨，对普通百姓悲惨遭遇的深切同情。对于这首诗的思考，人们一般就到此为止了。另外，此诗还被选入中学课本，目的是让青少年了解封建王朝下的民间疾苦。这种批判的立场反而使人们忽略了背后更多的历史信息，也就是唐中后期商品经济的发展引起的财政体制和内廷供给体制的重大变化。我们需要更进一步思考：为什么身居内廷的宦官能走出宫门？内廷供给体制到底发生了什么变化，才使宦官可以公然借"宫市"之名到市场上巧取豪夺？

唐前期，内廷的日常供给基本依靠计划调拨。负责供应内廷的有两套系统，一是中央部门，一是京城地方机构。唐朝的中央机构主干是三省六部九寺五监。三省是中书、门下、尚书省，中书省是决策机构，门下省是审核机构，尚书省和所领的六部即吏、户、礼、兵、刑、工，是行政执行机构。九寺是太常寺、光禄寺、卫尉寺、宗正寺、太仆寺、大理寺、鸿胪寺、司农寺、太府寺。五监是国子监、少府监、将作监、都水监、军器监。九寺和五监是负责某一方面具体事务的部门，具体到内廷的供给则是由几个不同的部门分工负责。九寺当中的司农寺掌管国家仓库，管理国家的苑囿园池、养殖种植等事务，负责供给内廷所需的果蔬、主食、肉食、调料、冰块、薪炭等日常物资；五监中的少府监掌百工技巧，也就是官府手工业，负责天子所需的器皿、驾驭、车饰、冠冕、组绶,还有后妃服饰、宫中蜡具等物品的供给。此外,太府寺掌管钱、帛、金玉、彩、画,将作监掌管丧葬衣物、杂器等,都同样有供给内廷的职能。如果内廷有临时需要,就由京兆府派人负责到市场采购,比如,开元时期的长安尉"主知宫市",就经常要到东西两市为内廷采买。

商品经济的发展促进了城市市场的繁荣,在鼎盛的玄宗时期,国泰民安,歌舞升平,统治者的消费需求和消费欲望也空前膨胀。尤其是玄宗皇帝李隆基很喜欢巡视宫中府库堆积如山的金银财宝,还喜欢与杨贵妃三姐妹在宫中举行各种宴会。由于通过计划调拨供给内廷的物品无法满足需要,玄宗就设立了一个官职叫"内中市买使",专门负责为宫廷的宴会采购时鲜的果蔬食料。第一个担任这个职务的人并不是宦官,正是靠着诸杨姐妹推荐而飞黄腾达的杨国忠——他是诸杨姐妹的族兄。杨国忠办事认真谨密,工于计算,又善于揣摩玄宗的好恶,于是很快得到玄宗的信任,一路升迁到高位,并且掌管了大内的财权。杨国忠兼有内外身份,史书记载"以椒房之亲,出入中禁"(《旧唐书》第一〇六卷),"椒房"原是西汉皇后所居住的宫殿名,后来代指后宫,这说明杨国忠的身份出入大内比较方便,因此,负责为玄宗皇帝和后宫采买非他莫属。后来,"内中市买使"改为"宫市使",仍然由杨国忠担任。"宫市使"职责范围主要是为皇帝与以诸杨为主的后宫宴饮采购所需。

二、内财政系统的形成与宦官专权

与经济发展和内廷需求迫切这种大趋势相适应的是,政府供给系统中市场采购比重逐渐增加。内廷也逐渐拥有了自己相对独立的财政系统，称为内财政。那么什么时候为内廷采买的任务转到宦官手中了呢？

唐玄宗开元、天宝时，重要财政使职仍由权臣掌领，但宦官势力逐渐坐大，已分割了部分财权，主要是在内财政系统伸展势力，如新设置的皇帝小金库有大盈、琼林二库，负责二库的使职就是由宦官领掌。当时内外财政系统处于胶着状态，很多职任尚无明显区分，内财政使往往是通过对原有职任系统的渗透进而取而代之。原来掌管财政大权的王鉷死后，内外财权都统于杨国忠手中，可视为内库财政权由外官手中过渡到内廷的关键。

安史之乱促成了这一转折。自肃宗起，宦官已经控制了内廷，外吏逐渐不能"与闻禁中事"，且没有再出现杨国忠这样具有"椒房之亲"身份的外官，内廷供购也就成为外吏不能与闻的"禁中事"之一了。

肃宗以后，内财政系统渐趋完备，内库收入大为增加，内库出纳范围已不限于内廷支度，各宫、院所领（内）库自主权加大，直接到市场采买的份额增加，已不完全依靠计划调拨。因此，勒索、强夺者，更有可能是各宫、院下属出外采办的"宫市使"及下属所为，而不是中央掌权宦官。那些负责采办的低级宦官各恃所依，嚣张于京城市场，恰如白居易《卖炭翁》中揭露的宦官形象。代宗大历时，有一个叫郇谟的人甚至"以麻辫发"，即用麻把自己的头发扎起来，"持竹筐苇席哭于东市"，痛斥宫市的种种危害，冒死觐见，要求废改宫市，抑制宦官势力的恶性膨胀。唐后期，宦官专权始终是遭到朝野指斥的弊政之一，白居易的《卖炭翁》也就是在这样的背景下酝酿而写成的。

宋人鉴于唐朝"宫市"之弊，尤其注意限制宦官的权力，内廷采买事宜不再由宦官单独主持。但内廷采买过程中的扰市、压市、欺市等非市场因素仍不同程度存在，只是形式与唐"宫市"又有不同。总体上看，宋朝内廷与市场的联系更为紧密和广泛，内廷供应体制更趋细密，中央专门拨款用于内廷采购，内廷各部门（宫）也有相对独立的采购部门、专职采购人员和内库设置。内廷所需，各地贡送、主管部门供给和自行采购的物品内容也有明显的区分。

透过《卖炭翁》这首诗闪现的信息，我们看到了在唐后期财政体制逐渐变化的过程中，内廷的供应和内财政系统形成这一脉络。由供送制为主逐渐向采购、供送并举过渡，应该说是商品经济发展后释放出的积极信号，内廷采购走向市场是大势所趋。但在面向市场的政府行为及各种运作中，阻碍市场培育与市场经济正常发展的非经济因素困扰以各种形式长期存在，具有顽固性。"宫市"为害的现象，仅仅反映了其中一个侧面，不过是历史长河中的一个微小浪头，但翩翩两骑的"黄衣使者白衫儿"，却因为一首《卖炭翁》令妇孺皆知。

宦官俑（转引自新疆维吾尔自治区文物局主编《西域文物考古全集·精品文物图鉴卷》，新疆美术摄影出版社2014年版，第113页）

兵车行

杜甫

车辚辚,马萧萧,行人弓箭各在腰,
爷娘妻子走相送,尘埃不见咸阳桥。
牵衣顿足拦道哭,哭声直上干云霄。
道旁过者问行人,行人但云点行频。
或从十五北防河,便至四十西营田。
去时里正与裹头,归来头白还戍边。
边庭流血成海水,武皇开边意未已。
君不闻,汉家山东二百州,千村万落生荆杞。
纵有健妇把锄犁,禾生陇亩无东西。
况复秦兵耐苦战,被驱不异犬与鸡。
长者虽有问,役夫敢申恨?
且如今年冬,未休关西卒。
县官急索租,租税从何出。
信知生男恶,反是生女好。
生女犹得嫁比邻,生男埋没随百草。
君不见,青海头,古来白骨无人收。
新鬼烦冤旧鬼哭,天阴雨湿声啾啾。

杜甫（712—770）创作此诗一般认为是在天宝年间，是针对玄宗连续对外用兵给百姓带来的沉重负担和痛苦，以及造成社会经济的凋敝而写。大量士兵葬身异乡，车声、马声、哭声此起彼伏，诗人用直白的笔触勾描了生离死别的惨烈场景。而无穷无尽的征发影响了农业生产，造成"禾生陇亩无东西"，国家租税无所出。这首诗与"三吏""三别"的主题一样，都是揭露长期、沉重的兵役和劳役给下层民众和社会带来的严重后果，这样的后果又引发了唐朝后期的赋税制度改革。

第二十八讲 "车辚辚，马萧萧"：百姓的赋役负担

杜甫的《兵车行》是一首具有浓厚现实主义色彩的诗歌，涉及很多史实，这一讲选择其中的四句作为历史眼："或从十五北防河，便至四十西营田。去时里正与裹头，归来头白还戍边。"一位少年十五岁就被征调服兵役，四十岁白了头还要去戍边。那么，唐朝的百姓到底需要对国家承担哪些赋役呢？百姓的负担为何如此之重？这首《兵车行》中所展示的凄惨场景，又有何社会背景？要想解答这些问题，就要了解唐朝的一些基本经济制度。

一、均田制是否平均分配土地

唐前期，与赋役制度有关，也就是与百姓负担有关的制度，有均田制、租庸调制、府兵制。首先要介绍的是均田制。单从字义上看，均田制似乎是均天下之田的意思，但实际上百姓是否真能分到足够的土地呢？

所谓的均田制，是从北魏开始的，是国家分配和管理土地的制度。北魏时期，北方在长时间的战乱后，人口流散严重，出现了大量无主荒地，于是北魏王朝制定了土地分配原则，将土地授予百姓，

促使劳动力和土地进行有机结合，从而保证国家的财税来源，保证劳役和兵役的征发，对恢复、发展社会经济起到了很有效的作用。这一制度被隋唐两朝所继承。

从唐初高祖，一直到玄宗，曾经三次颁布《均田令》，跟隋制差不多，但是有所调整，规定：中男十八岁以上可授永业田二十亩、口分田八十亩；老男、笃疾、废疾，可各授口分田四十亩，以保证其生活所需；工商业者也参与授田，减丁男之半；寡妻妾可授口分田三十亩。上述人，不管是老男、笃疾、废疾还是寡妻妾，如果为户主，规定减丁男之半授田，即授五十亩。另外，僧道、女观、尼姑等都有授田的资格，授二十亩。比之隋朝，唐朝授田对象的范围扩大了，考虑到了一些特殊群体。仍然沿袭隋朝的是，有爵级、官品、勋级者都可以请授永业田，有勋级者还可以请授勋田，如果在宽乡（土地充足之地）请授，田可以授足，在狭乡（土地不足人口多的地区），就要减半。唐朝不仅取消了奴婢和妇女授田，还取消了丁牛授田，并增加了对工商业者、僧尼、道观等的授田，从一个侧面也反映了人身依附关系发生了一些变化，进一步松弛了。而大户人家如果拥有很多耕牛，其授田的数量显然受到了限制。

土地买卖也逐渐放松，在隋朝，只有永业田可以传给子孙，也可以买卖，属于私有土地；唐朝则规定在一定条件下也允许口分田买卖。买卖土地方面，狭乡严于宽乡。根据敦煌吐鲁番出土的唐朝时期的文书，授田不足是很普遍的，各地区也不平衡。学术界曾经热烈讨论过均田制实施中的问题，如均田制是否真正施行了？是否每个丁男都授田足百亩？争议很大，因为没有确凿的材料，情况不明。敦煌藏经洞文书则表明，均田制确实是实施了，但实际上并不是把各家的土地都打乱重分，而是规定丁男可以授田百亩，这是最高限，不够的话可以通过其他途径，包括买卖得到田地，但不能超过百亩。敦煌文书上就有具体的关于土地占有情况的记载，比如，某男三十四岁，没有其他身份，应授田百亩，如他家只有六十亩田，则户籍和差科簿上就注明已授田六十亩，其中永业田二十亩，口分田四十亩，欠田四十亩。记得非常细，分割得很清楚。虽然授田普遍不足，贫富有差，贵贱有差，但均田制在一定程度上还是限制了魏晋南北朝以来的大土地私有制的发展，限制了权贵、大地主无限拥有土地或者兼并土地的趋势，保证了个体小生产农户也能在一定程度上拥有土地。

均田制，是以丁为授田对象的。这里的"丁"跟户口制度相关。隋唐两朝都将人口按年龄段分为"黄""小""中""丁""老"。男女始生为"黄"，四岁为"小"，十六岁为"中"，二十一岁为"丁"，六十岁为"老"。"丁"是赋役的主要承担者。何时进入"丁"的年龄段，在各个朝代也有一些变化，总之，成丁的年龄不断提高，入老的年龄不断降低，是均田制实施以后历朝不断调整和变化的大趋势。"丁"下边是"中"，中男就是说还没有成丁，但是已经进入了青年时期，一般是十六岁或十八岁，规定也有变化。中男是可以授田的，但是否服役或承担其他义务，不同时期有不同规定。

贵族、官吏按照品级、地位，可以请授不等的永业田。由于永业田是可以传给子孙的，所以诸王以下至都督，授田数额可多达百顷。官吏还依品级享有不等的职分田。内外官署还有公廨田，公廨田的收入可以充作办公费用。

隋文帝时，奴婢和妇女都有授田，隋炀帝继位以后，取消了这个规定，那么他（她）们也就不承担相应义务了。

二、租庸调制及其变化

即便授田不足，"丁"仍然要承担与授田百亩相配套的租庸调，也就是国家的赋役。赋役分为三个部分："租"就是从土地所出粮食上征税；丁需要承担国家的正役，但可以纳纺织品来代役，这叫"庸"；"调"是对纺织品的征收，基本是按户。所以史书上记载，有丁则有租，有身则有庸，有家则有调。实际上征收的对象都是丁，如果家里没有成丁的男子，赋役的负担就会或减或免。

租庸调制征收的对象主要是均田农民。与隋朝的制度相比，唐朝的租庸调制又有所调整，总的原则是相对减轻。规定：每丁每年纳租二石；调随乡土所产，纳绢，或者纳其他丝织品二丈、棉三两，或布二丈五尺、麻三斤；丁男每年服役二十天，不役则收庸，每日折绢三尺或布三点七五尺；如果政府额外加役十五天则免调，加役三十天租调全免，全年加役不得超过三十天；如果遇到自然灾害，就依据灾情的轻重减免租庸调。这就是唐朝前期规定的老百姓的正常负担。

总体而言，北朝征收的赋役是重于隋的，唐又在隋的基础上进一步减轻，如所交的租粮由三石变为两石，并且把庸的代役制度化，隋制是五十岁以上可以免役交庸，唐朝则是丁男都可以纳庸免役。租调的减轻可以使农民的收入相对增加；劳役的减轻和可替代，可使农民有更多的时间从事农业生产，这对社会经济的恢复与发展起了重要的作用。唐朝的财政收入，前期主要来自农业税收，后期工商业税的比重才逐渐增大，甚至超过农业税收。到了唐玄宗时期，

"洊安庸调"银饼（转引自韩建武主编《神韵与辉煌——陕西历史博物馆国宝鉴赏·玉杂器卷》，三秦出版社 2006 年版，第 152 页）

均田制实际上已经遭到破坏，租庸调也就失去了存在的基础。唐德宗建中元年（780）实行两税法，正式宣布了租庸调制的彻底废止。

三、防河与营田：役役不休

唐朝初年在均田制和租庸调制基础之上实行的是府兵制。府兵制，类似兵农合一的制度，士兵从农户中出，根据各家的成员壮丁情况，兄弟较多者会被点为府兵。府兵在农闲时由本地的军府管理，进行适当的军事训练，主要还是从事农业生产。有需要的时候戍守京城或者戍边，也是有期限的。而且役期如果过长，国家也有优免措施。

随着均田制和租庸调制的破坏，府兵制也随之崩坏。原因在于，本来老百姓授田就不足，在这个基础上征发正常的役，其实已经是很重的负担了，还不断有额外的杂徭、临时的征派，如有战争可能会无限延长戍边士兵的服役期。府兵自己还要准备装备、马匹、兵器等，农户的负担无疑是很沉重的，而且长期服役戍守不归，对农业生产、对一个家庭的生活都会造成很大影响。再加上募兵制的兴起，中央政府对流动人口和户籍的掌控能力下降，有的人为了躲避兵役就逃亡了，府兵制再也维持不下去。一旦有战争，仍然要征调老百姓，少年和老年都要服兵役，而且要戍边。

杜甫的"三吏""三别"正是描述了沉重的兵役对普通民众的摧残。《新安吏》说，"府帖昨夜下，次选中男行"，也就是中男也被征点参军了——按规定没有成丁的男子是不服兵役的。《石壕吏》中描述的是，老汉和老妇看到官府吏人夜间捉人当兵，这一家已经有三个儿子参军了，其中已经有命丧沙场者，现在又要征老汉服兵役。老汉被迫翻墙逃走，出门观察的老妇只能对捉人的吏说："我虽然力已衰，但是我可以跟你去服役。"《新婚别》描写的是夫妇新婚甫始，丈夫就被兵府征点，新娘只能相约"与君永相望"。《垂老别》是描写一位老人"子孙阵亡尽，焉用身独完"，垂垂老矣时，子孙却都因为征战客死他乡，晚景凄凉。可见杜甫生活的年代，制度崩坏，毫无法度，役及妇女，役及老人，役及少年，百姓已无以为生，从这些诗篇可以感受到诗人的沉痛，泪水流淌于字里行间。

四、色役与正役

唐前期除了租庸调，老百姓还有其他的负担，主要为各种各样的杂徭或者色役，或者杂差，实际是各级政府甚至是以当地政府为主的临时征派或者相对固定的征派。杂徭是正役的组成部分。唐德宗建中元年（780）废除租庸调制，改行两税法，改此前以丁身为本的征收原则为以土地财产为依据。两税法明确规定废除正役（每个成丁都要承担的正规的劳役和兵役），但杂徭仍然不废。色役则是各种杂役的总称，与杂徭是有交叉的。

南北朝的时候就已经有色役，主要服务于各级官吏和各级官署。各级官吏除了俸禄以外，还会享有人力服务的待遇，为这些权贵做仆役就属于色役，并且名目众多，如亲事、帐内、执衣、仗身、白直等。后来，这类直接服务于官吏个人的各类杂役也会用资课来代替，也就是以钱代役，成为官员收入的一部分。"色役"这一概念的使用，在玄宗开元时已经较普遍了。

色役不仅仅是丁男承担，那些不承担正役、不承担租庸调的中男等人也要承担。在唐朝服色役还是以普通百姓为主，但具有资荫身份者，也就是那些因祖父、父亲的官位和爵位而享有一定政治特权的子弟，也是需要服色役的。出身高的可充当服务于皇家的各种侍卫，中低级官吏的子弟可为各级官僚贵族执役，还可以承担一些官府需要的具体工作，或在基层单位担任里正（管理人员）或者渠头（水渠负责人）等。

勋官也纳入色役的类别。一般勋官是因为军功才得到了勋级，每年要分番服役，后来也可纳资交钱代役。交钱代役逐渐成为普遍的做法，也是赋役制度演变的一个趋势。不管是品子还是勋官，充当色役如果达到了一定期限，按规定就有资格参加吏部的文选和兵部的武选，通过考试和考核后，就有机会进入正式职官的系列。

面向没有资荫身份的普通老百姓的色役，类别和数量要大得多。如在王公、公主、郡主、县主家里服色役，名目繁多，防阁、庶仆就是这一类。各级官署中也有很多色役岗位，名称基本是根据性质和种类而起，如在闲厩管养马的为掌闲，在殿中省卫尉寺张设帐幕的为幕士，在驿站传递文书的为驿丁或者驿子，在皇家园林里种植花木的为园丁，在屯田上劳动的为屯丁，还有负责防护或者维护浮桥的为桥丁等。再如，管渡船的叫津子，管烽火的叫烽子，管马的叫马子，称谓带"子"字的人就很可能是服色役的人。这些岗位也有部分规定可以由残疾者或者中男承担。

以色役规避正役成为唐后期的普遍现象。前文已经提及，唐前期规定可以纳庸代役，也就是纳庸后就不需要再服正役了，但实际情况是国家还是会根据需要大量征发兵役和各种劳役。而如果承担了色役就可以不承担兵役和劳役，所以没有身份的老百姓往往以此途径来逃避正役。还有一种色役是那些有特殊身份的人所承担的，他们不列在普通户籍当中，也不能够通过科举考试做官或者是参军等。如工匠，工匠是一个世传之业，而且按规定匠户是有专门户籍的，即匠籍。工匠需要轮番服役，有长上匠，有短番匠。长上匠一般来讲是服役者技艺较高，所从事的往往也是国家所需的工种，那么服役者就会在官署长期执役。短番工匠，就是各地的工匠轮流到各级官府服役，后来短番匠也可以纳课代役。太常寺的"音声人"（乐工）也属于色役的一种，他们的身份比普通的百姓要低，但是可以免除正役、杂役还有其他一些较重的色役，所以就有人冒充"音声人"以逃避正役。

还有的色役是由贱民或者贱户所承担的，专门从事的工作也属于贱民职业范围，所以一般老百姓是不愿意去冒充的。

唐后期色役泛滥，冒伪、滥充现象严重，目的都是躲避正役和杂徭。玄宗开元年间，官府就不断有各种整顿的举措，但是伪冒之风仍然泛滥，而且挂记在色役上的人户占总人户很大比例，严重影响兵役和对青壮年民工的征调。

唐后期还有一种现象，就是宦官的崛起，主要表现有二：一是宦官掌握了禁军，主掌了神策军；二是宦官系统的内诸司使职的兴起。由宦官统领的使职已成系列，有军队系统、财政系统等，名目繁多，因此招收了大量以色役的名目和身份来办事的人，也占用了大量的劳动力。

这些泛滥的色役到底是一种什么性质，学界还有不同的看法，但无论如何都在国家征调的正役之外。由此可知，《兵车行》所展示的只是普通民众所承担的沉重徭役的一部分。

秦妇吟（节选）

韦庄

华轩绣毂皆销散，甲第朱门无一半。
含元殿上狐兔行，花萼楼前荆棘满。
昔时繁盛皆埋没，举目凄凉无故物。
内库烧为锦绣灰，天街踏尽公卿骨。

此诗是唐僖宗中和三年（883），韦庄（836？—910）从被黄巢起义军占领的长安脱身赴洛阳后所作。韦庄借一位逃难妇女之口，描述了唐末黄巢起义爆发后社会的动乱和百姓遭受的痛苦，也展现了起义军的斗争精神和统治阶级及军队的腐败。诗中一句"天街踏尽公卿骨"险些给韦庄带来杀身之祸，以致长期失传。韦庄诗文以温柔、婉约见长，影响到五代和北宋的诗风，但敦煌藏经洞的发现使失传千年的长诗《秦妇吟》重见天日，我们才知在晚唐战乱不息、动荡不已的时代，这位花间派鼻祖的写实讽喻诗是多么具有力度。此诗与汉乐府《孔雀东南飞》和北朝乐府《木兰辞》并列"乐府三绝"，也被赞为可与杜甫的"三吏""三别"和白居易的《长恨歌》相媲美的讽喻叙事诗。"天街踏尽公卿骨"正反映出晚唐社会矛盾已经发展到不可调和的程度。

第二十九讲 "天街踏尽公卿骨"：由黄巢起义说起

《秦妇吟》这首诗，历史眼无疑落在"内库烧为锦绣灰，天街踏尽公卿骨"一句。韦庄是晚唐五代的诗人，他经历了唐末黄巢农民大起义的风暴。起义军打进长安，不仅把内库的锦绣烧为灰烬，而且在天街上（长安城的中央大街朱雀街）把过去高高在上的公卿大臣踏在脚下。寥寥十四个字，将起义的微观情形具体地勾勒了出来。中国古代波澜壮阔的农民起义和农民战争，其规模、次数和范围在世界历史上都是仅见的，是学习中国历史不能忽略的内容。

一、农民起义的原因

唐末农民起义军首领黄巢应该说是有一定程度的文化修养，且善于骑射，曾参加科举考试，但是落榜了。落榜以后大概心有不甘，就作了一首诗《赋菊》："待到秋来九月八，我花开后百花杀。冲天香阵透长安，满城尽带黄金甲。"虽然有人对这首诗是否为黄巢所作提出过疑问，但该诗流传甚广，应该说在很大程度上反映了黄巢力压百花的豪迈之情。诗本身表达的意思是他希望能到长安来一展抱负、一展才华，却带着浓浓的杀气。黄巢的"满城尽带黄金甲"和韦庄的"天街踏尽公卿骨",这样一种情绪弥漫在长期遭受剥削和压迫的下层民众间,蓄积日久,最终引发了声势浩大的农民起义。

虽然农民起义和农民战争在一段时期已经不是一个热门的话题,但不可否认,农民起义和农民战争是中国古代历史上非常重要的现象和事件。很多次农民大起义的结果导致了改朝换代,开启新的时代。为什么农民要起义呢?古代中国是一个农业大国,以农业为基础,农民占人口绝大多数。农业经济的特点是要稳定,农民整体的心态是安土重迁,忍耐力极强,揭竿而起往往是被逼到了走投无路的地步。在上一讲中我们已经了解到,农民身上的负担是相当重的。作为个体小生产者,土地不多,加诸他们身上的有各种赋税、劳役、兵役,再加上祭祀、春秋二社等公共事务的分摊,还有他们自己必要的吃穿住行,以及生老病死、天灾人祸等开支。所以农民的生活一般都挣扎在贫困线上下,抗风险能力极差。

中国古代史上第一次全国性的大规模农民起义是在第一个大一统王朝秦朝的末年,最后一次大规模的农民起义,是明末的李自成大起义。历史上的这些农民起义和农民战争各有特点,具有时代性,而且都有自己的口号,这些口号恰恰体现了当时农民的诉求和历史发展的阶段。

二、"天下苦秦久矣"

"天下苦秦久矣"(《史记·陈涉世家》)是秦末农民起义爆发的根本原因,但这句话仍然适用于此后一千多年的历史,历代农民起义和农民战争都是因为受到层层剥削和压迫而被迫铤而走险。

中国历史上农民战争的主要特点可以归纳为:规模大、范围广、次数多、时间长、地区不平衡性和阶段性。

我们所熟知的秦、新莽、东汉、北魏、隋、唐、元、明等朝代的末年，都发生了大规模的农民起义，起义队伍往往可以迅速汇聚几十万人甚至百万之众。为什么会有如此大的规模？这首先与中国专制主义中央集权的统治特点有关。所有权力都集中于中央，用郡县制代替了此前的分封制，各级城市都是中央集权网络下的节点，也就是都城统治的节点。都城统治中心城市，中心城市再统治下边各级城市，城市统治乡村，层层渗透和辐射。

虽然有"皇权不下县"这种说法，似乎中央的很多权力是渗透不到乡里的，尤其是宋朝以后，但是从唐所规定并实施的制度来讲，不管是属于行政制度的郡县制，还是属于经济制度的均田制、租庸调制，属于军事制度的府兵制，以及官吏选拔、人才选拔的制度，相关政策都是一贯到底的。这种专制主义中央集权制度与先秦时期春秋战国的诸侯分封制不一样，与西欧封建制也不一样。西欧封建领主制大致是条块分割，"我封臣的封臣不是我的封臣"，意思是领主统治下的人口并不直接隶属于国王。而中国的专制主义中央集权制下，所有老百姓都隶属于天子，都是皇帝的子民，由此全国的统治具有统一性，加在百姓身上的剥削和压迫也具有统一性，而反抗也会在相同的时间、不同的地区同时存在和爆发。所以，虽然抗争起初都是零星的、局部的，但是可以迅速扩展，席卷全国。另外，农民虽然分散，但绝对数量是很大的，所以容易形成范围广、规模大的农民起义和农民战争。

如隋末农民起义，导火索是隋炀帝三次攻打高句丽的战争，需要聚集大量的军队，也需要征调大量的民夫军工，通过运河的漕运线，在全国范围内进行大规模的征调征粮。受害地区最深的是更接近沿海的地区，如山东地区可谓"扫地为兵"。据史载，为了渡海去征高句丽，很多民工被征调去修船，人泡在海里腰部以下都生蛆。有学者质疑史料的真实性：海水浸泡怎么会生蛆呢？但史书确实是这样记载的，至少说明老百姓付出了巨大的代价，因此隋末农民大起义首先在山东爆发并非偶然。受害深重的北方地区迅速形成三支主要的农民军，接着是江淮地区，遂发展成为全国规模的大起义。

《水浒传》所描写的梁山泊首领晁盖及一百零八条好汉，出身大多不是贫苦农民。如晁盖为大地主，宋江为刀笔小吏，林冲、秦明等曾为军队将领，柴进为前朝皇族后裔，张顺等为渔民团伙势力的首领，孙二娘为黑店老板娘等，上山、入伙的起因不尽相同。但他们手下冲锋陷阵的兄弟们，应该以贫苦的农民为主，只是作家没有给予他们足够的、能引起读者兴趣并加以关注的文字。

三、农民起义为何此起彼伏

不论是长时段纵跨多个朝代，还是集中于某一个特定的朝代，我们可以发现中国历史上的农民起义和农民战争总是此起彼伏。这个特点和中国的地理环境大有关系。

中国东部地区是主要的农业区和人口聚集区，同时也是中华古文明孕育、发展和不断丰富的核心区域。这个区域有一个特点，即横向跨度和纵向跨度都比较大，其中东西南北地理环境差异很大，地形地貌多种多样。这就导致了自秦以来，虽然中央集权是集中统治，但中央的统治力度在不同地区是不平衡的——边远地区、以自然山川划分的行政区划交界地区、地形复杂的区域都可能成为统治的薄弱点；再加上不同地区社会经济发展基础不同，使得农民起义在全国范围内具有不平衡的特点，往往表现为此起彼伏的反抗浪潮。

首先是反抗队伍的此起彼伏。地形地貌的差异以及统治力量的强弱造成起义队伍的形成有先有后，星星之火波及的地区也是有先有后。而起义发展到一定阶段，率先起义的部队就有可能不是最强大的，或者被镇压，或者融入其他的起义军了。如隋末率先起义的是山东地区的王薄，但随着起义的发展，逐渐形成势力最大的三支队伍，即翟让、李密领导的河南地区的瓦岗军，窦建德领导的河北起义军，杜伏威、辅公祐领导的江淮起义军。

其次是起义高潮的此起彼伏。有些地区统治力量比较薄弱，起义低潮时期，起义军就可能聚集在那里长期坚守。如明末的农民起义，首先在陕北爆发，后遭到镇压，陷入低潮，李自成等就蛰伏到商洛山中，一旦时机成熟，就重新出山投入推翻明朝的斗争当中，很快发展到百万人，并且建立大顺政权，不久攻下明朝首都北京，推翻了明王朝。另外一支张献忠领导的起义军则采取了投降策略，在四川地区蛰伏下来，时机一成熟，迅速叛明再起。因此一支起义军本身会有高潮起伏，各地的起义军相互呼应形成的更大高潮也会有起伏。

在这种此起彼伏中，也形成了农民起义和农民战争的另一个特点，即时间长。在这个过程中，起义针对的首先是贪官污吏、地主恶霸，到一定规模后才提出改朝换代的主张。比如，汉末的张鲁政权通过五斗米道组织和号召群众，在汉中坚持了三十年，正是因为汉中地区有独特的地形地势，易守难攻，形成相对独立的区域。通过学习秦蜀古道的知识，我们知道汉中在秦蜀古道上占据重要的地理位置，也具有重要的战略意义。农民政权建立以后，也可以形成割据的状态。比如清朝时，太平天国就与中央朝廷形成对峙，长达十四年。

此外，规模大这一特点也与地理环境有关。东部地区虽然地形地貌各异，但地域辽阔，整体来讲，各个区域之间，经济区域也好，行政区划也好，除了四川地区，彼此之间都没有巨大的自然障碍，并且交通比较便利，有利于进行大规模的作战活动。比如黄巢起义大规模地流动作战，能从北到南，从广州再打回去，占领长安，正是因为地形地势不会阻碍军队前进。

四、从"诛暴秦"到"均田免粮"

第一次秦末农民大起义的口号是"伐无道，诛暴秦"（《史记·陈涉世家》），到明末李自成起义喊出的"均田免粮"，历经了约二千年。口号可以说代表着当时农民的最高诉求，也反映出那个历史阶段的农民所承受的最主要、最沉重的压迫或者剥削是什么。

对中国历史上的历次农民起义和农民战争进行总体观察，会发现具有明显的阶段性，其表现就在于各自明确的目的和口号。

以第一个统一王朝秦王朝为例，秦末农民起义也可根据起义爆发地点称作大泽乡起义。陈胜、吴广被官府征调戍守渔阳，即今天的北京地区。途中，"会天大雨，道不通，度已失期"（《史记·陈涉世家》），按照秦朝严酷的法律，失期当斩，他们没有退路，只好揭竿而起。事先以朱砂将"陈胜王"三字写在帛片上，然后将帛片塞进鱼肚子里，有意让人发现；夜晚点燃篝火时，有人假装狐狸发声"大楚兴，陈胜王"。玉帛丹书，篝火狐鸣，就是用一些这样的方式来示意秦已经将近灭亡，是有预兆的。

大泽乡起义的口号是什么呢？很多人说是"王侯将相宁有种乎"（《史记·陈涉世家》），这是一个很重要也很有代表性的口号，表明任何人只要有能力把握机遇，都可以当王侯将相，都可以起来造反为自己争取高官厚禄。但实际上，就这次起义的性质和目的来讲，口号应该是"伐无道，诛暴秦"。当时农民受到的最大剥削和压迫是无休止的繁重力役和兵役。秦始皇修长城、开直道，大肆兴修宫殿、陵墓，以及打匈奴等，加诸老百姓身上的负担太重了。朝廷"发闾左适戍渔阳"，当时二十五家为一闾，贫困者住在左边，所以陈胜、吴广都属于下层群众。正常情况下"闾左"可以免除兵役和徭役，但也被征戍守渔阳。据史书记载，"男子力耕不足粮饷，女子纺绩不足衣服，竭天下之资财以奉其政"（《汉书·食货志》），即使如此，仍然不能满足统治者的贪欲，"天下苦秦久矣"。为了压制老百姓的不满情绪甚至反抗，秦朝采取了严酷的刑罚，"赭衣塞路，囹圄成市"（《汉书·刑法志》），囚犯塞满道路，监狱里关押犯人过多，以致像市场一样。这和秦汉时期的社会发展以及赋役制度特点有关。在中国古代社会的前期，甚至一直到唐以前，主要是对人身的征发。当百姓无法负担时，统治者不仅不体恤百姓，适当减轻负担，反倒采取了一系列残暴的手段强行征发，所以"伐无道，诛暴秦"才是这一阶段农民起义和农民战争最具有代表性的口号。这是农民起义的第一个阶段。

第二个阶段以唐末农民起义为代表。黄巢刚起义时，先是投奔了王仙芝的部队，所以唐末农民起义也叫"王仙芝黄巢大起义"。王仙芝自称"均平天补大将军"，黄巢自称"冲天大将军"，"均平"也好，"天补"也好，都说明农民起义和农民战争此时的最高理想是改变天

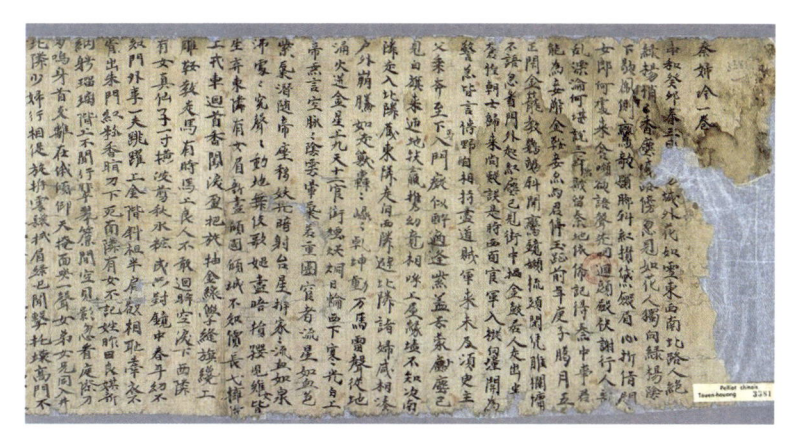

《秦妇吟》敦煌写本（局部，法国国家图书馆藏）

下的贫富不均。贫富不均就是引发农民造反的最重要的原因，所以他们的口号是"损有余以补不足，使得天下均平，补天之不足"，这说明到了封建社会的中期，农民的理想和要求发生了变化。

如果分得细一些，两宋时期的农民起义可以看作第三阶段。北宋没有大规模的农民起义，北宋朝廷有两项政策是有利于缓解社会矛盾的：一是荒年招兵，二是增加科举及第的名额。大开科举之门给知识分子以更多的希望，如果黄巢不是科举落第，是否还会起义呢？至少概率会小一点。荒年或者饥年招兵，至少解决了那些因饥荒而破产流亡的农民的基本温饱问题，降低了农民造反的可能。当然这两项政策无法彻底解决社会矛盾和阶级矛盾，仍然有规模不等的农民起义（或称民变）频繁发生。最为民间津津乐道的是宋江领导的"梁山泊一百单八将"，其实史书上没有这样明确的记载，是后来文人把它演绎成小说。宋代无名氏所作《大宋宣和遗事》只是记载说宋江等三十六人横行山东。北宋时还有王小波、李顺起义，他们提出的口号是"均贫富"。南宋的钟相、杨幺起义则扩展为"等贵贱，均贫富"，这说明农民已经清晰地看到了财富分配的不均和不公，意识到由于特权贵族官僚集团或群体的存在，使得人们在身份上有了贵贱之别。但其实北宋已经逐渐地走向身份制泯灭的社会阶段，而前朝仍有良贱制，良民、贱民在法律地位、社会地位、需要为国家承担的义务等方面都是不一样的。但是起义的农民仍然深切感受到了权势、财富带来的社会地位的不平等、法律地位的不平等，他们的口号"等贵贱，均贫富"，比王仙芝黄巢起义的"均平天补"等，可以说又近了一步。

第四阶段可以明末李自成起义为代表，有具体的号召、组织民众的口号。李自成原来是驿卒，驿站被整顿、裁撤后，无法生存，被迫加入起义军，逐渐成长为农民军的领袖，号称"闯王"，打到北京。皇帝没做几天，清兵随即入关，他只能匆忙撤出北京。李自成起义军的口号是"均田免粮"，当时流传甚广的民谚是"迎闯王，闯王来了不纳粮"。唐德宗时实行两税法以后，一直到明朝，中央政府都主要根据土地来征收赋税，普通百姓的迫切要求是在土地兼并加剧的情况下，能够拥有自己的土地，同时官府征收地租的数额不要太高。明末诸藩王广占粮田，老百姓可能只有几亩薄田甚至没有田，所以李自成提出的"均田免粮"这个口号直接触及土地问题和赋税问题，比起"均贫富"的口号，更能体现农民的根本利益，因此极具号召力。走投无路时，农民们为了这个理想被迫揭竿而起，争取更美好的生活。

第五阶段的代表就是清朝后期爆发的太平天国起义。洪秀全用上帝会的方式组织民众，队伍发展很快，后来占领了小半壁江山。他们提出的纲领，就是"天朝田亩制度"，目标是"耕者有其田，织者有其衣，男女平等"，这是典型的农民阶级的理想。如何评价太平天国，有很多不同的声音，但"天朝田亩制度"本身是符合广大农民的愿望的，即希望能够得到土地，希望能够享受自己的劳动成果。

五、"水能载舟，亦能覆舟"

唐太宗不仅开创了唐初"贞观之治"的良好局面，也为盛唐的出现奠定了基础，他经历过隋末农民大起义的暴风骤雨，看到了盛大的隋王朝轰然倒塌的场景，所以向臣僚反复强调"水能载舟，亦能覆舟"，推行了一系列减轻民众负担如轻徭薄赋、减省刑罚、澄清吏治等措施。

忽略或有意贬低中国历史上的农民起义和农民战争并不是正确的历史观。当然，将其作用拔得太高，也是不正确的。虽说农民不代表新的生产力，不代表新的生产关系，但至少他们提出了自己的理想、奋斗目标，并为此进行了艰苦卓绝的斗争，在一定程度上对历史的发展是有促进作用的。农民起义的大浪潮，把旧的秩序、旧的阶层、旧的社会冲击得七零八落，中国历史上，不管是改朝换代，还是阶级阶层的重组，都与农民起义和农民战争有直接或间接的关系。秦末农民起义对于汉朝而言，教训是深刻的，影响是久远的。元朝末年爆发了红巾军大起义，朱元璋等人就是在大起义的浪潮当中加入反元的队伍，逐渐发展壮大，最终统一了全国，平定了各路诸侯。

从"昔日王谢堂前燕，飞入寻常百姓家"到"天街踏尽公卿骨"，从社会阶层的变动到社会基本矛盾的激化，从中可以看到王朝的兴衰，社会的变化和发展，真可谓诗里乾坤长。地主阶级和农民阶级的矛盾引发了农民起义和农民战争，最终导致改朝换代，又开启了新一轮的社会阶层重组。

后　记

这本小书是在我教学和科研中的学习和思考。原始讲稿，没有严整的系统，带有漫谈色彩，以及口语化的痕迹。这次出版前，进行了认真修改，但仍留有不少遗憾。

唐朝涌现了众多诗人，一部《全唐诗》所容纳的大概只占很小的比例，更多的诗人及他们的作品被淹没在历史的长河中，随那个时代飘逝。能够流传千年并为时人、世人、后人所称颂、所铭记的，大多数就是我们所经常吟诵的。唐诗中的历史，是一座可持续开发的宝库，本书所涉仅是其冰山一角，不懈地发掘，必定会有更多的惊喜和收获。我期望若干年后还有续集可以提供给读者。

感谢我的父亲宁可教授，他最后的著作《中国封建社会的历史道路》，凝聚了他对整个中国历史发展道路的特点和规律的认识。在整理他的历年文稿时，受益良多，虽仅得皮毛，却促使我用更开阔的视野和更深入的思考，从唐诗走进历史。

感谢新亚人文书院谭瑞岗先生作为出品人的支持和鼓励，感谢杨澜洁女士作为主编所做的文字工作，感谢张茜女士作为运营负责人的组织和关照，感谢刘曼女士作为课程制作人从事的繁剧的具体录音和整理校对工作，使得"唐诗背后隐藏的历史"终于走进新亚人文书院"中国通史大师课系列"音频课程，也促使我在紧凑的时间里，整理思路，调整结构，缀合语句，将很大程度上不成文的想法发挥成一篇一篇有主题有思考的口语稿。本书借鉴和参考了众多学者的研究成果，因体例所限，未能一一注明。在此一并致谢！

感谢新星出版社编辑孙立英的提示和建议，使得结构更为合理，文字更为顺畅，以期适应范围更广的读者的需要。

深知错漏不免，祈请方家、读者不吝赐教。

宁欣谨识

2022年9月

图书在版编目（CIP）数据

从唐诗走进历史 / 宁欣著. -- 北京：新星出版社，2023.4
ISBN 978-7-5133-5127-0

Ⅰ. ①从… Ⅱ. ①宁… Ⅲ. ①中国历史－唐代－通俗读物 Ⅳ. ①K242.09

中国国家版本馆 CIP 数据核字（2023）第 019815 号

从唐诗走进历史
宁欣　著

责任编辑：孙立英
责任校对：刘　义
责任印制：李珊珊
装帧设计：冷暖儿

出版发行	新星出版社
出 版 人	马汝军
社　　址	北京市西城区车公庄大街丙3号楼　100044
网　　址	www.newstarpress.com
电　　话	010-88310888
传　　真	010-65270449
法律顾问	北京市岳成律师事务所

读者服务：010-88310811　　service@newstarpress.com
邮购地址：北京市西城区车公庄大街丙3号楼　100044

印　　刷	北京天恒嘉业印刷有限公司
开　　本	880mm×1230mm　　1/32
印　　张	10
字　　数	223 千字
版　　次	2023年4月第一版　2023年4月第一次印刷
书　　号	ISBN 978-7-5133-5127-0
定　　价	58.00 元

版权专有，侵权必究；如有质量问题，请与印刷厂联系调换。